高等院校立体化创新经管教材系列

商 务 礼 仪
(第 2 版)

朱 力 主 编

清华大学出版社
北 京

内 容 简 介

本书以商务礼仪为主线，以学生未来就业岗位的实用技能培养为宗旨，围绕学生就业岗位的核心能力要求，针对岗位需要整合教学模块，突出技能训练，系统、全面地介绍商务礼仪概述、个人礼仪基础、商务会面礼仪、商务接访礼仪、商务宴请礼仪、商务会议礼仪、商务位次礼仪、商务通信礼仪、办公室礼仪、求职面试礼仪、国外习俗礼仪等方面的内容。

本书在内容和体例的编排上，既注重理论知识的阐述，又重视情境实践的设计，突出了操作性和实用性，在内容上注意吸收国内外相关行业的新观点、新资料。本书涉及面广、实用性强，可作为应用型本科及高职高专院校经济管理类专业学生学习商务礼仪的教科书，也可以作为其他专业和各类培训机构的教材或相关从业人员提高自身礼仪修养的参考用书。

图书在版编目(CIP)数据

商务礼仪/朱力主编. —2 版. —北京：清华大学出版社，2021.8(2025.1重印)
高等院校立体化创新经管教材系列
ISBN 978-7-302-58695-1

Ⅰ. ①商…　Ⅱ. ①朱…　Ⅲ. ①商务—礼仪—高等职业教育—教材　Ⅳ. ①F718

中国版本图书馆 CIP 数据核字(2021)第 141348 号

责任编辑：陈冬梅
装帧设计：刘孝琼
责任校对：周剑云
责任印制：宋　林
出版发行：清华大学出版社
　　　　网　　址：https://www.tup.com.cn, https://www.wqxuetang.com
　　　　地　　址：北京清华大学学研大厦 A 座　　邮　　编：100084
　　　　社 总 机：010-83470000　　　　　　　　邮　　购：010-62786544
　　　　投稿与读者服务：010-62776969, c-service@tup.tsinghua.edu.cn
　　　　质量反馈：010-62772015, zhiliang@tup.tsinghua.edu.cn
　　　　课件下载：https://www.tup.com.cn, 010-62791865
印 装 者：三河市铭诚印务有限公司
经　　销：全国新华书店
开　　本：185mm×260mm　　　　印　　张：16.75　　字　　数：404 千字
版　　次：2016 年 1 月第 1 版　2021 年 9 月第 2 版　　印　　次：2025 年 1 月第 5 次印刷
定　　价：49.80 元

产品编号：091358-01

前　　言

习近平总书记在中国共产党第二十次全国代表大会上的报告中明确指出，要办好人民满意的教育，全面贯彻党的教育方针，落实立德树人根本任务，培养德智体美劳全面发展的社会主义建设者和接班人，加快建设高质量教育体系，发展素质教育，促进教育公平。本教材在编写过程中力求深刻领会党对高校教育工作的指导意见，认真执行党对高校人才培养的具体要求。

"礼"作为中国传统文化的核心，经历数千年的发展，早已渗透人们社会生活的各个方面，起着协调人际关系、维护社会秩序的重要作用。"仪"是一种规范的表达形式，对别人有"礼"就需要社会中的每个人都要把它规范地运用。现代社会，"礼仪"成为社会生活中彼此表达善良意愿和美好情感的重要方式，在我国发布的《公民道德建设实施纲要》中同样强调了礼仪的重要性。

当前，我国社会主义市场经济的不断深入发展，也极大地促进了人际交往。用现代人的眼光来看，人与人之间的交际应酬，不仅是一种出自本能的需要，而且也是适应社会发展、个人进步的一种必不可少的途径。因为从某种意义上来说，交际实际上就是一种信息交流，而信息乃是现代社会中最为宝贵的资源。由此可见，具有较强的交际能力，是现代人立足于社会并求得发展的重要条件。在此背景下，作为市场经济社会主流交际艺术的商务礼仪自然迅速升温，备受人们的青睐。学习商务礼仪、应用商务礼仪，已经成为大势所趋。

商务礼仪是一门综合性学科，具有深刻的人文内涵，商务礼仪对于开展商业经营活动、塑造个人和组织良好的形象具有重要作用，也是从事商务交际活动必须遵循的礼仪规范。恰当的商务礼仪表达有助于争取社会公众理解、获取合作支持、不断完善自我、优化生存环境，可以有效地帮助初闯社会的职场人士规范言行、学会有效沟通、激发创造性思维、提高自身素质与职场竞争力。

本书是适应当前高等教育教学改革需要的新型应用型教材，全书以提高学习者商务交往能力为原则，以实践创新为特色，通过为学习者提供各种商务场景，将商务礼仪的知识和技能融会贯通。本书按照商务礼仪学科的基本要求，具体介绍了个人礼仪、会面礼仪、接访礼仪、宴请礼仪、会议礼仪、位次礼仪、通信礼仪、办公室礼仪、求职面试礼仪、国外习俗礼仪等礼仪修养方面的基本知识，并通过每一章的实践演练教学环节指导学生实训，以达到学以致用、强化学习者应用技能培养的目的。

本书第 2 版由朱力组织并负责全书十一个章节的修订策划，对第 1 版内容进行了大幅度精简和更新。书中各章新增了二维码，读者可以使用智能手机或平板电脑等移动终端读取二维码，浏览相关视频，便于辅助学习。朱力担任主编，毛颖华、强薇担任副主编。其中，朱力编写第二章、第三章、第四章、第五章，毛颖华编写第一章、第六章、第七章、第八章，强薇编写第九章、第十章、第十一章。本书主要参考文献是指我们在编写过程中所借鉴、引用或修改引用的各类资料。由于在编写过程中所借鉴、引用或修改引用的各类资料较多，所以在本书各章节中未能全部采取直接标注的方法来注明所引用的相关参考文献的出处，而仅在书后用参考文献的方式来表明我们在编写中有所借鉴、引用的他人成果。

在本书编写的过程中，除了参阅国内外大量有关商务礼仪方面的最新书刊外，还精选收录了具有典型意义的案例并得到部分企业家的具体指导，在此一并致谢。为了配合本书的发行使用，本书提供了配套的电子课件和习题答案，读者可以从清华大学出版社网站免费下载。因作者水平有限，书中难免存在疏漏与不足之处，恳请各位专家和读者给予批评指正。

编　者

目　录

第一章　商务礼仪概述

【学习目的与要求】

- 了解商务礼仪的概念和起源。
- 了解商务礼仪的特征。
- 了解商务礼仪的功能和运用。

【关键概念】

商务礼仪；尊重；规范表达

【案例导入】

黄莹是某大学管理学院大三的一名学生，下半年就要进入毕业顶岗实习、找工作就业阶段了。她知道职场人士要有职场形象和职业素养，可她这方面的知识还是很欠缺，因此她找到教授"商务礼仪"课程的刘老师请教有关职场礼仪的问题。刘老师称赞了她积极思考、主动学习的精神，并告诉她理论是行动的先导，要在职场上有靓丽的形象，就要认真学习商务礼仪。而学习商务礼仪，首先要懂得什么叫商务礼仪，了解商务礼仪的基本理论。

第一节　商务礼仪的概念和发展

1.1.1.mp4

一、商务礼仪的界定

当前，随着我国社会主义市场经济的不断深入发展，也极大地促进了人际交往。用现代人的眼光来看，人与人之间的交际应酬，不仅是一种出自本能的需要，而且也是适应社会发展、个人进步的一种必不可少的途径。因为从某种意义上来说，交际实际上就是一种信息交流，而信息乃是现代社会中最为宝贵的资源。由此可见，具有较强的交际能力，是现代人立足于社会并求得发展的重要条件。在此背景下，作为市场经济社会主流交际艺术的商务礼仪自然迅速升温，备受人们的青睐。学习商务礼仪、应用商务礼仪，已经成为大势所趋。

在当前条件下，学习商务礼仪、应用商务礼仪，必须首先从思想上、理论上解决下述几个方面的重要问题。唯有如此，才能更加准确地、全面地对其加以掌握。

在一般人的表述中，与"礼"相关的词最常见的有三个，即礼貌、礼节和礼仪。在大多数情况下，人们总是混为一谈。其实，三者既有联系又有区别。

礼貌：一般是指在人际交往中，通过言语、动作向交往对象表示谦虚和恭敬。它侧重于表现人的品质与素养。

礼节：通常是指人们在交际场合，相互表示尊重、友好的惯用形式。它实际上是礼貌的具体表现方式。没有礼节，也就没有所谓的礼貌。

礼仪：通常是礼节、仪式的统称。它是指在人际交往中，自始至终地以一定的、约定俗成的程序、方式来表现的律己、敬人的完整行为。礼貌是礼仪的基础，礼节则是礼仪的基本组成部分。礼仪在层次上高于礼貌和礼节，其内涵更深、更广。礼仪实际上是由一系列具体的、表现礼貌的礼节所构成的。它不像礼节一样只是一种做法，而是一个表示礼貌的系统、完善的过程。从本质上讲，三者所表现的都是对人的尊敬、友善。

有鉴于此，为了更加完整、更加准确地理解"礼"，采用礼仪这一概念对此加以表述，是最为可行的。

站在不同的角度上看，往往还可以对礼仪这一概念做出种种不同而殊途同归的解释。

从个人修养的角度来看，礼仪可以说是一个人内在修养和素质的外在表现。也就是说，礼仪即教养，个人的素质往往体现为对礼仪的认知和应用。

从道德的角度来看，礼仪可以被界定为人们为人处世的行为规范，或曰标准做法、行为准则。

从交际的角度来看，礼仪可以说是人际交往中的一种艺术，也可以说是一种交际方法或技巧。

从民俗的角度来看，礼仪既可以说是在人际交往中必须遵行的律己敬人的习惯形式，也可以说是在人际交往中约定俗成的尊重、友好的习惯做法。

从传播的角度来看，礼仪可以说是一种在人际交往中进行相互沟通的技巧。

从审美的角度来看，礼仪可以说是一种形式美。它是人的心灵美的自然外化。

了解以上对礼仪的各种诠释，可以进一步加深对商务礼仪的理解，并且更为准确地把握商务礼仪。

商务礼仪，就其学理层面而言，可被界定为商务人员在其商务交往中所应恪守的行为规范。此种界定，可从下述三个方面予以解释。

其一，有助于明确商务礼仪的适用对象。显而易见，商务礼仪主要适用于商务人员之间进行有效沟通并处理自己所面临的人际关系。

其二，有助于明确商务礼仪的有效范围。在商务交往中，商务礼仪才能适得其所。在其他类型的人际交往中，商务礼仪并不是放之四海而皆准的行为规范。

其三，有助于明确商务礼仪的基本内容。商务人员的行为规范，乃是商务礼仪的基本内容。行为者，人之所作所为也；规范者，约定之标准做法也。因此，可将商务礼仪视为商务人员在商务交往中待人接物的标准化、规范化做法。

二、商务礼仪的内容和归属

1.1.2.mp4

从内容上讲，现代礼仪是由礼仪的主体、礼仪的客体、礼仪的媒体和礼仪的环境四个基本要素构成的。

礼仪的主体，指的是礼仪活动的操作者和实施者，既可以是个人，也可以是组织。当商务礼仪活动规模较小、较为简单时，其主体通常是个人。当商务礼仪活动规模较大、较为复杂时，其主体通常则是组织。没有商务礼仪的主体，商务礼仪活动就不能进行，商务礼仪也就无从谈起。

礼仪的客体，又叫礼仪的对象。它指的是礼仪活动的具体指向者和承受者。从外延上讲，它可以是人，也可以是物；可以是物质的，也可以是精神的；可以是具体的，也可以是抽象的。没有商务礼仪的客体，商务礼仪就失去了对象。

礼仪的媒体，指的是礼仪活动所依托的一定的媒介。简而言之，它实际上是商务礼仪内容和形式上的统一。任何商务礼仪都必须使用媒体，不使用媒体的商务礼仪是不可能存在的。商务礼仪的媒体具体由人体礼仪媒体、物体礼仪媒体、事件礼仪媒体等构成。在具体操作礼仪时，这些不同的礼仪媒体往往是穿插配合使用的。

礼仪的环境，指的是礼仪活动得以进行的特定的时空条件。大体来说包括自然环境和社会环境。礼仪的环境常常制约着礼仪的实施。环境不但决定着礼仪何时、何地实施，而且对礼仪的具体实施方法也有强大的决定作用。因此，环境对礼仪的影响是非常巨大的。

由上述四项基本要素所构成的商务礼仪，也可被归纳为两个方面的具体内容。

商务礼仪的具体内容之一是律己之规。它主要包括对商务人员自身的言谈话语、举止行为、仪容仪表、穿着打扮等方面的规范。其又称形象设计，主要要求商务人员必须严于律己、维护自尊，并且时时守规矩、处处讲规矩、事事有规矩。

商务礼仪的具体内容之二是敬人之道。它主要包括商务人员在其面对交往对象时进行交际与应酬的基本技巧，具体涉及商务人员所从事的商务交往的各个方面。

随着理论研究的发展和社会实践的检验，商务礼仪已经成为一门新兴的人文科学。作为社会科学的一个重要分支，商务礼仪主要以商务交往的基本规范及其一般规律作为自己的研究对象。

总体来说，商务礼仪是一门人文应用学科。具体而言，商务礼仪具有下述学科特点。

首先，它是一门应用性学科。商务礼仪具有很强的实用性与可操作性。从某种意义上来说，它实际上就是有关商务交往的艺术学科。

其次，它是一门实践性学科。与纯粹的理论演绎、概念探讨、逻辑抽象显然不同，商务礼仪来源于社会实践，并且直接服务于社会实践。它拒绝夸夸其谈，并注重一切从实际出发，坚持实事求是。

再次，它是一门普及性学科。在现实生活中，每个人都有可能参与商务交往，每个人都希望自己的商务交往取得成功，而商务礼仪正是一门将商务交往导向成功的学科。随着整个社会文明程度的提高，它必将进一步得到广泛普及。

最后，它是一门综合性学科。毋庸置疑，商务礼仪是一门专门研究人际商务交往行为规范的学科。这正是它有别于其他学科的标志。但另一方面，它又广泛吸收了其他学科的成果，用以充实、完善自身。在这个意义上，又可将它视为一门综合性学科。

三、商务礼仪的特征

与其他学科相比，商务礼仪具有一些独特的特性。这主要表现在其规范性、限定性、可操作性、传承性、变迁性五个方面。

1.1.3.mp4

第一，规范性。礼仪指的就是人们在各种交际场合待人接物时必须遵守的行为规范。这种规范性，不仅制约着人们在一切交际场合的言谈话语、行为举止，使之合乎礼仪，而且也是人们在一切交际场合必须采用的一种"通用语言"，是衡量他人、判断自己是否自律、敬人的一种尺度。总之，礼仪是约定俗成的一种自尊敬人的惯用形式。因此，任何人要想在交际场合表现得合乎礼仪、彬彬有礼，都必须对礼仪无条件地加以遵守。另起炉灶、自搞一套，或是只遵守个人适应的部分，而不遵守不适应自己的部分，都难以为交往对象所接受、所理解。

第二，限定性。礼仪，适用于普通商务场合的、一般的人际交往与应酬。在这种特定场合，礼仪肯定行之有效。离开了这种特定场合，礼仪则未必适用。这就是礼仪的限定性特点。理解了这一特点，就不会把礼仪当成放之四海而皆准的行为规范，就不会在非交际场合拿礼仪去以不变应万变。因此，当所处场合不同、所具有的身份不同时，所遵循的礼仪规则往往会因此而各有不同，有时甚至还会差异很大。对这一点，是不容忽略的。

第三，可操作性。切实有效，实用可行，规则简明，易学易会，便于操作，是礼仪的又一个明显特征。它不是纸上谈兵、空洞无物、不着边际、故弄玄虚、夸夸其谈，而是既有总体上的礼仪原则、礼仪规范，又在具体的细节上以一系列的方式、方法，仔细周详地对礼仪原则、礼仪规范加以贯彻，把它们落到实处，使之"言之有物""行之有礼"，不尚空谈。礼仪的易记易行，能够为其广觅知音，使其被人们广泛地运用于交际实践，并受到广大公众的认可，而且反过来，又进一步地促使礼仪以简便易行、容易操作为第一要旨。

第四，传承性。任何国家的礼仪都具有自己鲜明的民族特色，任何国家的当代礼仪都是在古代礼仪的基础上继承、发展而来的，离开了对本国、本民族既往礼仪成果的传承、弘扬，就不可能形成当代礼仪。这就是礼仪传承性的特定含义。作为一种人类的文明成果，礼仪将人们在交际应酬之中的习惯做法固定下来、流传下去，并逐渐形成自己的民族特色，这不是一种短暂的社会现象，而且不会因为社会制度的更替而消失。对于既往的礼仪遗产，正确的态度不应当是食古不化、全盘沿用，而应当是有扬弃、有继承，更有发展。

第五，变迁性。从本质上讲，礼仪可以说是一种社会历史发展的产物，并具有鲜明的时代特点。一方面，它是在人类长期的交际活动实践之中形成、发展、完善起来的，绝不可能凭空杜撰、一蹴而就，完全脱离特定的历史背景；另一方面，社会的发展，历史的进步，由此而引起的众多社交活动的新特点、新问题的出现，又要求礼仪有所变化，有所进步，推陈出新，与时代同步，以适应新形势下的新要求。

第二节　商务礼仪的基本理念和功能

一、商务礼仪的基本理念

(一)尊重为本

1.2.1.mp4

比如在就餐或开会时点名，尊重别人的方式是手心向上"一位、二位、三位、……"，不能手心向下或用手指指点，手心向下是傲慢之意，用手指指点有训斥之意。与人交往中我们要知道什么是可为的、什么是不可为的。

一是自尊。自尊是通过言谈举止、待人接物、穿着打扮来体现的，自己不自尊自爱，是得不到别人尊重的。比如，女士在商务交往中的首饰佩戴，原则是"符合身份，以少为佳"，不能比客方戴得多，不能喧宾夺主。那么，在商务交往中有哪些首饰不能戴呢？一种是展示财力的珠宝首饰不能戴，上班族要展示的是爱岗敬业；二是展示性别魅力的首饰不能带。胸针不能戴，脚链不能戴。这在礼仪的层面叫作有所不为。礼仪是一种形式美，形式美当然需要展示。如果我们戴两种或两种以上的首饰，专业的戴法是"同质同色"。不能远看像圣诞树，近看像杂货铺。

此外，女士穿职业裙装需要注意五不准。

(1) 按照国际惯例，在正式场合不能穿黑色皮裙。

(2) 正式的高级的场合不能光腿。

(3) 服装不能出现残破。

(4) 鞋袜不配套；穿套裙不能穿便鞋；与袜子更要配套；穿凉鞋不穿袜子；穿正装时可以穿前不露脚趾后不露脚跟的凉鞋。

(5) 三截腿。

所谓"女人看头，男人看腰"。头指的是发型、发色。头发不能过长，不能随意披散开来，头发长可以盘起来、束起来，不要染色。腰是指在正式场合腰上不能挂东西。

商务交往中，自尊很重要，尊重别人更重要。比如对交往对象要进行准确定位，就是你要知道他是何方神圣，然后才能决定怎样对待他。国际交往中礼品包装的价值，不得低于礼品的1/3，接受外国人的礼物时，要当面把包装打开，而且要端详恰当时长，并表示赞扬。另外与人交往要讲规矩，比如接受名片，专业要求是有来有往，来而不往非礼也。

(二)善于表达

商务礼仪是一种形式美，交换的内容与形式是相辅相成的，形式表达一定的内容，内容借助于形式来表现。表达要注意环境、氛围、历史文化等因素。

和客人打交道，一定要恰到好处地把尊重和友善表达出来。自尊要有形式的表达，尊重别人也要善于表达。一个人是否有商务经验，是通过其言谈举止表现出来的。尊重自己尊重他人，恰到好处地表现出来，就能妥善地处理好人际关系。表达是非常重要的。不善于表达或者不会表达对他人的尊重，结果可能会不尽如人意。商务交往中也是如此。不会表达，不善于表达都不行。在人际交往中要注意两点：第一，懂尊重。跟别人沟通时要有分寸，同时表现自己的教养、见识和素质。对对方的尊重与友善要表达得让对方明白。第二，讲规矩。商务礼仪有规定之约，讲规矩的前提是要懂规矩礼仪，即把握分寸。按规矩办事就是最好地把握了分寸。

(三)形式规范

第一，讲不讲规矩，是企业员工素质的体现。

第二，讲不讲规矩是企业管理是否完善的标志；有了规矩不讲规矩，说明企业没有规矩。比如作为一个企业，在办公时间不能大声讲话，不能穿带有铁掌的皮鞋，打电话也不能旁若无人。讲形式规范就是要提高员工素质和提升企业形象。

商务场合通电话时谁先挂断电话？地位高者先挂，客户先挂，上级机关先挂，同级别则主叫者先挂。

在商务交往中，有四种不能用的称呼。

第一种不能用的是无称呼，比如在大街上问路，上去就"哎"。

第二种不能用的是替代性称呼，不叫人绰号。

第三种不能用的称呼是不适当的地方性称呼，在某一范围内用地方性称呼是可以的，但是在跨地区、跨国家时不能乱用。

第四种不能用的称呼是称兄道弟。

以上是商务交往中的三个基本理念，这三个理念是相互融合的。有礼貌不规范不行，礼貌不是口号，是有实际内容的，那就是要把尊重融入其中，把尊重、礼貌、热情用恰到好处的方式，规范地表达出来。

二、商务礼仪的功能及运用要点

(一)商务礼仪有助于提高人的自身修养

在商务交往中，商务礼仪的应用往往是衡量一个人文明程度的准绳。它不仅反映人们为人处世的应变能力，还反映一个人的气质风度、阅历见识和道德情操。通过一个人对于礼仪的运用我们可以看出这个人的教养、文明程度和道德水准的高低，因此，合理运用礼仪可以不断提高个人修养，从而真正提高个人的文明程度。

(二)商务礼仪有利于人的外塑形象

一个人的形象是由一个人的仪容、表情、举止、服饰、教养等共同构成的，而礼仪对于上述内容都有详尽的规范，因此学习礼仪可以更好、更规范地设计个人形象。礼仪对于美化个人形象的作用是毋庸置疑的，而当大家都十分注意个人形象、彼此以礼相待时，就可以使人际关系十分和谐，从而有利于美化生活。

(三)商务礼仪有利于改善人的人际关系

古人云："世事洞明皆学问，人情练达即文章。"这句话讲的其实就是交际的重要性。一个人只要从事商务活动，就不能不讲究商务礼仪。运用礼仪除了可以使个人在人际交往中充满自信、处变不惊外，也能够帮助人规范彼此的交际活动，更好地向对方表达自己的尊重、友好之意，从而有利于彼此的交往。

(四)商务礼仪有利于净化社会风气，促进社会主义精神文明建设

一般而言，人的教养反映其素质，而素质又体现于细节，细节往往决定着人的成败。一个人、一个单位、一个国家的商务礼仪水准，往往可以反映这个人、这个单位、这个国家的文明水平、整体素质与整体教养。而在日常交往中，诚如英国哲学家约翰诺克所言："没有良好的礼仪，其余的一切成就都会被人看成骄傲、自负、无用和愚蠢。"荀子也曾说过："人无礼则不立，事无礼则不成，国无礼则不宁。"反过来说，遵守、应用商务礼仪，将有助于提升个人乃至全社会的精神品位。

第三节　实　践　演　练

实践项目一："商务礼仪商"测试

下面的测试题可以帮助你了解自己的商务礼仪商(Business Etiquette Quotient，BEQ)，请选出下列情形中那些能够准确反映你通常是怎样做的选项。

(1) 我被邀请参加一项商务活动，我总是会在三天内作出答复。

　　A. 是　　　　　　　　B. 有时　　　　　　　C. 不是

(2) 我总是在收到信息的同一天回电话。

　　A. 是　　　　　　　　B. 有时　　　　　　　C. 不是

(3) 无论是在工作中还是在家中，我从不咒骂别人。

　　A. 是　　　　　　　　B. 有时　　　　　　　C.不是

(4) 我总是在被邀请进餐或收到礼物后，或别人对我做出任何善意的表达之后，会回信或打电话感谢对方。

　　A. 是　　　　　　　　B. 有时　　　　　　　C. 不是

(5) 我的进餐礼节很好。

　　A. 是　　　　　　　　B. 有时　　　　　　　C. 不是

(6) 我将自己看作团体的一员，不会为了寻求上司对我个人业绩的奖励而单干独行。

　　A. 是　　　　　　　　B. 有时　　　　　　　C. 不是

(7) 我会立即处理重要的信件，而在一周内答复其余的。

　　A. 是　　　　　　　　B. 有时　　　　　　　C. 不是

(8) 在与来自另一种文化国度的人交往之前，我会花时间来学习其文化中特有的礼仪，不至于由于无知而冒犯对方。

　　A. 是　　　　　　　　B. 有时　　　　　　　C. 不是

(9) 当别人的工作值得称赞时，我不会吝啬自己的口头或书面赞赏。

　　A. 是　　　　　　　　B. 有时　　　　　　　C. 不是

(10) 我会给我最重视的商业伙伴送去节日问候卡。

　　A. 是　　　　　　　　B. 有时　　　　　　　C. 不是

计分方法：选 A 即"是"得 3 分，选 B 即"有时"得 2 分，选 C 即"不是"得 1 分。把所得的分数相加后总分达 28～30 分，则商务礼仪商为优秀；25～27 分为良好；20～24 为合格；19 分以下为不及格。

(资料来源：胡晓涓. 商务礼仪[M]. 北京：中国建材工业出版社，2003.)

实践项目二：课堂讨论

主题：礼仪的重要性以及大学生学习商务礼仪的必要性

学生可以分成 3～5 人一组，给各组 10 分钟的时间，准备发言内容。老师可以提示学生最好围绕一个案例来展开，使发言做到言之有物。每组由一名学生主发言，其他学生可以补充发言。

每组发言完毕，可由评委小组打分，也可由除本组外的全班学生以举牌表示赞赏等形式分出优劣，并转化为分数。各组分数由教师计入平时成绩。教师可对各组的发言进行点评。

本 章 小 结

礼仪是一种道德行为规范，它对规范人的社会行为、协调人际关系、促进人类社会发展具有积极的作用。商务礼仪也是广大商务人士修养和素质的外在体现，是商务人士在社会交往中普遍适用的一种艺术、一种交际方式、一种沟通技巧。商务礼仪可以让一个人变得更美好，让社会文明更加进步，让一个国家更受尊重。提高礼仪修养意识，是当代大学生的当务之急，在当今社会具有积极的现实意义。

练 习 与 思 考

一、单选题

1. 商务礼仪的首要问题是(   )。
   A. 尊重为本   B. 规范为本   C. 友善为本   D. 招待为本
2. "跟什么人说什么话"是商务礼仪(   )特征的寓意。
   A. 规范性   B. 对象性   C. 制度性   D. 针对性
3. 商务礼仪中交往应遵循的首要原则是(   )。
   A. 以对方为中心原则   B. 以相互沟通为原则
   C. 以相互尊重为原则   D. 以合乎标准为原则
4. 讲究礼仪的原因，用一句话可概括为(   )。
   A. 内强素质   B. 外塑形象   C. 增进交往   D. 使问题最小化
5. 礼仪的本质是(   )。
   A. 尊重   B. 形象   C. 文明   D. 教育

二、简答题

1. 商务礼仪有哪些特征?
2. 礼仪、礼貌、礼节之间有何联系与差异?
3. 谈谈你对商务礼仪的理解。

【案例分析】

国内的一家企业前往日本寻找合作伙伴。到了日本之后，通过多方努力，这家企业终于寻觅到了自己的"意中人"——一家具有国际声望的日本大公司。经过长时间的讨价还价，双方商定先草签一个有关双边合作的协议。当时，在中方人士看来，可以算是大功告成了。

到了合作协议正式签字的那一天，由于种种原因，中方人员抵达签字地点的时间比双方预先约定的时间晚了 15 分钟。当他们气喘吁吁地跑进签字厅时，只见日方人员早已衣冠楚楚地排列成一行，正在等候他们的到来。不过在中方人员跑进来之后，还没容他们做出任何有关自己迟到原因的解释，日方人员便整整齐齐、规规矩矩地向他们鞠了一个躬，随后便集体退出了签字厅。也就是说，因为中方人员的迟到行为导致了双方的合作搁浅。

（资料来源：http://www.doc88.com/p-9485198009837.html.）

思考讨论题：为什么眼看煮熟的鸭子又飞了？

第二章 个人礼仪基础

【学习目的与要求】

- 了解个人礼仪涵盖的内容，以便提升审美修养，为个人形象的塑造打下良好的基础。
- 了解着装、妆容礼仪的基本原则及身体语言的作用。
- 熟悉着装、妆容及身体语言礼仪基本常识及禁忌。
- 掌握男士、女士的着装要领；基本的化妆步骤及技巧；正确的表情及动作语言姿势。

【关键概念】

着装；TPO 原则；妆容；表情语言；动作语言

【案例导入】

王军是某服装厂的一名业务员，论口才和业务能力，都令他的老板"一百个放心"。可没想到，在国际性的订货会上，当他风尘仆仆地找到一家商场后，接待人员见他胡子拉碴且衣冠不整，连看也不看他带的样品，就将他打发走了。因为这家商场认为："就这样一副'尊容'，厂里能生产出高档服装？"王军很窝火，这不是以貌取人吗？可连续跑了几家商场，费尽口舌也没有如愿。转念之下，他来到美容院做了美容，然后换上本厂生产的名牌服装，气宇轩昂地找到一家商场的总经理。对方见他气度不凡，且产品又属上乘，当即签订了大金额的订货合同。

案例点评：该案例表明了个人礼仪的重要性。讲究个人礼仪，是一个人内在修养及具有良好道德的表现。尽管我们常说"人不可貌相"，但仪容仪表、个人形象等礼仪问题在人际交往和事业发展过程中还是起着重要作用的。

第一节 着 装 礼 仪

2.1 女士 1.mp4

着装，即服装的穿着。严格地说，它既是一种技巧，更是一门艺术。站在礼仪的角度上看，着装是一项系统工程，它不单指穿衣戴帽，更是指由此而折射出的人的教养与品位。从本质上讲，着装与穿衣并非一回事。穿衣往往所看重的是服装的实用性，仅仅是将服装穿在身上遮盖、蔽体、御寒或防暑，而无须考虑其他。着装则大不相同，着装实际上是一个人基于自身的阅历、修养或审美品位，在对服装搭配技巧、流行时尚、所处场合、自身特点进行综合考虑的基础上，在力所能及的前提下，对服装所进行的精心选择、搭配和组合。在各种正式场合，不注意个人着装者往往会遭人非议，而注意个人着装的人则会给他人留下良好的印象。

2.1 女士 2.mp4

2.1 男士.mp4

一、商务着装的 TPO 原则

TPO 是三个英文单词 Time、Place、Occasion 的首字母，意思是在不同的时间、地点和场合应该穿着不同的服装。该原则中的时间性要求，是指商务人员的穿着与打扮，在不同的时间里，应当有所不同。

(一)时间原则

Time 即时间性要求，要求人们着装要随时间的变化而变化。一年之中有四季，一天之中有早晚，着装应各不相同。比如，银色的女皮鞋应在穿着晚礼服参加晚宴时穿，白天穿着它逛街不合适。再如，在炎热的夏日，不应当穿着适合春秋季节的风衣。在这里判定是非的标准，就是"TPO 原则"中的时间性要求。

(二)地点原则

Place 即地点性要求，是指商务人员的穿着与打扮，在不同的地理环境之中，应当有所不同。按照这一要求，在自己家里接待客人，可以穿着舒适但整洁的休闲服；如果是去公司或单位拜访，穿职业套装会显得更专业；外出时要顾及当地的传统和风俗习惯，如去教堂或寺庙等场所，不能穿过露或过短的服装。

(三)场合原则

Occasion 即场合性要求，是指商务人员的穿着与打扮，在不同的场合，应当有所不同。一般认为，商界人士平时所处的场合不外乎上班、社交与休闲。上班即处理公务的时间。其着装的要求是庄重与保守，制服、西装、中山装、套裙、连衣裙等，都适合于上班时穿着。社交即在上班之余所进行的人际交往，如聚会、家访、赴宴、参加舞会、观看演出等。其着装的要求是时尚与个性，西装、旗袍、时装、连衣裙以及本民族的服装，都可在社交时穿着。休闲即休息与消闲的时间，如家居、健身、游览、逛街等。其着装的要求是舒适与自然，夹克衫、牛仔服、运动装等，都是典型的休闲装。

二、服装类别

目前，服装可以分为四类，即礼服、正装、便装和运动装。

(一)礼服

礼服，是指在某些重大场合参与者所穿着的庄重而且正式的服装。按照礼服形式分类有正式和半正式之分；按穿着方式分类有整件式、两件套、三件套、多件组合式之分；按用途分类有日礼服、夜礼服、婚礼服等。真正的原则性区别是依据穿着的时间不同可将礼服分为两大类，即日装礼服和晚礼服。

1. 日装礼服(昼礼服)

日装礼服是午后正式访问宾客时所穿的礼服，又称午后正装。这种礼服还可以在音乐会、观看戏剧、茶会和朋友聚会的场合中穿着，稍加修饰也能参加朋友的婚礼和庆典仪式等，具有高雅、沉着、稳重的风格特点。

传统的日装礼服选择不透明、无强烈放光的毛料、丝绸、呢绒、化纤以及混纺棉料制作。日装礼服根据场合的不同，可有与之相适应的搭配方式，如男士用的黑色外套，女士穿着的局部加有刺绣装饰、精工制作的裙套装、裤套装、连衣裙，雅致考究的两件套装等。传统的日礼服多用素色，以黑色最为正规，特别是出席高规格的商务洽谈、正式庆典等隆重的活动时，黑色最能表现庄重、自尊、大方。当然，出席庆典活动的时候，如朋友生日聚会、开张典礼等，气氛热烈而欢快，此时的礼服色彩应鲜亮而明快。

2. 晚礼服(正式礼服)

晚礼服又称晚装、夜礼服。一般是下午 6 时以后出席正式晚宴、观看戏剧、听音乐会以及参加大型舞会、晚间婚礼时所穿用的正式礼服，也是女士礼服档次中最高、最具特色、最能展示女性魅力的礼服。晚礼服以夜晚的交际为目的，为营造豪华而热烈的气氛，选材往往采用丝绒、锦缎、绉纱、塔夫绸、欧根纱、蕾丝等闪光、飘逸、高贵、华丽的面料。色彩往往是倾向于高雅、豪华，如印度红、酒红、宝石绿、玫瑰紫、黑、白等色最为常用，配合金银及丰富的闪光色更能强化豪华、高贵的美感。再配以相应的花纹以及各种珍珠、光片、刺绣、镶嵌宝石、人工钻石等装饰，可充分体现晚礼服的雍容与奢华(见图2.1)。

图 2.1　晚礼服

(二)正装

正装适用于工作场合，也适用于婚葬礼仪、社交活动等场合，有些行业的统一制服也可以归于此类。正装要求款式简明，色彩统一，干净整洁。穿着这些服装时，只有与自身条件保持协调，并谨慎选择款式和面料，才能给人以庄重的印象。现代商务活动中，男性的正装一般是西服配皮鞋。目前也有部分软件行业的商业企业允许穿着夹克衫或者毛衣上班，但这种着装方式还不是主流。女士则以西服裙装配高跟鞋为主(见图2.2、图2.3)。

图 2.2　男士正装

图 2.3　女士正装

(三)便装

便装又可称为休闲装，一般是在工作及运动时间以外穿着的服装。休闲装款式多样，色彩丰富，以穿着舒适、美观、实用和反映个性为主要标志。

了解服装的分类有助于形成一个良好的着装概念。从着装礼仪的角度讲，不管是哪种服装，在平时着装都应该统一服装的类型。这样会给人以统一、专业的印象。

(四)运动装

运动装就是在运动时穿着的服装。根据不同的运动项目，运动装的质地和款式各不相同，其最大的特点就是适应运动的需要。

三、着装要素

(一)色彩要素

色彩是构成服装美的重要元素之一。色彩因具有物理特性，会刺激人的视觉。色彩美体现在服装方面也在于它的巧妙搭配上。如果搭配合理，就会恰到好处，取得事半功倍的视觉效果；反之，如果搭配不合理，就会失去整体美，破坏视觉的和谐美感。

在搭配技巧中，重要的是要根据个人的体形、身高、肤色、性格、爱好、季节、地域、场合等综合因素，合理选配。一般而言，黑、白、灰三色是配色中最安全的色彩，最易于与其他色彩搭配取得良好的效果。一次着装最好不要超过三种色彩，过多的色彩集于一身会给人杂乱无章的感觉。胖人适宜穿着颜色较深、色彩反差较小的服装；瘦人则应选择颜色较浅、色彩鲜艳的服装；个子矮的人应选择上下一体色的套装；个子高的人则应选择上浅下深的服装。

遇有特殊场合或为特殊目的，选择服装时更要谨慎。例如，应聘面试时，服装颜色的选择应淡雅、沉稳，像黑色、深蓝色、深灰色等；日常约会、做客、便宴等应根据时间安排进行搭配。

(二)体形要素

人的身材有高矮、胖瘦之分，这些外在条件对于形成一个人的风度美虽不及内在条件重要，但也是很有影响的。我们知道，男性标准体形为"T"形，女性标准体形为"X"形。标准体形的人在选择服装方面有很大空间。但非标准体形的人也可以通过服饰搭配加以弥补与修饰，使自己更具美感。所谓"人靠衣装，马靠鞍"，正是此意。要想让自己的衣着更具美感，首先要先了解自己的体形特点，再选择适合自己的服装加以搭配，自然会获得理想的效果。

(1) I 形体形。体形偏瘦，现在流行称呼为"骨感美人"。适宜选择衣领处有皱褶，腰袖略宽松，配有饰边的衣服。

(2) H 形体形。体形偏胖，没有腰身。适宜选择腰身合体、线条简洁的衣服，忌穿紧身衣。

(3) 身材高者。较好着装，但也要尽量避免选择高腰、无腰、很短小的外套背心。

(4) 身材矮者。适宜选择高腰、超短的外套和背心，靠近面部的衣服部位可缀以饰物，以引开别人的视线，忌穿着过于宽松。

(5) 脖子长者。适宜选择高领衣服，尽量避免穿着低领上衣。

(6) 脖子短者。适宜选择 V 形领或 U 形领的上衣，忌穿高领上衣。

(三)肤色要素

中国人的肤色可分为白净、偏黑、偏红、偏黄、苍白等。选择与搭配服饰时也要注意考虑自己的肤色，服装的色彩只有与自己的肤色相协调，才能以美感示人。

肤色白净者，适宜穿着各色服装，可选择的颜色范围较宽，不论穿浅色衣服还是深色衣服都较为适宜，穿上浅色衣服显得莹洁、柔和、素雅；穿上深色衣服则与白皙的皮肤形成对比，会使肤色更显白净。特别是色彩鲜亮的衣服，更易使穿着者凸显亭亭玉立的美感。肤色较黑者，一般不适宜穿黑色服装及素雅的冷色调和深暗色调的服装，如墨绿、绛紫、深棕、深蓝等。因为穿着深色衣服，会显得黑粗、老相。应选用色彩浓艳的亮色，如橙色、明黄色等，可衬托出黝黑肌肤的健美感，或选用海蓝、翠绿、玫红、米色等色调的衣服，可增添明朗感。肤色偏黄者，不宜选择柠檬黄、白色、黑绿色、黑色及深灰色等服装，以避免脸色更加焦黄，增加"病态"感，应该穿红色、粉红、米色或棕色服装。

四、着装实务

(一)男士着装实务

在目前的商务活动中，不管是出席具有庆典性质的活动，还是日常的商务活动，西服装是男士最佳的着装选择。因此，在男士着装实务中，主要讲解西服的着装技巧。

1. 男士西装分类

1) 根据款式分类

按款式可以将男士西装分为欧洲大陆式、美国式和英国式三种。其中，欧洲大陆式以肩头上翘、垫肩较厚为特征，多为双排扣；美国式肩部自然摆放，没有厚垫肩，适当收腰，以单排扣为多；英国式介于两者之间，多数英式西服上衣后身下摆处开衩。

2) 根据纽扣排列分类

按纽扣排列可以将男士西装分为双排扣(见图 2.4)、单排扣两种。双排扣的西服在着装时一般应把纽扣全部系扣。而单排扣的西服则根据纽扣数量有不同的系扣方法，单排两粒扣(见图2.5)一般只扣上面一粒扣。单排三粒扣(见图2.6)只扣中间一粒纽扣或扣上两粒纽扣，风格庄重、优雅。

图2.4　双排扣西装　　　　图2.5　单排两粒扣西装　　　　图2.6　单排三粒扣西装

3) 根据件数分类

按件数可以将西装分为两件套或者三件套。两件套是指上、下装两件为一套的西服，如果再加上马甲则称为三件套。

2. 西装配件

1) 衬衫

与西装配套的是衬衫，即正装衬衫。正装衬衫具备下述几个方面的特征。

(1) 面料。正装衬衫主要以高织精纺的纯棉、纯毛织品为主。以棉制品为主，以棉、毛为主要成分的混纺衬衫，也可酌情选择。

(2) 色彩。衬衫的颜色要与西装外套协调一致，穿深色西装时宜搭配浅色衬衫。在正规的商务应酬中，白色衬衫可谓商界男士的唯一选择。特别是在国际性正式商务场合中，参与人员都应该选择白色衬衫。除此之外，蓝色、灰色、棕黑色，有时也可以考虑。

(3) 图案。正装衬衫大体上以无任何图案为佳。穿着素色西装时可以搭配细纹直条的衬衫，太花哨的衬衫不适合正式的商务场合穿着。较细的竖条纹的衬衫在一般性的商务活动中可以穿着。但是，必须禁止同时穿着竖条纹的西装。带有圆点或方格的衬衫给人以轻松、平易近人的感觉，适宜轻松、舒适的氛围与环境。

(4) 衣领。正装衬衫的领型多为方领、短领和长领。具体进行选择时，须兼顾本人的脸型和脖长，以及打领带结的大小，千万不要使它们相互之间反差过大。立领的衬衫，有时也可选用。

(5) 衣袖。正装衬衫必须为长袖衬衫。

(6) 衣袋。正装衬衫以无胸袋者为佳，即使穿有胸袋的衬衫，也要尽量少往胸袋里塞东西。

【阅读材料】穿西装时衬衫的搭配要领

衬衫在穿着过程中要特别注意：一是衣扣要系好。穿西装所搭配衬衫的所有纽扣都必须系上，只有在穿西装而不打领带的情况下，才可以解开衬衫的领扣。二是袖长要适度。穿西装时，最美观得体的穿法是衬衫的袖口恰好长出2～3cm，领子高出西装上衣领子1cm。

三是下摆要放好。即无论是否穿西装外衣，都要将衬衫下摆均匀地放进裤腰之内。四是大小要合身。衬衫以正好合体为佳，不要过大也不要过小。

(资料来源：李嘉珊. 国际商务礼仪[M]. 北京：电子工业出版社，2011.)

2) 领带

领带是男士服饰的灵魂，是男士每日最有效变换服装效果的工具，是男士全身唯一最能表达自我的工具。在西方，领带、手表与法式袖扣被认为是男士身上的三大配饰件。

(1) 面料。质地一般以真丝、纯毛为宜。

(2) 颜色。应选用与自己制服颜色相近，光泽柔和，典雅朴素的领带为宜。

(3) 款式。不能选择简易式领带。

(4) 质量。外形美观、平整、无挑丝、无疵点、无线头、衬里毛料不变形、悬垂挺括、较为厚重。

(5) 注意事项。

① 注意场合：打领带意味着郑重其事。

② 注意与之配套的服装：西装套装非打不可，夹克等则不能打。

③ 注意性别：为男性专用饰物，女性一般不用，除非制服和做装饰用。

④ 长度：领带的长度以自然下垂最下端(即大箭头)及皮带扣处为宜。

⑤ 领带夹：一定要用高质量的，要注意夹的部位。

⑥ 结法：挺括、端正、外观呈倒三角形。打领带还有很多讲究，比如领带的色彩、领带的面料、领带的款式等。

3) 皮鞋

皮鞋对于西服而言是不可缺少的搭配物。我们经常说"西装革履"，因而没有一双比较合适的皮鞋，西服的整体效果就会骤然下降。

(1) 适合与西服搭配的皮鞋是薄底素面的西装皮鞋。

(2) 西装皮鞋可分为皮底和胶底两种不同鞋底。对于在铺有地毯的办公环境中工作的人员而言，皮底比较健康舒适，也显得有档次，在其他工作环境中工作的人员胶底的皮鞋是一种经济实惠的选择。

(3) 一般而言，商务活动中，黑色系带西装皮鞋是一种比较理想的皮鞋类型。这是因为黑色是一种最稳定的底色，可给人一种稳重和踏实感，而系鞋带一方面可以调整皮鞋与脚之间的松紧度，使鞋更合脚，另一方面由于需要动手结系，可给人留下勤奋、麻利的印象。

(4) 在正式的商务场合，应该使皮鞋的颜色与皮带、公文包的颜色保持一致，并最好使三者皆为黑色。这就是西服着装中的"三一定律"。

4) 袜子

要注意袜子的色彩、质地。正式场合不穿尼龙丝袜，尼龙丝袜不吸汗、不通气，容易产生异味，妨碍交际。不穿白色的袜子，除非穿白皮鞋。袜子和皮鞋一个颜色最好看，或者裤子的颜色跟袜子一个颜色也比较好看。

3. 西装着装实务

1) 区分场合

穿着西装要合时、合地、合景。正式场合如谈判、会见、宴会等，应穿素雅的西服套装，以深色、单色为首选。一般场合可着单装或套装，白天可选择浅色装，晚上要着深色装。

2) 拆除商标

买回西装后应做的第一件事就是拆除上衣领边、袖口的商标。一般西服商标缝在西服袖口外侧显眼处，标示西服品牌，同时表示该西服尚未出售。因此，在正式穿着西服时要注意一定要将商标拆除。不拆除商标可能会让人误解为穿着未出售的衣服或者有炫耀服装品牌之嫌。

3) 熨烫平整

西装正式穿着之前一定要注意熨烫平整。只有给人以美观、利落、笔挺之感，方能展现西装的整体美。

4) 慎穿毛衣

天冷时，男士在西装内加一件毛衣是可以的，但要注意选择适于搭配西装外套的毛衣，多以薄的"V"形领的单色羊毛衫或羊绒衫为最佳的选择，且以不外露为宜。

5) 系好纽扣

如前文介绍西装分类时所说，西装上衣有单排扣和双排扣之分。其中，单排扣还有一粒扣、两粒扣、三粒扣之分。单排扣上衣讲究"系上不系下"，一粒扣要系上，两粒扣只系上面一粒扣，三粒扣上衣则讲究只系上面两粒扣或只系中间一粒扣。双排扣西装上衣无论在何种场合都必须系上所有纽扣。

6) 勿装东西

穿着西装时要特别注意口袋里应少装东西或者不装东西。通常，上衣外侧胸前口袋只放装饰手帕或装饰性胸花；上衣内侧口袋只能用来装钢笔、钱夹或少量名片；上衣外侧下方的两个口袋不放任何东西；西装裤子两侧口袋只可放少量纸巾或几片钥匙；裤子后侧两个口袋不可放任何东西。

(二)女士着装实务

女士服装的选择面非常广，款式、颜色、质地也多种多样。在商务活动中，女士的最佳服装是裙装，尤其以长裙和半长裙为主，女士在不同场合应穿着不同的裙装。在日常的商务活动中，应穿着西装裙装，在庆典活动、晚宴、文化娱乐活动中可以穿着质地柔软的连衣裙。女士也可以穿着裤装，但以西服裤为主。女式西装套裙如图2.7所示。

1. 西装裙装

西装裙装是女性商务人员参加一些正式活动的首选服装。它是一种上身为一件女士西装，下身为一条半截式裙子的组合。穿着得体的话，不仅会使着装者看起来干练而成熟，还能衬托出女性自身独特的韵味。

1) 款式分类

选择适合自己的套裙是第一步，也是非常重要的一步。女士套裙所选用的面料讲究匀称、平整、挺括、柔软等，不仅手感要好、质地要好，还要有弹性，不易起毛、起球、起皱。在色彩方面，套裙应以冷色调为主，至多不超过两种色彩。其图案的选取也宜少不宜多，宜简不宜繁。尺寸上以上衣不肥不瘦、不大不小、不绷不紧最为理想；裙子下摆恰好到达着装者的小腿肚最为丰满之处为最佳。根据每个人的体形特征不同，西装裙装款式基本可以分为H、X、A、Y四款。按照本人的体形选择适中的款式是女士西服裙装的第一要务。

其中H款适合于上下身粗细均匀，小腿肚比较粗大的女士着装；X款适宜于细腰的女士着装；A款适合臀围较大，大、小腿比较粗的女士着装；Y款适于胸围较大，细腰窄臀瘦腿的女士着装。这四款服装最大的特点是能够扬长避短，充分地掩蔽身材的缺陷，同时突出优点。

2) 裙装配件

(1) 套裙的选择。套裙的款式可分为两件套和三件套两种。

面料。女性套裙面料选择的余地要比男子西装大得多，宜选纯天然质地且质量上乘的面料上衣、裙子、背心，要求同一面料。

颜色。以冷色调为主，以体现着装者典雅、端庄、稳重的气质，颜色要求清新、雅致而凝重，忌鲜艳色、流行色。

图案。讲究朴素简洁，以无图案最佳，或选格子、圆点、条纹等图案点缀，不宜添加过多点缀，以免显得琐碎、杂乱、低俗、小气，有失稳重。

尺寸。包括长短和宽窄两方面。目前，女性裙子一般有三种形式，即及膝式、过膝式、超短式(白领女性超短裙裙长应不短于膝盖以上15cm)。

图2.7　女士西装套裙

(2) 鞋子的要求。穿皮鞋，也可穿正装凉鞋，不穿有过高、过细鞋跟的时尚鞋，不穿前露脚趾后露脚跟的凉鞋。

(3) 套裙的搭配。①衬衫。面料应轻薄柔软，颜色应雅致端庄，无图案，款式保守。②内衣、衬裙。不外露、不外透、颜色一致、外深内浅。③鞋袜。穿套装、套裙时要穿制式皮鞋。女性制式皮鞋是指黑色的高跟、半高跟的船形皮鞋。制式皮鞋，跟制服配套的黑色牛皮为首选，或与套裙颜色一致。袜子应为单色、肉色为首选。

【阅读材料】女士裙装穿着禁忌

(1) 不穿黑色皮裙。黑色皮裙在国际社会，尤其在某些西方国家，被视为一种特殊行业的服装。

(2) 不穿无领、无袖、领口较低或太紧身的套裙。裙子、鞋子和袜子要协调。

(3) 正式高级场合不光腿。通俗地讲就是不光脚丫子，要穿贴近肉色的袜子，不穿黑色或镂花的丝袜，袜子不可以有破损，应带备用袜子，袜子长度要恰到好处。

(4) 避免出现三截腿。三截腿就是穿半截裙子时穿半截袜子，袜子和裙子中间露一截腿。正装要穿高筒袜或者连裤袜，或者宁肯光腿也别出现三截腿。

2. 西装裤装

近年来，在现代商务活动中，女士穿着西装裤的情况也多了起来。女士西装裤装的着装(见图2.8)，在配件的选择、搭配上除了与西装裙装有很多共同之处以外，还要注意以下两点。

图2.8　女士西装裤装

（1）西裤长度要适合，最好是长及鞋面；公务和商务活动中，如果西裤的长度太短容易让人产生不严肃、不协调、太休闲的感觉，不利于营造一种严谨的工作气氛。因此，女士参加正式的公务和商务活动时，西裤应以长裤为主，裤长长及鞋面。

（2）西裤面料具有一定的垂直感，款式以直筒或者小喇叭形为好。特别是小喇叭形的裤管可以拉长人们的视线，使腿形看上去更修长，可以给人一种非常良好的视觉感受，特别适宜于中青年女士。

第二节　妆　容　礼　仪

2.2.mp4

妆容是指人体通过某种装扮修饰形成的外在形态表现。"妆"字和"容"字分开来可以理解为通过打扮装饰凸显的人体神态、状态或者说景象、效果。从化妆角度来看，有面部和整体装束之分。在许多商务场合，妆容与服饰的配合已成定规，是一种礼仪，是一种表示对这一场合的重视和对参加者的尊重。因此在商界，只要工作环境许可，一般要求职员化淡妆上岗。其作用主要体现在两方面：一是有利于塑造良好的组织形象，二是对商界的交往对象表示尊重。在国外，参加商务活动而不化妆，会被交往对象理解为蔑视对方，或是一种侮辱。

一、妆容的整体性要求

职场人士的外在形象，无论是穿高级时装或是普通服装，关键是要干净、清新。每个人每天都应该有良好的卫生习惯，这是个人修养的体现。

(一)手部的清洁和修饰

手被称为人的"第二张名片"。如同我们的脸部一样，手是显现衰老的主要部分。在我们的日常生活和工作中，无论是献茶、敬酒，还是握手、递名片、签字等，我们的双手始终都非常醒目。一双保养良好、干净、有质感的手，会给人以美感；而一双粗糙、看起来不干净的手，往往会影响别人对你的印象：对生活不注重品质，不讲究细节！因此，我们在日常生活中一定要注意以下几个问题，以保持手部的清洁和美感。

1. 双手要保持干净和滋润

1) 勤洗手

与脸相比，双手要洗得更勤一些。用餐之前、接触食物或精密仪器之前，要洗手；拿过脏东西、去过洗手间、吸烟、从外面回到家之后，要洗手。洗手时应用流动的水，并辅以香皂或洗手液。手上不能有机油、油垢、墨水或者其他色彩污浊。养成良好的洗手、洁手习惯，经常保持双手的洁净不仅可以美化自身，也有利于个人的身体健康。手的清洁与否与一个人的整体形象密切相关，能够反映一个人的修养与卫生习惯。

2) 常保养

手部皮肤过于粗糙，与他人行握手礼时会给对方以生硬、粗重之感，导致双方在心理上产生隔阂。有些人手心易出汗，或者手掌脱皮，这些疾病最好及早治疗，以免影响日常工作。

让我们拥有一双具有质感的手,要时刻保持滋润度。双手粗糙、长疮、皲裂等都应该尽力避免。无论我们的工作有多忙,都不能成为怠慢自己双手的借口。

2. 指甲的修剪及美化

1) 及时修剪指甲

职场人士,除了一些艺术行业外,最好不要留长指甲。指甲长度一般来讲不宜长于指尖,男女都是如此。服务行业的工作人员,指甲长度的标准是与指尖齐平,最长不超过2mm。若指甲长于指尖容易积存甲垢,不利于个人卫生;同时,在工作中写字或触摸电脑键盘时也会影响操作,给工作带来很多不便。因此,平时要注意常修剪指甲。

2) 适当美化指甲

一般的职场女性可以涂抹无色和单色指甲油,无特殊原因,色彩过于艳丽或过于灰暗的指甲油尽可能少用或不用。更不可为了美观和时尚在指甲上涂抹彩色指甲油或艺术绘画。指甲油忌讳残缺不全。指甲油的残缺,暗示你比较懒惰、不注重生活细节和品质。

(二)身体的清洁和修饰

1. 注意身体的洁净

1) 勤洗澡、勤换衣

"要想美,讲卫生。"干净整洁的外表才会给人以清爽舒适之感,人的身体如同一台复杂的机器,无时无刻不在进行着新陈代谢,每天必然会有许多垃圾废物留在体内,特别是夏天,排汗增多,就会满身汗味,难以让他人接近,这势必会失去许多交友机会。因此,平时要特别注意勤洗澡、勤换衣。洗澡可以清除身上的尘垢和体味,可以促进皮肤的血液循环,使我们的皮肤保持光洁,有助于增加皮肤弹性。洗澡还可以帮助我们去除一天的疲劳,使人精神焕发、面目一新。此外,常洗澡也有益于保持卫生,有利于身体健康。洗澡时可以稍加一些含有香料的洗浴液,给身体增加一些清香气息,令人身心愉悦。

2) 香水的使用

我们平时所说的香水包括三种,即香水、花露水、古龙水。香水含香料最多,稍微抹一点就能保持较持久的香气。花露水的味道比香水淡,含酒精比香水多。古龙水的味道更淡,适用的场合最多,只是香味不易持久。

香水的香味大致可分为三类:一是花香,这是最常见的一类,很受少女欢迎。二是果香,其中柑橘系列的香味让人感到清爽,常常被男士采用。有的是水果香与花香混合的香水,有可爱甜蜜的味道,很适合少女使用。三是森林田野的味道或海洋的味道,是近年来颇为流行的香水,迎合了现代人希望回归大自然的心理,具有智慧感和现代感。这三类香水都可以在上班时使用。

香水散发出的香气是因人而异的,一定要试用后才能确定,因此,选香水时不能仅闻一闻瓶口的味道,而应该把它喷在手腕内侧,过一会儿再闻,只有如此才能确定是否是你喜欢的。

香水应在出门前半小时使用,适宜涂在动脉跳动处,如耳后、耳垂、胸前、手腕内侧、膝盖后面等，这些地方体表温度略高，利于香水味道的挥发。千万不要喷洒在头发上、腋下等易出汗的地方，这样容易使香水的味道与汗味混合，效果会适得其反。另外还要注意避免香水与宝石和浅颜色衣服接触。

2. 注意体毛的修整

腋毛暴露在外既不美观也不文雅。商务人士无论男女，都应有意识地不穿暴露腋毛的衣服。在夏季，职场人士最好不穿无袖外衣，以免露出腋毛。这在他人眼中是极不美观的，尤其是女性更应注意。在某些特殊场合，比如晚宴、酒会，需要穿无袖外衣或礼服时，应注意剃除腋毛，不能使其外露。身体其他部位的体毛也要注意加以掩饰或修整。

3. 注意脚部的洁净

在人际交往中，人们常常有"远看头，近看脚"的习惯，虽然脚部只是一个人职业形象的一小部分，却是整体形象的一个闪光点。具体来讲，主要应注意以下几个问题。

1) 勤洗脚

人在行走时，脚部运动最多，也最容易出汗，所以，如果我们每天不认真清洗脚部，就很难有清洁可言了。勤于洗脚，不仅是礼仪的需要，还是健康的需要。

2) 勤换袜子

为了避免脚臭，我们还应该勤换袜子，做到每天一换，避免穿有异味的袜子。同时，穿着被染色和已经被污染的袜子也是不礼貌的。

3) 勤换鞋子

必须勤换鞋子，避免使其内部产生异味。平时还须注意鞋子保洁的问题。在穿鞋前，务必要细心清洁好鞋面、鞋跟、鞋底等处，使其一尘不染。

4. 注意口腔的洁净

商务人士在职场中一定要注意常刷牙、勤漱口，坚持每天早晚刷牙，维护口腔卫生。口腔要清洁，吃完工作餐后，要及时清除口腔异味、食物残渣。千万不要因为一时疏忽，牙齿上沾着菜叶就去商务接待，这样让双方都很尴尬。如果你要经常接待客户，一定要注意以下几点。

(1) 每日清晨，最好空腹喝一杯淡盐水，平常还可以经常用淡盐水漱口，这样可以有效清除口腔异味。

(2) 在参加重要活动之前，尽量避免吃洋葱、大蒜和韭菜等食物。如果吃了这些食物，就用一些漱口水漱口或咀嚼一片口香糖。但要注意不要当着他人的面大嚼口香糖，特别是在正式的商务或社交场合，边嚼口香糖边与人交谈，是不礼貌的行为。

(3) 职场人士经常喝咖啡、茶，每次喝完以后要漱漱口，保持口腔的清新。

(4) 在临睡前刷牙时，把舌苔清洁一下，也可以用小汤匙轻轻刮一下，因为舌苔是细菌生长的地方，清洁舌苔可以保持健康、清新的口气。

(三)头发的清洁和修饰

通常情况下，人们观察一个人往往是"从头开始"的。位居于头顶之处的头发，自然不会被错过，而且还经常会给他人留下十分深刻的印象。因此，曾有一位商务礼仪专家指出："每当人们与一位商务人员陌路相逢时，最注意对方的，大都是其发型、妆容、着装等。正因如此，一名商务人员假如不想使本人形象受损，就不能够在外出应酬时不重视上述各点。"

1. 注意头发的洁净与养护

1）常洗发、常梳理

要重视头发的清洗。任何一个健康而正常的人，头发都会随时产生各种分泌物，还会不断地吸附灰尘，并使之与分泌物或汗液混合在一起，甚至产生不雅的气味。这类情形一旦出现，无疑会影响头发的外观。保持头发干净、清洁的基本方法是要按时认真地进行清洗并要重视头发的梳理。要使一个人的头发看上去整洁秀美、清爽悦目，就要将其认真梳理整齐，令其线条分明、层次清晰。如果一个人的头发蓬乱如草，就很难被他人接受。因此，每一位商界人士都应将梳理整齐自己的头发，当作每天都必须操练并经常自查的"基本功"。

2）保证头发的养分

在经常清洁头发的同时，还要注意养发。那如何保证头发的养分呢？关键在于身体内部的调理。我们在日常生活中要注意以下几点。

(1) 少吃刺激性较强的食物，少抽烟，少饮酒，甚至应该尽量不抽烟、不饮酒。辛辣刺激的食物易损伤发质，抽烟、饮酒对头发的危害更加严重。

(2) 尽量少吃油性大的食物，多吃含碘丰富的食物，这样会减少头皮屑。

(3) 平时多吃富含蛋白质和富含维生素、微量元素的食物，比如核桃之类的坚果，或者黑芝麻一类的"黑色食品"，这样会让头发更黑更亮。

2. 注意头发的发型与修饰

所谓发型修饰，就是在头发保养、护理的基础上，修剪出一个适合自己的发型。发型美是仪表美的要素之一。发型是头发的艺术造型，可以体现人的审美情趣，是自然美与修饰美的有机结合，同时也反映着人们的物质、文化生活水平和时代的精神风貌。良好的发型修饰能给人一种潇洒飘逸和充满活力的青春感觉，是提升人的气质与魅力、展现仪容美的主要方式。商务人员的发型修饰应着重考虑以下几个要素。

(1) 发型与脸型要协调。恰当的发型设计能起到修饰脸型的作用。人的脸型可分为椭圆脸、圆脸、方脸、长脸四种，椭圆脸是东方女性的标准脸型，可选任意发型；圆脸型的人应将头顶部的长发梳高，并设法遮住脸颊，使脸部看起来显长不显宽；长脸型的人，给人感觉面部较为消瘦，发型设计应将刘海向下梳，遮住额头，加大两侧头发的厚度，减少脸的长度，使脸部更加丰满；方脸型的人，可让头发披在两颊，掩饰棱角，使脸部看上去更加圆润。

(2) 发型与身材要协调。根据自己的体型选择发型也是很重要的。高身材以中长发或长发为宜，如果身体瘦高，则头发轮廓以圆形为宜；如果身材高且胖，则头发轮廓以保持椭圆形为宜。矮身材以留短发为宜，或将头发高盘于头顶。

(3) 发型与年龄要协调。少年应以自然美为主，不宜烫发、吹风；青年人发型可以多种多样，青年女性的发式只要能尽显青春的活力，长短、曲直均适宜。中老年人宜选择整洁简单、大方文雅的发型；老年人则应选择庄重、简洁、朴实的发型。

(4) 发型与职业要协调。商界男士可选择青年式、板寸式、背投式、分头式、平头式等发型；职业女性的发型应文雅、庄重；公关小姐的发型应新颖、大方。

(5) 发型与服饰要协调。发型必须根据服饰的变化而改变。穿着礼服或制服时，可选择盘发或短发，以体现端庄、秀美、文雅；穿着运动装时，可选择高高束起的马尾辫，以体现青春、活力、潇洒；穿着晚装时，可选择晚装发型，以体现高雅、华丽、时尚；穿着便装时，可选择各式适合自己脸型的发型，以体现自然、舒适、休闲。

二、女士的妆容礼仪

在 20 世纪 70 年代的中国，绝大部分女性上班是不化妆的，因为这符合了那个年代女性审美的标准——朴实、再朴实，那才是最美的！而当今时代，美容化妆已成为现代女性追求美丽和时尚的法宝，越来越成为她们生活中必不可少的一部分。俗话说："三分长相，七分打扮。"美容化妆不但可以塑造美好面容，还能展现出个人的审美情趣和美学品位。

(一)女士的妆容原则

1. 化妆的浓淡要视时间、场合而定

一般而言，无论从事什么职业的女性，都应根据不同的场合来决定妆容的浓淡，工作时间不宜化浓妆以及使用大量香水、香粉，以避免气味过重，否则会让人觉得其工作不认真。所以，我们要将白天与晚上、一般场合和特殊场合的化妆、不同季节的化妆区别对待，不要一概而论。

2. 应与年龄、气质、职业、服饰等相适宜

化妆不仅仅是让自己有一张俊俏的脸，还要综合考虑自己的年龄、职业、服饰等，强调的是和谐，只有和谐才能给人以美感。不同年龄的人应体现出不同的风格。

青年应着力展示其青春风采，淡妆体现自然之美和个性之美；中年应力求突出成熟风韵，装饰柔和，服饰淡雅体现成熟之美；老年着装则应体现高雅稳重、深沉理性的睿智之美。职业的差异也是影响仪表协调的重要因素。

3. 不要在别人面前化妆

在工作、开会或等公共汽车时，就拿出小镜子美化自己，这样做不合适。因为化妆是修饰自己的个人行为，在别人面前这样做，有故意引人注目之嫌。

【阅读材料】化妆的规则

(1) 在工作岗位上，化妆应以淡妆为主。淡妆的主要特征是简约、清丽、素雅，具有鲜明的立体感。

(2) 在工作岗位上，应当避免过量地使用芳香型化妆品。正确使用香水的位置有两个：一是离脉搏跳动比较近的地方，如手腕、耳根、颈侧、膝部、踝部等处。二是既不会污损衣物，又容易扩散出香味的服装上的某些部位，如内衣、衣领、口袋、裙摆的内侧，以及西装上所用的插袋巾的下端。

(3) 在工作岗位上，应当避免当众化妆或补妆。

(4) 在工作岗位上，应当力戒与他人探讨化妆问题。

(5) 在工作岗位上，应当力戒自己的妆面出现残缺。

(资料来源: http://wenku.baidu.cm/link? url=ta57PSAXX0JndpXvUl-wEnwQtSYQFEl5T YuEHtclPSkCwaXWGQ_NaKQLf9gpSZbxWZU9iUG5geBbiy9-NZ4B2IGNLsJpZfjMFrdkxIvuW.)

(二)女士化妆的基本步骤

化妆前先将脸洗净，涂上润肤霜或是润肤露这一步很关键，好的润肤霜会在涂粉底之前起到好的效果，这样再进行下一步化妆时，脸上就不会起干皮，而且可以使皮肤看上去晶莹剔透。

1. 饰底乳(隔离)

很多女生在化妆的时候往往跳过这一步，其实这一步很重要。在面部的不同区域使用深浅不同的粉底，可使妆面产生立体感。打底后，可使用少许定妆粉来固定粉底。在具体操作时要注意以下几点。

(1) 将豆粒大小的粉点在脸上涂抹均匀就可以了，要注意的是一定不能用多了。

(2) 绿色和蓝色的饰底乳有良好的遮盖作用，适合有斑点或其他瑕疵的人使用。紫色则比较适合东方人偏黄的皮肤。白色的比较适合透明妆使用。

2. 粉底液

应将比饰底乳多一倍的粉底液均匀地涂抹在脸部。要注意的是眼部，头发与额头的交界处也要涂抹均匀。

3. 遮瑕霜(遮瑕液)

遮瑕霜是为面部有小瑕疵的人准备的，具体操作步骤是可以用小刷子轻轻地将遮瑕霜涂抹在瑕疵部位及其周围。这样粉底不用打太厚也可以盖住斑点、痘痘了。还有一种用法是将遮瑕液涂在双眉之间到鼻子1/3处及眼睛的下面。这样不仅可以遮盖黑眼圈，还可以起到提亮的作用。

4. 粉饼

如果在完成以上三步时，你的妆容已经获得理想效果的话，第四步上粉饼可以省去，直接上散粉，达到提亮的目的就可以了。具体操作步骤是：用粉扑轻轻地拍打在脸部，注意要均匀上粉，还要注意头部的裸露部分都要上粉，这样可以使人看上去更精神。

5. 散粉

具体操作步骤是轻轻地扑打上一层散粉。要注意的是脸与脖子的交界处。日本的粉底讲求透明感，韩国的粉底多注重遮盖效果。可以根据需要选择你的化妆用品。

6. 眼部的化妆

1) 描眉

描眉时要顺着眉毛生长的方向一根一根地画，不要一笔到底，画完后用小刷轻轻刷两下，去掉笔痕。

2) 涂眼影

眼影用来为眼部着色，以强化眼睛的立体感。一般可用双色眼影，沿眼线到外眼角上方涂抹，颜色由深到浅涂出立体感。此外，涂眼影的时候要注意色彩的过渡。比如粉红色的眼影，就要先将整个眼眶都涂上一层淡粉，然后在接近睫毛的地方加深。完妆后要在眉骨鼻梁上扫上一层白色的散粉，以获得凸显立体感的效果。

3) 画眼线

一般的女孩子不愿意上眼线，其实上一层好的眼线可以显得眼睛更亮。画眼线一定要把眼线画得紧贴睫毛。上眼线从内眼角画到外眼角，下眼线一般只从外眼角画至距内眼角1/3 处即收笔，外眼角处的眼线稍粗，渐渐细到没有。上下眼线不连接，上眼线稍长出眼角。有一种方法就是用眼线笔在每根睫毛根部之间点眼线，这样看起来比较自然。下眼线可以用白色的眼线笔化，这样可以使眼睛显得更大。

7. 唇部的修饰

唇膏是女人最常用的化妆品。不过，唇膏种类繁多，颜色各异，一定要找到最适合自己的唇膏颜色。通常而言，女人有两种口红就够了，一种属深色系列，一种属粉色系列，如果把两者混合，就能变成中性系列。最理想的口唇通常由以下三种色修饰：最深的是唇线笔勾唇形；中间色通常是口红；最淡的是高光色，它能使嘴唇更有立体感，也更引人注目。

虽然现在大部分唇膏都含有保湿成分，但如果想让嘴唇看起来更丰满、性感的话，最简单易行的方法就是涂上唇膏之后，在嘴唇中央位置，用唇刷再多刷几笔，这样嘴唇的立体感就更强了。

(三)女士化妆的常用技巧

1. 不同脸型的化妆法

脸部化妆，一方面要突出面部五官最美的部分，使其更加美丽，另一方面要掩盖或矫正缺陷或不足的部分。

经过化妆品修饰的美有两种：一种是趋于自然的美，一种是艳丽的美，前者是通过恰当的淡妆来实现的，它给人以大方、悦目、清新的感觉，最适合在家或平时上班的女性使用。后者是通过浓妆来实现的，它给人以庄重高贵的印象。可出现在晚宴、演出等特殊的社交场合。

无论是淡妆还是浓妆，都要利用各种技术，恰当使用化妆品，只有通过一定的艺术处理，才能达到美化形象的目的。

1) 椭圆脸

椭圆脸可谓公认的理想脸型，化妆时宜注意保持其自然形状，突出其可爱之处，不必通过化妆去改变脸型。胭脂应涂在颊部颧骨的最高处，再向上向外揉化开去。唇膏除嘴唇唇形有缺陷外，应尽量按自然唇形涂抹。眉毛可顺着眼睛的轮廓修成弧形，眉头应与内眼角齐，眉尾可稍长于外眼角。正因为椭圆形脸是无须太多掩饰的，所以化妆时一定要找出脸部最动人、最美丽的部位，而后突出之，以免给人平平淡淡、毫无特点的印象。

2) 长脸型

长脸型的人，在化妆时力求获得的效果应是增加面部的宽度。胭脂应注意离鼻子稍远些，以在视觉上拉宽面部。抹时可沿颧骨的最高处与太阳穴下方所构成的曲线部位，向外、向上抹开去。若双颊下陷或者额部窄小，粉底应在双颊和额部涂以浅色调的粉底，造成光影，使之变得丰满一些。眉毛修正时应令其成弧形，切不可有棱有角。眉毛的位置不宜太高，眉毛尾部切忌高翘。

3) 圆脸型

圆脸型给人可爱、玲珑之感，若要修正为椭圆形并不十分困难。胭脂可从颧骨起涂至下颌部，注意不能简单地将颧骨突出部位涂成圆形。唇膏可在上嘴唇涂成浅浅的弓形，不能涂成圆形的小嘴状，以免有圆上加圆之感。粉底可用来在两颊造阴影，使圆脸削瘦一点。选用暗色调粉底，沿额头靠近发际处向下窄窄地涂抹，至颧骨部位可加宽涂抹的面积，将脸部亮度自颧骨以下逐步集中于鼻子、嘴唇、下巴附近部位。眉毛可修成自然的弧形，作少许弯曲，不可太平直或有棱角，也不可过于弯曲。

2. 快速化妆技巧

1) 眼部技巧

眼部是面部表情最为丰富的地方，通过眼部的化妆可以展现迷人的双眸，散发诱人的魅力。图 2.9 所示为眼部化妆的步骤。

(1) 使用咖啡色的眼影涂擦在整个眼窝的位置，利用手指稍微按压眼窝与眼褶处，并在眼窝处可以再次选擦。

(2) 将黑色的眼线画在内眼睑的位置，并将睫毛与睫毛的空隙填满，以让双眼获得放大的效果。

(3) 以左右来回 Z 字方式刷上睫毛膏，下睫毛部分也不要遗漏。

步骤 1 步骤 2 步骤 3

图 2.9 眼部化妆步骤

2) 唇部技巧

不管是炎热的夏季还是寒冷的冬季，唇部护理都显得特别重要。图 2.10 所示为唇部护理的步骤。

(1) 首先应让唇部充满滋润水感，然后将护唇产品涂在双唇上，为唇部保湿。

(2) 唇周使用裸色调的唇彩产品框出唇部的轮廓。可以先选择雾面或是不带有亮片的唇彩品。

(3) 唇中央则可挑选有亮片的，或是具有珠光效果的唇彩品，加强唇部的丰润度。

步骤 1   步骤 2   步骤 3

图 2.10 唇部化妆步骤

3) 腮红技巧

涂腮红基本上是放在化妆过程中的最后一步，精致的脸蛋涂上腮红之后脸色更加红润细致，气色非常好。图 2.11 所示为腮红化妆的步骤。

(1) 利用橘棕色的颊彩，斜刷在笑肌下方至太阳穴的位置，这样的刷法具有修饰脸型的作用。

(2) 将粉红色的腮红，以圆形的方式刷拭在笑肌的部位，可以提升脸部甜美可爱的视觉效果。

(3) 最后在画上腮红的部分扑上蜜粉，以使腮红效果更加持久，也能让色调看起来仿佛是由底层散发出来的。

步骤 1   步骤 2   步骤 3

图 2.11 腮红化妆步骤

三、男士的妆容礼仪

注重仪容不是女士的专利，也是职场男士提升外在气质的手段之一。随着时尚潮流的到来，越来越多的男士开始越来越关注自己的仪容，男士化妆也是追求健康与活力的一种表现。

(一)男士妆容的一般要求

1. 头发常剪、常洗

(1) 职场男士的头发要常剪，不宜过长。职场男士一般都会选择短发，这样显得专业、干练。

(2) 头发要常洗。头发很容易产生异味，因此要保持干净、清爽。注意不能有头屑，如果在肩部位置留有头屑，无论你是什么身份，都会让你的形象大打折扣！

2. 保持嘴唇滋润

因为唇部没有汗腺，很容易干裂。与他人近距离交流时，嘴唇干裂也是很不礼貌的。

男士也要保持嘴唇的滋润，整年都可以使用润唇膏防裂。选择无色、滋润型唇膏即可。只要轻抹一点，让唇部有滋润度就行。不能抹得满嘴油腻，以免弄巧成拙！因此，请随时在你的公文包内放一只润唇膏。

3. 注重皮肤的护理

由于生理原因，男士的皮肤比较粗糙、毛孔大、容易老化。男士日常活动量大，平时分泌的汗液和油脂较多，容易使灰尘、污垢聚集，堵塞毛孔，从而引起各种各样的皮肤疾病并使体味过重，影响美观。因此，男士更应该注重皮肤护理。

(二)男士化妆的基本技巧

女士化妆是为显示她们的娇俏艳丽，可以"明目张胆"地进行，也可以较多地使用色彩亮丽的胭脂、唇膏、眼影等。男士化妆则大不相同，由于男性的肤质较粗糙，汗斑、痘痕会影响面容，因而化妆是为了"掩饰"。男士的妆容讲求自然顺眼，与其原本的肤色匹配，而且要不着痕迹，千万别化妆成"小白脸"。

1. 洁净的胡须是关键

男人的胡须很重要，彻底剃除是最简单的清洁方法。当然也有时髦者有蓄须的习惯，除了留出适合自己脸型的胡须造型之外，还需要与皮肤间始终保持清洁干爽。

2. 需要控油隔离

隔离底霜是彩妆的第一步，男士肌肤同样需要，但基于男性肌肤油脂腺分泌通常都比较旺盛，所以具有控油功效的隔离霜是首选，还可为妆容增加持久度。

3. 匀称的本色肌底

粉底要透薄，基本以匀称肤色为目的，不讲求变白，也不要太黏腻，散粉最好省去，否则会显得修饰性太强，很女气。其实如果本身肤色均匀，肤质尚可的话，可以省略上粉底的步骤，既避免了大油皮肤带来的脱妆尴尬，又更显自然。

4. 遮盖黑眼圈

遮瑕很有必要，男士的遮瑕主要针对眼周的黑眼圈问题，而斑点、小瑕疵就不必太纠结。男士的妆面永远不讲求无瑕感，但是因为天生皮脂腺分泌旺盛导致的大毛孔问题可以进行稍加修饰。

5. 顺势加深眉色

眉毛需要着重修饰，但不要太夸张，男士的眉毛大多比较浓密，所以画眉时多采用补的手法。在清理多余的杂毛后用眉笔加深眉色即可。不建议使用纯黑色的眉笔，否则会显得过于生硬，炭灰色最自然。

2.3.mp4

第三节 身体语言礼仪

身体语言礼仪即通过人的身体各部位所表现出来的礼仪行为。人的身体语言包括表情语言和动作语言两大类。身体语言类礼仪可以划分为表情语言类和动作语言类礼仪两种。从一个人的身体语言可以看出一个人的人生经历，能判断出一个人的气质类型。也就是说，从外表看，形象是一个人的外部特征在别人眼中的"成像"，若从本质上看，却是人的气质、知识、修养等内在因素的一种展示。在职场，注重身体语言礼仪可以提高我们的职场声誉，有助于打造职场的个人品牌。

一、表情语言礼仪

表情是指人的面部神态，即通过面部眉、眼、嘴、鼻的动作和脸色变化表达出来的内心思想感情。人们通过喜、怒、哀、乐等表情真实可信地来表达内心的思想、情感及其心理活动或变化。在人际沟通方面，表情起着重要的作用，美国心理学家艾伯特·梅拉比安把人的感情表达效果总结出一个公式：感情的表达=7%的言语+38%的声音+55%的表情，由此可见，优雅的表情，可以给人留下深刻的第一印象。目光和笑容是表情语言中最为核心的部分。

(一)目光礼仪

目光是面部表情的核心，是最富于表现力的一种身体语言。正如诗人泰戈尔所言："眼睛的语言，在表情上是无穷无尽的。像海一般深沉，碧空一般清澈，黎明的黄昏，光明与阴影，都在这里自由嬉戏。"一双炯炯有神的眼睛，往往给人一种精力充沛、生机勃勃的感觉；目光呆滞麻木，则往往给人一种疲惫厌倦的感觉。

1. 注视的部位

注视发生的场合不同，注视的部位也就不同。一般可分为公务注视、社交注视、亲密注视等。

(1) 公务注视部位。即在洽谈业务、贸易谈判或者磋商问题时所注视的部位。这个区域是以两眼为底线、额中为顶角形成的一个三角区(见图2.12竖线三角区)。洽谈业务的时候，如果你看着对方这个区域就会显得严肃认真，对方也会觉得你有诚意；在交谈时如果你的目光总是落在这个注视区域，你就会把握住谈话的主动权和控制权。

(2) 社交注视部位。即在一些茶话会、舞会和各种友谊聚会的场合中所注视的部位。这个区域是以两眼为上线、唇部为下顶点所形成的倒三角形区域(见图2.12斜线三角区)。当你和他人谈话时注视着对方的这个部位，能给人一种平等而轻松的感觉，可以营造出一种良好的社交氛围。

(3) 亲密注视部位。即与亲人、恋人和家人成员之间所注视的部位。这个区域是以两眼为上线、锁骨部位为下顶点所形成的倒三角形区域(见图2.12虚线三角区)。这样的注视方式表示亲近、友善。但对陌生人来说，这种注视有些过分。

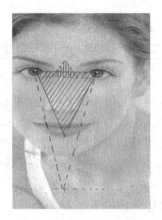

图 2.12　不同场合注视的部位示意

一般和别人相处的时候，要注意注视的禁区：对方头顶、胸部、腹部、臀部、大腿或脚部和手部。但特殊情况除外，如递接东西，就要注视对方的手部。

2. 注视的方向

(1) 俯视(视线向下)，即抬眼向下注视他人。一般表示对晚辈的爱护、宽容，也可表示对他人轻慢、歧视。

(2) 仰视(视线向上)，即抬眼向上注视他人。表示尊敬期待，适用于面对尊长之时。

(3) 正视(平视)，表示理性、平等、自信、坦率。适用于普通场合与身份、地位平等的人之间的交往。

礼貌的正视是一种坦荡、自信的表现，也是对他人尊重的体现。而谈话中眼睛往上、往下、眯视、斜视、游离不定、目光涣散、漫不经心等，在交际中都是忌讳的眼神。

3. 注视的时间

心理实验表明，人们视线相互接触的时间，通常占交往时间的 30%至 60%。如果超过 60%，表示彼此对对方的兴趣可能大于交谈的话题；低于 30%，表明对谈话没有兴趣。而视线接触的时间，除关系十分密切的人外，一般连续注视对方的时间在 3 秒左右，过长时间的视线接触会让对方感到不适。

【技能训练】训练眼神的方法

(1) 眼睛扩大训练。

眼睛的大小是有限的，只有在自身条件允许的条件下充分地将眼睛扩大，才能体现出好的眼神。

使眼睛扩大的主要方法是做起眉绷眼皮训练，即通过尽力将额肌上提，带动两眼角尾部向上翘起，眼皮上绷，使眼皮最大限度地大开。

(2) 眼睛光亮训练。

在眼睛扩大练习的前提下，还要使眼睛晶亮闪光，才能具有较好的表现力。眼力集中练习，可通过睁大两眼平视镜中自己的一只眼睛进行。

(3) 眼睛灵活度训练。

眼睛的训练不仅要将眼睛练得大、亮，同时还要练得灵活，使眼珠获得动人的灵活美。

练习的方法，先做目标练习，然后再做无目标练习，即在两眼的左、右、上、下用红布或其他醒目的东西固定在一个点上，眼球做左、右横线转动，上、下竖线的移动或圆圈转动。练习时头部不能动，只用眼睛随目标转动。当眼睛练得有一定活动能力时，就可以进行无目标练习，让眼睛自然转动。

(二)笑容礼仪

1. 微笑的作用

笑容是人们在笑的时候所呈现出的面部表情，它通常表现为脸上露出喜悦的神情，有时伴以口中发出欢快的声音。笑有微笑、轻笑、大笑、狂笑等许多种，不同的笑表达了不同的感情。其中，微笑的力量是相当巨大的，它可以使人感到亲切、热情和尊重，使自己更有魅力，同时也就容易得到别人的理解、尊重和友谊。因此，它是一种既悦己又悦人的行为。"微笑，实在是仁爱的象征、快乐的源泉、亲近别人的媒介。有了微笑，人类的感情就沟通了。"由此可见，微笑作为一种特殊而重要的身体语言对人际交往来说有多么的重要。

【阅读材料】

在西班牙内战时，一位国际纵队的普通军官不幸被俘，并被投进了森冷的单人监牢。在即将被处死的前夜，他搜遍全身竟发现半截皱皱巴巴的香烟，很想吸上几口，以缓解临死前的恐惧，可是他发现自己没有火。在他的再三请求之下，铁窗外那个木偶式的士兵总算毫无表情地掏出火柴，划着火。当四目相对时，军官不由得向士兵送上了一丝微笑。令人惊奇的是，那士兵在几秒钟的发愣后，嘴角也不太自然地上翘了，最后竟也露出了微笑。后来两人开始了交谈，谈到了各自的故乡，谈到了各自的妻子和孩子，甚至还相互传看了珍藏的与家人的合影。当曙色渐明，军官苦泪纵横时，那士兵竟然动了感情，并悄悄地放走了他。微笑，沟通了两颗心灵，挽救了一条生命。

(资料来源：http://wenku.baidu.cm/link? url=NmxEg6JbuwE1jtX-MxBYtNi3DZ73PzXkKf3aNAanwul5jS1

AQxdgwkiCecFNLlm35qJ9TG8Kp747bbDDa3psmdsPsGhSgjISg8UTthW.)

2. 微笑的技能要领

微笑要求发自内心、自然大方，要防止生硬、虚伪、笑不由衷。微笑要能体现一个人的纯朴、坦然、宽容和对人的信任，显示出亲切，给人愉快、舒适、幸福、动人的好感和快感。那如何使微笑恰到好处呢？下面给大家介绍几种训练方法。

1) 照镜训练法

对着镜子，心里想着使自己高兴的情景，鼓动双颊，嘴角两端做出微笑的口型，找出自己认为最满意的微笑，天天练习，使之自然长久地呈现在你的脸上。

玛丽莲·梦露曾说过："当我13岁的时候，就开始练习怎样笑得更迷人，并且为自己树立了一个样板，每日对照着镜子反复练习，使我的微笑形成无声的美好的语言。"

2) 词语训练法

对着镜子，深呼吸，然后慢慢地吐气，并将嘴角两侧对称往耳根部提拉，读出普通话

"一""七""衣""叶""钱"的读音，也可以读出词语"茄子""田七"的读音。读出这些字、词的口型，正是训练微笑的最佳口型。

二、动作语言礼仪

动作语言礼仪是指通过人的各种肢体的动作所传达出的礼仪信息。人的动作语言非常多，有手语、肩语、腿语、腰语、足语等。培根曾说："相貌的美高于色泽的美，而优雅合适的动作美又高于相貌的美。"由此可见，动作比相貌更能展现人的精神风貌。由于人的动作语言非常丰富，这里主要给大家介绍几种常见的动作语言礼仪规范：基本的站姿、坐姿、行姿、蹲姿以及手势礼仪规范。

(一)站姿

站立是最基本的动作礼仪，正确的站姿会给人以挺拔笔直、舒展俊美、积极进取、充满自信的感觉。反之，站立时左歪右斜、挺腹屈腿则会给人以轻浮、不懂规矩，没有教养的感觉。

1. 礼仪规范

站姿的基本要求是"站如松"，基本要领是头正，双目平视，下颌微收，面带微笑，挺胸，收腹，立腰，双肩放松，双臂自然下垂，双手在背后交叉或体前交叉，双腿直立。

(1) 商务男士站姿要求

身体立直，挺胸抬头，下颌微收，双目平视前方，两膝并严，脚跟靠紧，脚掌分开呈"V"字形，挺髋立腰，吸腹收臀，双手置于身体两侧自然下垂。也可以两腿分开，两脚平行，不超过肩宽，双手交叉于身前，右手搭于左手之上(见图2.13)。

(2) 商务女士站姿要求

商务女士的标准站姿应双脚呈"V"字形，膝和脚后跟尽量靠拢，商务女士的优雅站姿应一只脚略前、一只脚略后，前脚的脚后跟稍稍向后脚的脚背靠拢，后腿的膝盖向前腿靠拢(见图2.14)。

图2.13　商务男士站姿要求　　　　图2.14　商务女士站姿要求

2. 礼仪禁忌

(1) 站立交谈时，身体不要倚门、靠墙、靠柱，双手可随说话的内容做一些伴随手势，但动作不能太多、太大，以免显得粗鲁。不要将手插入裤袋或交叉抱在胸前，更不能下意识地做小动作，如摆弄衣角、咬手指甲等。

(2) 站立时不应东倒西歪，耸肩驼背，左摇右晃，两脚间距过大。

(二)坐姿

坐姿讲究庄重、安详，在舒适自然中表现出高贵、优雅的气度。在商务场合，千万不要把坐下当作纯粹的休息，而四肢放松，坐倒在椅子上。入座后的姿势仍应保持上体直立、平稳，四肢自然摆放。

1. 礼仪规范

1) 商务男士5种坐姿礼仪规范

(1) 标准式。上身正直上挺，双肩正平，两手放在两腿或扶手上，双膝并拢，小腿垂直落于地面，两脚自然分开成45°。

(2) 前伸式。在标准式的基础上，两小腿前伸一脚的长度，左脚向前半脚，脚尖不要翘起。

(3) 屈直式。左小腿回屈，前脚掌着地，右脚前伸，双膝并拢。

(4) 前交叉式。小腿前伸，两脚踝部交叉。

(5) 重叠式。右腿叠在左膝上部，右小腿内收，贴向左腿，脚尖自然下垂。

2) 商务女士7种坐姿礼仪规范

(1) 标准式。轻缓地走到座位前，转身后两脚成小丁字步，左前右后，两膝并拢的同时上身前倾，向下落座。

(2) 重叠式。在标准式坐姿的基础上，两腿向前，一条腿提起，腿窝落在另一腿的膝关节上边。要注意上边的腿向里收，贴住另一腿，脚尖向下。

(3) 屈直式。右脚前伸，左小腿屈回，大腿靠紧，两脚前脚掌着地，并在一条直线上。

(4) 侧点式。两小腿向左斜出，双膝并拢，右脚跟靠拢左脚内侧。右脚掌着地，左脚尖着地，头和身躯向左斜。注意大腿小腿成90°，小腿要充分伸直，尽量显示小腿长度。

(5) 后点式。两小腿后屈，脚尖着地，双膝并拢。

(6) 侧挂式。在侧点式基础上，左小腿后屈，脚绷直，脚掌内侧着地，右脚提前，用脚面贴住左踝，膝和小腿并拢，上身右转。

(7) 前交叉式。在前伸式坐姿的基础上，右脚后缩，与左脚交叉，两踝关节重叠，两脚尖着地。

2. 礼仪禁忌

坐姿应避免发生下列动作：身体不可前俯后仰、斜向一侧、歪歪扭扭；不可仰头靠在座位背上或低着头注视地面；双手不应有多余的动作；双腿不宜敞开过大，不可高跷起二郎腿；不可大腿并拢，小腿分开，或腿不停地抖动；也不要把小腿搁在大腿上，更不要把两腿直伸开去，或反复不断地抖动。这些都是缺乏教养和傲慢无礼的表现。

【阅读材料】

姜昆是某大型外贸企业的董事长。近期,他想在北京洽谈一项合资业务,于是找到了一家前景不错的公司。与对方约好了洽谈时间与地点后,他带着秘书如期而至,经过近半小时的洽谈之后,姜昆做出了这样的决定:不和这家公司合作。为什么还没有深入洽谈,姜昆就放弃和该公司合作?秘书觉得很困惑,姜昆回答说:"对方很有诚意,前景也很好,但是和我谈判时,不时地抖动他的双腿,我觉得还没有跟他合作,我的财就都被他抖掉了。"职业人员在参加会议、业务洽谈、伏案工作、社交活动、交流娱乐时,应注意自己的坐姿。端庄优美的坐姿,不仅可以展示一个人的行为美和姿态美,而且可以给人一种有教养、庄重、信任的感觉。

(三)行姿

行姿可以体现一个人的精神面貌,女性行姿以轻松、敏捷、健美为好,男性行姿要求协调、稳健、庄重、刚毅。

1. 礼仪规范

商界人士要注意自己的行姿礼仪,具体有如下规范要求。

1) 重心落前

在起步行走时,身体应稍向前倾,身体的重心应落在反复交替移动的前脚脚掌之上。要注意的是,当前脚落地、后脚离地时,膝盖一定要伸直,踏下脚时再稍为松弛,并即刻使重心前移,这样行走时,步态才会好看。

2) 昂首挺胸

行走过程中,要面朝前方,双眼平视,头部端正,胸部挺起,背部、腰部、膝部尤其要避免弯曲,使全身形成一条直线。

3) 脚尖前伸

行进时,向前伸出的那只脚应保持脚尖向前,不要向内或向外。同时还应保证步幅(行进中一步的长度)大小适中。通常,正常的步幅应为一脚之长,即行走时前脚脚跟与后脚脚尖二者相距为一脚长。

4) 摆动两臂

行进时,双肩、双臂都不可过于僵硬呆板。双肩应当平稳,力戒摇晃。两臂则应自然地、一前一后地、有节奏地摆动。在摆动时,手腕要进行配合,掌心要向内,手掌要向下伸直。摆动的幅度,以30°左右为佳。

5) 协调匀速

在行走时,速度要均匀,要有节奏感。另外,全身各个部位的举止要相互协调、配合,要表现得轻松、自然。

6) 直线前进

在行进时,双脚两侧行走的轨迹,大体上应呈一条直线。与此同时,要克服身体在行进中的左右摇摆,并使自腰部至脚部始终都保持以直线状态向前移动。

2. 礼仪禁忌

1) 八字步态

在行走时，若两脚脚尖向外侧伸构成外八字步，或两脚脚尖向内侧伸构成内八字步，看起来都会产生不适感。

2) 左顾右盼

行走时，不应左顾右盼，尤其是不应反复回过头来注视身后。

3) 方向不定

在行走时方向要明确，不可忽左忽右，变化多端，给人心神不定之感。

4) 忽快忽慢

行走之时，切勿忽快忽慢，突然快步奔跑，又突然止步不前，让人不可捉摸。

5) 制造噪声

行走时应避免拖沓前行，发出吧嗒吧嗒的噪声，尤其是在比较安静的公共场合，穿带有金属鞋跟或带有金属鞋掌的鞋子更是如此。

【技能训练】

1) 行走辅助训练

(1) 摆臂。人直立，保持基本站姿。在距离小腹两拳处确定一个点，两手呈半握拳状，斜前方均向此点摆动，由大臂带动小臂。

(2) 展膝。保持基本站姿，左脚跟起踵，脚尖不离地面，左脚跟落下时，右脚跟同时起踵，两脚交替进行，脚跟提起的腿屈膝，另一条腿膝部内侧用力绷直。做此动作时，两膝靠拢，内侧摩擦运动。

(3) 平衡。行走时，在头上放一块小垫子或一本书，用左右手轮流扶住，在能够掌握平衡之后，再放下手进行练习，注意保持物品不掉下来。通过训练，使背脊、脖子竖直，上半身不随便摇晃。

2) 迈步分解动作训练

(1) 保持基本站姿，双手叉腰，左腿擦地前点地，与右脚相距一个脚长，右腿直腿蹬地，髋关节迅速前移重心，成右后点地，然后换方向练习。

(2) 保持基本站姿，两臂体侧自然下垂。左腿前点地时，右臂移至小腹前的指定点位置，左臂向后斜摆，右腿蹬地，重心前移成右后点地时，手臂位置不变，然后换方向练习。

3) 行走连续动作训练

(1) 左腿屈膝，向上抬起，提腿向正前方迈出，脚跟先落地，经脚心、前脚掌至全脚落地，同时右脚后跟向上慢慢垫起，身体重心移向左腿。

(2) 换右腿屈膝，经过与左腿膝盖内侧摩擦向上抬起，提脚迈出，脚跟先着地，落在左脚前方，两脚间相隔一脚距离。

(3) 迈左腿时，右臂在前；迈右腿时，左臂在前。

(4) 将以上动作连贯运用，反复练习。

(四)蹲姿

蹲姿是由站姿转变为双腿弯曲和身体下降的姿势。日常生活中常用到，例如，捡拾物品或拍集体照片时，常采用蹲姿。蹲姿讲究屈腿而不弯腰，动作轻缓而不急促。

1. 礼仪规范

正确的蹲姿应注意以下基本要领：一足在前，一足在后。迈开一步，腿部弯曲，双膝一高一低。身体随之下降，重心在后面腿上坐下去。常见的姿势有以下三种。

1) 交叉式蹲姿

下蹲时双腿交叉在一起。此蹲姿通常适用于女士，尤其是穿短裙的女士。下蹲时，右脚在前，左脚在后；右小腿垂直于地面，全脚着地；左腿在后与右腿交叉重叠，左膝由后面伸向右侧，左脚跟抬起，脚掌着地；两腿前后靠紧，合力支撑身体；臀部向下，上身稍前倾(见图2.15)。

2) 高低式蹲姿

下蹲时，左脚在前，右脚稍后，不重叠；两腿靠紧向下蹲，左脚全脚掌着地，小腿基本垂直于地面，右脚脚掌着地，脚跟提起。双腿一高一低，互为依靠。右膝低于左膝，右膝内侧靠于左小腿内侧，形成左膝高右膝低的姿态，臀部向下，如图2.16所示。

3) 半跪式蹲姿

下蹲后一条腿弯曲，单膝着地，臀部坐在另一条腿腿根上，而以脚尖着地。另一条腿应当全脚着地(见图2.17)，小腿垂直于地面时，双腿应尽力靠拢。

图2.15　交叉式蹲姿

图2.16　高低式蹲姿

图2.17　半跪式蹲姿

2. 礼仪禁忌

(1) 不要弯腰撅臀，女士一弯腰，后背的上衣就会自然上提，露出背部皮肤和内衣，很不雅观。

(2) 不要两脚平行、两腿左右分开弯腰或半蹲，又称"洗手间姿势"，很不雅观。

(3) 不要面对他人下蹲，这样会使他人不便。

(4) 不要蹲着休息，在公共场所，这种做法不文明。

(5) 不要蹲在椅子上。

(五)手势

手势是通过手和手指的动作变化来表达感情和传递信息。如招手致意、挥手告别、拍手称赞、拱手致谢、举手赞同、摆手拒绝；手指表怒、手扶表爱、手捧表敬、手遮表羞，等等。在社交场合，要恰当使用手势，养成得体、文明、礼貌的手势习惯。

1. 常用手势

1) 横摆式手势

商务场合在表示"请""请进"时常用横摆式手势语。具体做法是五指伸直并拢，手掌自然伸直，手心向上，肘微弯曲，腕低于肘。以肘关节为轴，手从腹前抬起向右摆动至身体右前方，并与身体正面成 45° 时停止。同时，脚站成右丁字步。头部和上身微向伸出手的一侧倾斜，另一只手下垂或背在背后，目视宾客，面带微笑。

2) 斜摆式手势

请客人就座时，手势应摆向座位的地方，可使用斜摆式手势语。做法是手先从身体的一侧抬起，到高于腰部后，再向下摆动，使大小臂成一斜线，如图 2.18 所示。

3) 双臂横摆式手势

当来宾较多时，表示"请"可以动作幅度大一些，这时候可采用双臂横摆式手势语。即两手从腹前抬起，手心向上，同时向身体两侧摆动，摆至身体的侧前方，上身稍前倾，微笑施礼，向大家致意，然后退到一侧，如图 2.19 所示。

图 2.18 斜摆式手势

4) 前摆式手势

如果右手拿着东西或扶着门时，要向宾客做向右"请"的手势，可以用前摆式手势语。具体做法是五指并拢，手掌伸前，自身体一侧由下向上抬起，以肩关节为轴，手臂稍曲，到腰的高度在身前右方摆到距身体 15cm 处时停止。

图 2.19 双臂横摆式手势

5) 直臂式手势

需要给宾客指方向时，可采用直臂式手势语。具体做法是手指并拢，掌伸直，屈肘从身前抬起，向应到的方向摆动，摆到肩的高度时停止，肘关节基本伸直。

2. 礼仪禁忌

1) 失敬于人的手姿

掌心向下挥动手臂，勾动食指或除拇指外的其他四指招呼别人，用手指指点他人等。

2) 不卫生的手势

在他人面前掏耳朵、搔头发、抠鼻孔、剔牙齿、摸脚丫、抓痒痒等手势，均极不卫生。不但是不当之举，而且也极为令人反感。

3) 不稳重的手势

在大庭广众之前，双手乱摸、乱动、乱举、乱放、乱扶，或是咬指尖、抬胳膊、折衣角、拢脑袋、抱大腿等手势，均为不稳重的手势。

【阅读材料】几种流行的手势

1) 招手手势

在我国，向别人招手，并要求他向你走过来，一般为掌心向下、手掌上下轻微晃动；但在美国这是叫狗的动作。

2) "V" 形手势

这种手势是"二战"时的英国首相丘吉尔首先使用的，现在已传遍世界，其表示"胜利"。在我国过去表示"二"，在英国、澳大利亚、新西兰，手心向外的"V"形手势表示胜利，而手心向内，就变成骂人的手势了。

3) "K" 形手势

拇指、食指相接成环形，其余三指伸直，掌心向外，这就是通常所用的"K"形手势。这种手势，在美国表示"同意、了不起、顺利"的意思。在日本、缅甸、韩国，则表示金钱。在泰国表示"没问题"。在巴西、希腊等国家，则表示对人的咒骂和侮辱。

4) 跷起大拇指手势

在我国和一些国家，一般都表示顺利或夸奖别人。但也有很多例外，在英国、澳大利亚和新西兰等国，旅游者常用它作为搭车的手势，如果将大拇指急剧向上跷起，就成为侮辱人的信号。在希腊，表示责骂对方。

5) 举手致意

举手致意也叫挥手致意。用来向他人表示问候、致敬、感谢。当你看见熟悉的人，又无暇分身的时候，就应举手致意，以立即消除对方被冷落的感觉。要掌心向外，面对对方，指尖朝向上方。千万不要忘记伸开手掌。

第四节　实　践　演　练

实践项目一：着装及妆容礼仪

假设你要代表公司参加一次商务谈判活动，请你为自己选择合适的发型和职业套装并进行正确的搭配。

(1) 教师示范讲解发型选择、着装搭配的方法及注意事项。

(2) 观看有关着装及妆容礼仪的相关录像资料。

(3) 每位同学先为自己设计发型和职业套装。

(4) 以小组为单位，小组成员间互评。参照小组成员的建议进行改进。

(5) 完成后，拍照上传自己的职业装照片。

通过实训使学生明确商务人士着装、妆容礼仪必须遵守的基本原则，使学生加深对良好的着装、妆容等个人礼仪规范的认识，掌握塑造良好个人形象的方法和要领。

实践项目二：快速化妆技巧

　　早上醒来，镜子中映出一张慵懒疲惫的脸：双眼红肿、眼圈发黑、脸色苍黄，真是"惨不忍睹"。可匆匆一看时间，惨！上班时间快到了，心里大叫：怎么办？

(1) 教师示范讲解化妆的基本方法及注意事项。

(2) 观看有关化妆礼仪的相关录像资料。

(3) 每位同学先为自己设计妆容。

(4) 以小组为单位，小组成员间互评。参照小组成员的建议进行改进。

(5) 完成后，拍照上传自己的妆容照片。

　　通过实训使学生明确妆容礼仪必须遵守的基本原则，掌握快速化妆，塑造良好个人形象的方法与技巧。

实践项目三：面试现场身体语言礼仪

　　假如你在校园招聘会现场，通过投递简历，参加笔试等层层筛选，最终获得一个工作岗位的面试机会。你非常珍惜这次来之不易的机会，因此你非常紧张，希望能给主考官一个好印象。除了在着装、妆容方面要注意以外，在身体语言方面你应该怎么做？

(1) 教师示范讲解身体语言礼仪的基本规范及注意事项。

(2) 观看有关身体语言礼仪的相关录像资料。

(3) 每位同学先思考一下现场身体语言礼仪要领。

(4) 以小组为单位，分别扮演不同角色进行训练。小组成员轮流扮演应聘者和考官。

本 章 小 结

　　个人礼仪基础主要包括着装礼仪、妆容礼仪以及身体语言礼仪三个方面。它们都反映着个人的道德修养、文化层次以及审美情趣。作为商务人士，要努力保持自己干净、整洁、自然、大方、文雅、得体、进取的职业形象。在个人礼仪方面要做到着装规范，妆容清新，表情具有亲和力，姿势灵活而不轻浮、庄重而不呆滞。

练习与思考

一、单选题

1. 着装的 TPO 原则不包括(　　)。

  A. 时间　　　　　B. 体形　　　　　C. 地点　　　　　D. 场合

2. 女士穿着套裙时，做法不正确的是(　　)。

  A. 内衣不可外露

  B. 最好穿着连裤袜，或者带有吊袜带的长袜

C. 袜口不能没入裙内

D. 衬衫下摆放入裙内

3. 被称为人的"第二张名片"的是(　　　)。

　　A. 发型　　　　　B. 脸　　　　　C. 手　　　　　D. 腿

4. 注视的禁区不包括(　　　)。

　　A. 眼部　　　　　B. 头顶　　　　　C. 腹部　　　　　D. 手部

5. 请客人就座时,手势应摆向座位的地方,可使用(　　　)。

　　A. 横摆式手势　　B. 斜摆式手势　　C. 直臂式手势　　D. 双臂横摆式手势

二、多选题

1. 西装配件中的"画龙点睛"之物是(　　　)。

　　A. 衬衫　　　　　B. 领带　　　　　C. 皮鞋　　　　　D. 腰带

2. 依据穿着时间的不同可将礼服分为两大类,包括(　　　)。

　　A. 酒会礼服　　　B. 日装礼服　　　C. 晚礼服

　　D. 婚礼服　　　　E. 丧礼服

3. 着装要素包括(　　　)。

　　A. 色彩　　　　　B. 场合　　　　　C. 体形

　　D. 发型　　　　　E. 肤色

4. 表情语言中最为核心的部分是(　　　)。

　　A. 口形　　　　　B. 目光　　　　　C. 眉毛

　　D. 笑容　　　　　E. 头部动作

三、判断题(正确的在括号内打"√",错误的打"×")

1. 在商务礼仪中,男士西服如果是单排两粒扣子,那么扣子的系法应为只系上面一粒扣。　　　　　　　　　　　　　　　　　　　　　　　　　　　　　　　(　　)

2. 现代商务活动中,男性的正装一般是西服配皮鞋,女性则以西服裤装配高跟鞋为主。　　　　　　　　　　　　　　　　　　　　　　　　　　　　　　　　(　　)

3. 香水应在出门前半小时使用,并涂在身体易有异味的部位,如头发上、腋下等易出汗的地方。　　　　　　　　　　　　　　　　　　　　　　　　　　　　　(　　)

4. 站立时不应东倒西歪,耸肩驼背,左摇右晃,两脚间距过大。　　　　　(　　)

5. 行走是人生活中的主要动作,正确的走姿是重心落前,昂首挺胸,脚尖前伸,摆动两臂,协调匀速,直线前进。　　　　　　　　　　　　　　　　　　　　(　　)

四、简述题

1. 简述着装的基本原则。

2. 简述口腔的洁净注意事项。

3. 简述女士妆容的基本原则。

4. 简述男士妆容的一般要求。

5. 简述行姿的礼仪规范。

【案例分析一】

小张是一家物流公司的业务员，口头表达能力不错，对公司的业务流程很熟悉，对公司的产品及服务的介绍也很得体，给人感觉朴实又勤快，在业务人员中学历是最高的，可是他的业绩总是上不去。

小张自己非常着急，却不知道问题出在哪里。小张从小有着大大咧咧的性格，不修边幅，头发经常是乱蓬蓬的，双手指甲长长的也不修剪，身上的白衬衣常常皱巴巴的并且已经变色，他喜欢吃大饼卷大葱，吃完后却不知道去除异味。小张的大大咧咧能被生活中的朋友所包容，但在工作中常常过不了与客户接洽的第一关。

其实小张的这种形象在与客户接触的第一时间就已经给对方留下不好的印象，让人觉得他是一个对工作不认真，没有责任感的人，通常很难有机会和客户进行进一步的交往，更不用说成功地承揽业务了。

(资料来源：https://www.docin.com/p-1846564921.html.)

思考讨论题：

1. 小张在日常工作中的表现有哪些是不符合个人商务礼仪规范的？
2. 从上述案例中我们可以吸取哪些教训？

【案例分析二】

"时髦"穿着的代价

郑伟是一家大型国有企业的总经理。有一次，他获悉有一家著名德国企业的董事长正在本市进行访问，并有寻求合作伙伴的意向。他于是想尽办法，请有关部门为双方牵线搭桥。

让郑伟欣喜若狂的是，对方也有兴趣同他的企业进行合作，而且希望尽快与他见面。到了双方会面的那一天，郑伟对自己的形象刻意地进行了一番修饰，他根据自己对时尚的理解，上穿夹克衫，下穿牛仔裤，头戴棒球帽，足蹬旅游鞋。无疑，他希望自己能给对方留下精明强干、时尚新潮的印象。然而事与愿违，郑伟自我感觉良好的这一身时髦的行头，却偏偏坏了他的大事。

(资料来源：https://www.docin.com/p-1796659924.html.)

思考讨论题：

1. 郑伟的错误在哪里？
2. 你认为郑伟的德国同行对他有何评价？
3. 如果你是郑伟，你会怎么着装？

第三章　商务会面礼仪

【学习目的与要求】

- 了解商务会面礼仪涵盖的内容及注意事项，为商务交往打下良好的基础。
- 了解称呼礼仪的基本原则及介绍礼仪应注意的事项。
- 熟悉日常交往礼节中见面握手以及名片的递接等基本知识。
- 掌握日常会面礼仪使用的技巧，在遵循日常交往礼节的原则下熟练应用各种礼节，养成文明礼貌的良好习惯。

【关键概念】

会面；称呼；介绍；握手；名片

【案例导入】

王欢是一名应届毕业生，刚毕业的她，整天穿梭在找工作的路途中。有一天，她接到了一个面试通知，是应聘行政客服一职的。她准时来到该公司参加面试。由于对这项工作的极度渴望，她在考官面前显得太过紧张，有些发挥失常了，就在她从考官眼中看出拒绝的意思而心灰意冷时，一位中年男士走进办公室和考官耳语了几句。在他离开时，她听到人事主管小声说了句"经理慢走"。王欢灵光一闪，赶忙起身，毕恭毕敬地对他说："经理您好，您慢走！"她看到了经理眼中些许的诧异，然后他笑着对自己点了点头。

第二天，王欢接到了录用通知，她顺利地进入了这家公司的客服部。后来主管告诉她，本来根据她那天的表现，是打算刷掉她的。但就是因为她对经理那句礼貌的称呼，让人事部门觉得她对行政客服工作还是能够胜任的，所以对她的印象有所改观，给了她这份工作。

(资料来源：http://www.yuncheng.com/reader/#30545/6791898/1.)

案例点评：在上述案例中，王欢只因为一次得体的表现，在面试中转危为安，幸运地得到了一份工作。从中我们可以看出在与人交往的过程中，尤其是初次见面时如何与人打招呼、如何称呼对方都会直接影响社交结果。

第一节　称呼礼仪

3.1.mp4

在日常交际中，称呼礼仪是打开交际之门的"金钥匙"，沟通人际关系的第一座桥梁。合理的称呼是给交际双方的见面礼，使对方有被重视和尊敬的感觉，它可以为之后的交谈提供良好的铺垫。称呼礼仪是交际礼仪中的一个基本内容。如何用好称呼，往往成为社交活动中的一个重要问题。得体的称呼才能体现出一个人的修养和对对方的尊重程度，甚至还体现着双方关系发展所达到的程度。在与别人的交谈中，要根据对方的年龄、身份、职业等具体情况及交往中所处的场合、双方关系的亲密程度来决定对对方的称呼，要表现尊敬、亲切和文雅，使双方心灵沟通、感情融洽，缩短彼此间的距离。如果称呼不当，不仅会令人不快、使人尴尬，甚至会伤害别人，也有损自己的礼仪形象。

一、称呼的种类及使用技巧

(一)称呼的种类

称呼，是指人们在日常交往应酬之中所采用的称谓语。它用以指代某人或引起某人的注意，是表达人的不同思想感情的重要手段。选择正确适当的称呼反映着自身的教养和对对方尊敬的程度，一定会产生很好的效果。称呼的选择要符合常规，又要亲切自然，还要照顾被称呼者的个人习惯。称呼主要有尊称、平称、谦称三种。

1. 尊称

尊称就是对别人采用恭敬的称呼，以表示敬重之情。这种称呼一般是对上级、长辈、客人的称呼。尊称的方法大致有以下几种。

(1) 使用人称敬称。使用人称敬称称呼对方或他方，以表示恭敬和客气。称呼时常用的敬称词是"您"，年纪稍大的可以称"您老""您老人家"；他称时则用"他老人家"。

(2) 引用亲属称谓。对不是亲属的人以亲属称呼，也是一种尊称。年龄相差不大的称呼"大哥""大姐"；父辈称呼"大伯""大叔""大妈"，祖辈称呼"爷爷""奶奶"等。

(3) 使用职业称谓。以职业做称呼也是一种尊称，如叫"××大夫""××老师""××师傅"等。

(4) 使用职务称呼。在正式场合以职务称呼，也是一种尊称，如"××书记""××局长""××主任""××经理"等。

2. 平称

平称是不表示尊卑的称呼，一般是对同辈、同级、下属的称呼。平称的方法有下述几种。

(1) 姓氏称谓。以姓氏称呼是最常见的一种，如"老王""小刘""大李""阿罗"等。

(2) 名字称谓。以名字称谓，显得亲切，如"雅君""文华""大海""春花"等。

(3) 身份称呼。以身份、关系称呼，也显得很贴切，如"同学""战友""队友""团友"等。

(4) 通称称呼。用"同志""小姐""女士""先生"称呼，显得平等、严肃而又有礼貌。

3. 谦称

谦称就是用一种谦卑的称谓称呼自己及亲属、下属。它实际上是通过抑己来表示对别人的尊重。谦称的方式主要有下述几种。

(1) 直接谦称。"我""本人"属于中性自称。称"鄙人""在下""卑职"，就是谦称。老年人自称"老拙""老朽"， 也是一种谦称。不过这种谦称一般多用于书面语言，口头使用就比较少了。

(2) 谦称亲属。对人谦称自己的亲属，如"家父""家母""愚弟""舍妹""小儿"等。

(3) 降辈称呼。从说话人子女或孙辈角度称呼听话人，如"××叔叔""××阿姨"，也是一种谦称。

(二)常用的称呼及使用技巧

1. 职务性称呼

与交往对象的职务相称，以示身份有别、敬意有加，这是一种最常见的称呼。职务性称呼可只称职务或在职务前加上姓氏，在正式的场合，可在职务前加上姓名。

2. 职称性称呼

对于具有职称者，尤其是具有高级、中级职称者，在工作中直接以其职称相称。

3. 性别性称呼

对于从事商业、服务性行业的人，一般约定俗成地按性别的不同可分别称呼为"小姐""女士"或"先生"，"小姐"是称未婚女性，"女士"是称已婚女性。"先生"两字是最普通的称谓，甚至可以用其称呼一切高职位的人士，当你觉得没有称呼他的职衔之必要，或急切中不知如何称呼的时候，就可称他为先生。

4. 姓名性称呼

在工作岗位上称呼姓名，一般限于同事、熟人之间，包括三种称呼方式：可以直呼其名；只呼其姓，而在姓前加上"老""大""小"等前缀；只称其名，不呼其姓，通常限于同性之间，尤其是上司称呼下级、长辈称呼晚辈，在亲友、同学、邻里之间，也可使用这种称呼。若对医生、律师、教授、法官等具有博士学位的人士，均可单独直接称呼，同时可加上姓氏或先生，如王教授、律师先生等。而你如果是一个宴会的主人，在适当的时候，你直呼客人的名字，可以活跃宴会的气氛，使客人们受到你的暗示而更感到自由随便的愉快(见表 3.1)。

表 3.1　常用的称呼及技巧

类　型	技　巧	具体方法
职务性称呼	以交往对象的职务相称，以示对对方的尊敬，如经理、处长、科长等。适用于极其正式的场合	称职务； 在职务前加上姓氏； 在职务前加上姓名
职称性称呼	如果对方具有职称，可以直接以其职称相称。如教授、会计师、工程师等。适用于正式场合	只称职称； 在职称前加上姓氏； 在职称前加上姓名

续表

类　型	技　巧	具体方法
性别性称呼	对于从事商业、服务性行业的人，一般可按其性别称呼"小姐""女士"或"先生"	"小姐"是称未婚女性：在某些场合要慎用，可以加上姓氏，如"王小姐"。 "女士"是对成年女性的称呼
姓名性称呼	在工作岗位上称呼姓名，一般限于同事、熟人之间。适用于一般场合	直呼其名； 只呼其姓，加"老"等字； 只称其名，不呼其姓

(资料来源：http://blog.sina.com.cn/s/blog_520d68d30100fwsj.html.)

二、称呼礼仪的原则

在商务交际中，人际称呼很有讲究，不同的称呼内容可以使人产生不同的情态，因此，必须慎重对待。在交际开始时，只有使用高格调的称呼，才会使交际对象产生交往的欲望，因此，使用称呼语时要遵循如下三个原则。

(一)礼貌原则

这是人际交往的基本原则之一。每个人都希望被他人尊重，合乎礼节的称呼，正是表达对他人尊重和表现自己有礼貌修养的一种方式。交际时，称呼对方要用尊称。现在常用的有"您"——您好，请您等；"贵"——贵姓、贵公司、贵方、贵校；"大"——尊姓大名、大作(文章、著作)；"老"——张老、郭老、您老辛苦了；"高"——高寿、高见；"芳"——芳名、芳龄等。在交际场合对任何交际对象都忌用诨号、绰号称呼。

(二)尊崇原则

一般来说，汉族人有崇大、崇老、崇高的心态，如对同龄人，可称呼对方为哥、姐；对既可称"叔叔"又可称"伯伯"的长者，以称"伯伯"为宜；对副科长、副处长、副厂长等，也可在姓后直接以正职相称。

(三)适度原则

许多青年人往往对人喜欢称师傅，这样称呼虽然亲热有余，但文雅不足且普适性较差。对理发师、厨师、企业工人称师傅恰如其分，但对医生、教师、军人、干部、商务工作者称师傅就不合适了。所以，要视交际对象、场合、双方关系等选择恰当的称呼。在与众多的人打招呼时，还要注意亲疏远近和主次关系。一般以先长后幼、先高后低、先女后男、先亲后疏为宜。

三、称呼礼仪禁忌

(一)忌使用错误的称呼

常见的错误称呼一般有误读或误会两种。误读是念错对方的姓氏，这样是很不礼貌的。

为了避免犯这种错误，可以事先问好别人，或者当面请教。误会，是对对方的情况不了解，做出了错误的判断。主要指对被称呼者的年纪、辈分、婚否以及与其他人的关系做出了错误判断。比如，将未婚妇女称为"夫人"，就属于误会。

(二)忌使用不通行的称呼

有些称呼，具有一定的地域性。比如山东人喜欢称呼"伙计"，但南方人认为"伙计"肯定是"打工仔"。中国人把配偶经常称为"爱人"，在外国人的意识里，"爱人"是"第三者"的意思。所以，要入乡随俗，在哪里工作，就要遵从哪里的习俗。

(三)忌使用不当的称呼

对对方的称呼要谨慎、恰当。如果对方是公司的董事长，而称他为"经理"，就会贬低对方的地位，是很无礼的。

(四)忌使用庸俗的称呼

有些称呼在正式场合不适合使用。例如，"兄弟""哥们儿""姐们儿""磁器""死党""铁哥们儿"等一类称呼，虽然听起来亲切，但有时显得过于随意。逢人便称"老板"，也显得不伦不类。

(五)忌称呼外号

对于关系一般的人，不要自作主张给对方起外号，更不能用道听途说来的外号去称呼对方。也不能随便拿别人的姓名乱开玩笑。

【阅读材料】职场称呼小技巧

对于初入职场者来说，作为"新人"，怎么称呼别人可不是一件小事。称呼得好就很容易和同事搞好关系，称呼得不好也许会大大影响职业前景。下面的几个小技巧或许有用。

职务就"高"不就"低"。意思是称呼别人的职务时，尽量往"高"里叫，而别"实打实"地叫人家真实的职务或把职务叫"低"了。特别是那些带有"副"字头衔的领导们，比如李副总叫他"李总"，别看他们打着哈哈说："别这样叫，我是副的。"其实心里可受用了。

辈分就"长"不就"平"。意思是对那些比自己大十几岁，没什么职务，但在公司有一定资历的同事，宁可"高看"他们，把他们以"长辈"来称呼比较好，这样显示自己年龄小，是晚辈。要是直呼其名或者以兄弟相称，他们可能会想，这小子没大没小，敢跟我称兄道弟？

第二节　介绍礼仪

3.2.mp4

在商务礼仪中，如何介绍是一个非常重要的问题。商务交往始自介绍。介绍是商务交往之桥。在商务往来中，总会遇到双方互不相识的人，此时需要进行自我介绍或者经过第三者介绍。介绍意在说明情况，介绍人缺位、不到位，缺少介绍，会引起一些不必要的麻烦和尴尬。

一、介绍概述

(一)介绍分类

介绍就是向外人说明情况。从礼仪的角度来讲，介绍可以分为下述四类。

第一类，自我介绍。说明本人的情况。

第二类，介绍他人。领导或同事与客人不认识，客人之间相互不认识，跟他们都认识的第三方出面为不相识的双方做介绍，说明情况，这叫为他人做介绍。

第三类，集体介绍。在大型活动社交场合，还需要把某一个单位、某一个集体的情况向其他人说明。

第四类，业务介绍。

(二)介绍的基本要点

第一，介绍的时机。往往是在地位比较低，希望别人认识你的情况下需要介绍，那就要考虑效果，这就涉及介绍的时机问题。介绍的时机，包括具体时间、具体地点、具体场合。一般应在尊者有闲暇时间的时候介绍，不在其休息、就餐、走路等场合介绍。

第二，介绍的主角。谁出面来做介绍。一般的顺序规则是地位低的人需要首先向地位高的人说明情况。跟外人打交道，介绍的标准化顺序是所谓的位低者先行，就是地位低的人先做介绍。

第三，若有可能先递名片再做介绍。因为名片上头衔、职务、地址、电话都有，便于接受介绍的人更快地了解情况。

第四，介绍的内容要完整。对泛泛之交的应酬式介绍和商务场合的交际式介绍应有所不同。自我介绍的一般内容应包括单位、部门、职务和姓名四要素。

第五，介绍时间要简短。长话短说，没话别说。

第六，注意缩略语的使用。做介绍时，所在的单位和部门名字比较长的，第一次要用全称，第二次及以后才可以改简称，不可乱用，避免混淆误解。

二、自我介绍

在日常工作和商务交往中，每个人恐怕都无法逃避自我介绍的情况，都需要做自我介绍。自我介绍的主角当然是自己。

(一)需要做自我介绍的两种情况

(1) 想了解对方。所谓将欲取之，必先予之。来而不往非礼也，一般情况下，想了解对方，作为一种交换，就要让对方先了解你。

(2) 想让别人了解你。

(二)自我介绍时的顺序与时间掌握

1. 自我介绍的顺序

一般的顺序规则，主人应该首先向客人做介绍。主人和客人，主人先做介绍。长辈和晚辈，晚辈先做介绍。男士和女士，男士先做介绍。地位低的人和地位高的人，地位低的人先做介绍。若不清楚地位高低，地位高的人先做自我介绍，也没什么大关系。

2. 自我介绍时间的长短

自我介绍时要时间简短，语言简洁。一般在 1 分钟之内，内容规范，按场合的需要把该说的说出来。自我介绍时间不要长。长话短说，废话别说，没话别讲。

3. 自我介绍的要点

自我介绍有四个要点：①先递名片再介绍；②时间要简短；③内容要全面；④单位、部门第一次介绍使用全称。

(三)自我介绍的时机

一般而论，在下面四种情形下，做自我介绍是比较容易成功的，就是说这时人家容易记住你。

(1) 对方有空的时候。你想认识的那个人、你想向对方做自我介绍的那些人，他们比较专注，就是没有别的事在做的时候。在人家正聊天或正吃饭的时候做自我介绍就比较尴尬，别人会心不在焉。

(2) 没有外人在场时。有外人在场时，你去自我介绍，人家忙着应付外人，可能记不住你说的话，也可能没把你当回事。

(3) 周围环境比较幽静时。在地铁里、在火车上、在人行道上，大家来去匆匆，这时候做自我介绍，扭头就忘，想记都找不着笔和纸。

(4) 在较为正式的场合。写字楼、宴会厅、会客室、客人家里都是比较正式的场合，这样自我介绍的氛围就比较好。

(四)自我介绍的辅助

自我介绍，在某些时候需要辅助工具和辅助人员。

1. 辅助工具

辅助工具就是名片。自我介绍应尽量先递名片再介绍，这样可以节省时间，让对方印象更加深刻。做自我介绍时，特别是比较郑重其事地做自我介绍时，应该养成习惯，首先把名片递给对方。因为真名实姓、所在单位、头衔职务，名片上印得一清二楚，它能言人之所不能言。头衔、单位有时候还真不好自己说。名片上电话号码、联系方式一目了然，而且它的可信性比较强。所以有商务交往经验的人，应该先递名片。

2. 辅助人员

自我介绍如果有可能，最好有辅助人员。有了辅助人员，有些不太好意思说的话，辅助人员可以说，就不至于太尴尬。

(五)自我介绍的模式

自我介绍可以分为三种模式。

1. 寒暄式

寒暄式又叫应酬式。面对泛泛之交，不得不做介绍，但是又不想跟对方深交，可以用寒暄式或者应酬式来做自我介绍。它的内容其实就一项，就是你的姓名。比如，"先生你怎么称呼？" "你好，我叫李正强。"这样不多说，做有距离的交往。

2. 公务式

这是在工作之中，在正式场合做自我介绍。公务式自我介绍，需要说出四个基本要素，即单位、部门、职务、姓名。这叫作公务介绍四要素，是一个不能少的。介绍时要一气呵成，不挤牙膏。递名片时职务和单位没必要再多说了。若没带名片，或者不想给对方名片的话，做介绍就要报全，这样有助于对方产生比较全面的认识。公务式介绍讲究公事公办，要讲头衔、讲单位、讲职务。

3. 社交式

在私人交往中，想跟别人交朋友，想了解对方的情况，要介绍以下几个内容：第一是自己的姓名；第二是自己的职业；第三是自己的籍贯；第四是自己的偏好、爱好；第五是自己跟交往人共同的熟人。社交是要找私人话题，找共同点，这样的介绍有利于找到志同道合的人。

三、介绍他人

介绍他人就是为他人做介绍，专业的讲法叫第三方介绍。

(一)介绍人

谁当介绍人，公私有别，家里来了客人，女主人是介绍人。单位来了客人，专职人员、公关、文秘、办公室主任、外办、接待办的领导和工作人员是介绍人。不同的介绍人给客人的待遇是不一样的。商务性活动一般由以下几类人做介绍人。

(1) 专职接待人员。指的是办公室主任、秘书、前台接待等，这些人是专业人士，其职责就是迎来送往。

(2) 公关礼宾人员。指的是礼仪先生、公关人员等专门做接待工作的人员。

(3) 对口人员。联系的人、要找的人有责任向其他不知道、不熟悉的人做介绍。特殊情况，如来了贵宾，则贵宾的介绍，一般应该由东道主一方职务最高者出面做介绍。礼仪上把它叫作规格对等。实际上就是对客人的一种尊重和重视。

(4) 双方的熟人。发现一个潜在的客户，很想认识，可以找一个跟双方都认识的人来做介绍。介绍他人认识之前要了解双方的意愿。

(二)介绍的顺序

总的原则是尊者有优先知情权，客人有优先知情权。

地位低的一方先介绍，地位高的一方后介绍。被介绍双方中尊者居后，地位低者的情况要让地位高者先知道。男先女后、少先老后，主先客后、下先上后，如果双方都有很多人，要先从主人方的职位高者开始介绍。标准化做法，介绍晚辈和长辈，一般要先介绍晚辈。介绍上级和下级，一般要先介绍下级。介绍主人和客人，一般要先介绍主人。介绍职务低和职务高的一方，一般要先介绍职务低的一方。

替别人介绍或引荐的前后顺序。如某教授受邀到南方公司去讲学，南方公司派公关主任接待某教授。讲学之前，要跟大家见个面。如果你就是这家公司的公关主任，你陪同接来的教授去见董事长或总经理时，你该如何介绍？陪同接待人员将客人介绍给公司董事长和总经理的介绍顺序：不分男女，不分老幼，不看职务高低，这种介绍称之为"宾主介绍"，即明确谁是主人、谁是客人。客人有优先知情权，要先向客人介绍主人，主人按职务高低从高往低次序介绍。再将客人介绍给主人。主人提前应对来访的客人有所了解，而客人不一定知道。简单说就是先介绍自己人，后介绍外来人。

四、业务介绍

在日常工作和交往中，需要向别人介绍本单位的产品、本单位的技术、本单位的服务等，这叫业务介绍。业务介绍应注意下述三点。

一是要把握时机。在销售礼仪中有一个零干扰的原则，就是你在工作岗位上向客人介绍产品的时候，要在客人想知道、感兴趣或空的时候再介绍，不能强迫服务而破坏对方的心情。当消费者或者你的目标对象有兴趣的时候你再做介绍，见机行事，效果可能会比较好。

二是要讲究方式。该说什么不该说什么要明白。一般来说，做业务介绍需要注意四句话：第一句话是人无我有，产品技术中别人没有而我有，把业务、产品、服务的独特之处说出来。第二句话是人有我优，即有质量和信誉的保证。有些产品，有些服务，大家都有，但是我这儿质量更好，技术能保证，后续服务比较到位。第三句话是人优我新。现代产品质量技术日趋成熟，一般企业服务都是比较优质的，绝大多数商户都是诚实无欺的。在这样的情况下，企业就要把产品服务中新的方面介绍出来。第四句话是诚实无欺。这个也是比较重要的。

三是不要诋毁他人。事实胜于雄辩，同行不能相妒。大家要共同合作共同发展。有良好修养和训练的人，不会在介绍自己的业务时，诽谤他人的业务。

五、集体介绍

集体介绍分两种情况，就是集体对集体，或者集体对个人。

一种情况是双方都是集体，两边都是单位，一般把地位低的一方先介绍给地位高的一方，即先介绍地位低的，后介绍地位高的。所谓地位低的一方一般就是东道主。所谓地位高的一方一般就是客人。

另一种情况是集体和个人，一个人和一群人，一般应把个人介绍给集体。如果一边是个人，一边是集体，则应先介绍个人，后介绍集体。这叫单向式介绍。

第三节　名 片 礼 仪

3.3.mp4

名片是一种经过精心设计，能表示自己身份，便于交往和开展工作的卡片。名片上一般印有公司名称、姓名、个人头衔、联络电话、地址等，有的还印有照片。递送名片也就是在告诉对方自己是谁、住在何处及如何联络等，所以有人把它称为另一种形式的身份证，名片的使用已成为商务交往中推销自己的一个重要手段。名片同时也是一个人身份、地位的象征，是一个人尊严、价值的外显方式，也是使用者要求社会认同、获得社会理解与尊重的一种方式。名片是自我介绍信和社交联谊卡，是商务礼仪人员个人形象和企业形象的有机组成部分。在重要的交际场合，一个没有名片的人，很可能会被视为没有社会地位的人，而且一个不随身携带名片的人，也很有可能被认为是不尊重别人的人。正确规范地使用名片礼仪，会给人留下良好的印象，为事业成功打下坚实的基础。

一、名片的种类

(一)按用途分类

人们的交往方式有两种，一种是朋友间交往，另一种是工作间交往。工作间交往一种是商业性的，一种是非商业性的。由此，按名片的使用目的来分类可将名片分为商业名片、公用名片和个人名片。特别是近几年经济发展，信息交流通畅，用于商业活动的名片成为市场主流。

1. 商业名片

商业名片是为公司或企业进行业务活动中使用的名片，名片使用大多以营利为目的。商业名片的主要特点为名片常使用标志、注册商标、印有企业业务范围，大公司有统一的名片印刷格式，使用较高档纸张，名片没有私人家庭信息，主要用于商业活动。

2. 公用名片

公用名片是为政府或社会团体在对外交往中所使用的名片，名片的使用不是以营利为目的。公用名片的主要特点为名片常使用标志、部分印有对外服务范围，没有统一的名片印刷格式，名片印刷力求简单适用，注重个人头衔和职称，名片内没有私人家庭信息，主要用于对外交往与服务。

3. 个人名片

个人名片是朋友间交流感情，结识新朋友所使用的名片。个人名片的主要特点为名片不使用标志、设计个性化、可自由发挥，常印有个人照片、爱好、头衔和职业，使用名片纸张可根据个人喜好自己决定，含有私人家庭信息的名片主要用于朋友交往。

(二)按质料和印刷方式分类

名片最普通的载体是名片纸，但名片纸也不是唯一的载体，名片还可使用其他材料来制作。名片用纸也因激光打印与胶印的印刷方式不同，而采用不同的规格。按名片所使用的载体及印刷方式可以将名片分为数码名片、胶印名片、特种名片三类。

1. 数码名片

数码名片是以计算机与激光打印机制作的名片。其特点为使用专门的计算机名片纸张，印前准备工作与印刷工作可利用计算机与打印机完成。印后需再简单加工，印刷时间短，立等可取。目前在国外多采用彩色激光打印进行输出，可根据用户需求制作各种特殊名片，制作效果好于其他名片，是目前国际上最为流行的名片类型。

2. 胶印名片

胶印名片是用名片胶印机印刷的名片。其特点为使用专用盒装名片纸，印刷随意性较大、质量尚可，印完装盒即可交货。但胶印名片印刷工艺复杂，印刷工序多、交货周期长、必须专业人员进行操作，在彩色激光打印机面市前，主要都是胶印名片，现在基本上已经被数码名片所代替。

3. 特种名片

特种名片是除纸张外的其他载体通过丝网印机印刷的名片。可使用金属、塑胶等载体，采用丝网印刷技术，名片档次高，印制成本也高，印刷周期长，价格高于纸质名片，多为个人名片采用，使用不普遍。名片色彩鲜艳，但分辨率却不如纸质名片。

(三)按印刷表面分类

按名片印刷的正面和反面来划分。每张名片都可印刷成单面，也可两面一起印刷。印刷表面的多少也是确定名片价格的一项主要因素。

1. 单面印刷

单面印刷是只印刷名片的一面。简单名片只需印刷一面就能完全表达名片的含义，目前国内绝大多数名片采用单面印刷方式。

2. 双面印刷

双面印刷是印刷名片的正反两面。只有当单面印刷不能完全表达名片的含义时，名片才使用双面印刷方式以扩大信息量。

二、名片的制作

(一)尺寸及色彩要规范

1. 尺寸

数码名片用纸采用 292mm×197mm 纸张，每张纸可制作十张名片。胶印名片用纸采用

90mm×55mm 名片专用纸，每张纸只能印出一张名片。特种名片采用的介质尺寸也采用通用的规格 90mm×55mm，每个只能印出一张名片。名片的尺寸根据国家、个人习惯不尽相同，一般是统一规格为 90mm×55mm，太大太小皆不合适。在国际社会一些人用的名片规格比我们大一点，是 60mm×106mm。如无特殊需要，不应将名片制作过大，甚至有意搞成折叠式，免得给人以标新立异、虚张声势之感。

2. 色彩

名片的色彩最好少用，两种颜色其实是最好的，纸一种颜色，字一种颜色，顶多加一徽记，色彩总体上要控制在三种颜色之内。纸张的颜色最好选择天然质地的白色或者浅灰色、浅蓝色、浅黄色等，这样印上深色的字比较醒目。

(二)内容要规范

1. 布局合理

名片左上角印上归属：单位、部门和组织的标志。正中间印上称谓：姓名、职务和学术技术职称。右下角印上联络方式。名片设计中称谓最为重要。因为你的名片对他人重要与否，关键是你的身份决定的，拥有什么职位和地位，具备什么技能和专长，都是你对别人有多大"使用价值"的基础。

2. 严禁涂改

有些商务人员经常性地更改自己的电话，特别是手机号码，全球通变成神州行，神州行又变成动感地带，为"节约"，图省事，直接在名片上划掉再写，十分影响名片的美观。名片即一个人的"脸面"，脸面当然是不可以任意涂改的，否则将会贻笑大方，甚至会影响你的事业。

【阅读材料】

一位外经贸委的处长王女士被派随团出访，前去欧洲开展招商引资工作，因为出国之前她为了做准备，忘记重新印制一套名片。所以，每到送名片的时候，为了让对方能找到自己的最新的电话和住址，赶紧在名片上临时用钢笔加注了几个有用的电话号码和地址。半个月跑下来，王女士累得筋疲力尽，却未见有外商与其有过实质性接触，后来经人指点，才明白问题出在哪儿。原来是她自己奉送给外商的名片不合规范。为了图省事，王女士临时用钢笔在自己的名片上加注了几个有用的电话号码，本想这样联系起来更方便和更有效。可是在外商看来，名片犹如一个人的"脸面"，对其任意涂涂改改、加加减减，只能表明她的为人处世敷衍了事，马马虎虎。

(资料来源：https://www.docin.com/p-1322699525.html.)

3. 不宜头衔过多

从商务角度上来说，名片应实些，不要太虚，一般不提供三个以上的头衔。有的人头衔较多，不如突出重点，把最实在的信息传达给对方。很多外国商人，特别是有地位有身份的人，身上会带有好几种名片，对不同的交往对象，强调自己不同身份的时候，会使用不同的名片。

4. 不提供私宅电话

隐私权也适用于名片的制作，为了保护个人隐私，一般不公开提供个人私宅电话。有教养、有身份的人是不可以向他人索取私宅电话的。

三、名片的使用礼仪

在商务交往中如果拿不出名片，对方很有可能会怀疑你的地位或身份的真假。一个不随身携带名片的人，也常被商界人士看成是不懂得尊重别人的人。一个没有名片的人，也会被视为没有社会地位的人；而一个拥有名片，却不知道使用礼仪，将被视为没有教养的人。因此，名片不仅要有，而且要随身携带，更要注意名片的使用礼仪。

(一)递送名片的礼仪

1. 有备而至

参加重要的人际交往活动之前，应当有意识地准备好自己的名片，并且将其置于易于取拿之处，以备不时之需。最为得体的做法，是将名片装入专用的名片盒、名片夹或名片包之内，然后将其放入自己的上衣口袋或随身携带的包袋。

2. 态度恭敬

向对方递送名片时，应友好地注视对方，切忌目光游移或漫不经心。最正确的方法是面带微笑，用双手的拇指和食指分别持握名片上端的两角送给对方，如果是坐着的人，应当起立或欠身递送，态度恭恭敬敬，使对方感到你对他很尊敬，递送名片的动作要领，如图3.1所示。具体来讲，有下述四点必须注意。

(1) 起身站立。

(2) 主动走近对方。

(3) 以双手或右手递上名片。

(4) 将名片正面面对对方。若对方是外宾，最好将名片上印有英文的那一面对着对方。

图 3.1　递送名片的动作要领

3. 语言提示

按照常规，在递上本人名片的同时，应当对对方微笑，并略道谦恭之语。递送时可以说一些"我叫刘明，这是我的名片，请笑纳""我的名片，请您收下""请多关照""请多指教""希望今后保持联系"之类的客气话或是先做一下自我介绍。

4. 讲究时机

商界人士在与人初次见面并与对方握手寒暄之后，都应递上自己的名片。但是并非做过自我介绍之后就一定要递送自己的名片。将自己的名片递送给对方，除了希望对方进一步对自己有所了解之外，还含有对对方表示重视、希望结交对方、与对方保持联络之意。如果双方均无深交之意，那么相互点头致意或握手问好即可，交换名片是不必要的。如果对方向自己递送名片，你想回赠给对方，可立即拿出自己的名片给予回赠；当你不想回赠或自己没有名片时，接受对方名片后要说"谢谢，我没带名片，请原谅"等解释性的话。

把自己的名片递送给熟人，仅见于本人的单位、地址或联络方式发生变更之后。如果给一位先生名片时，其身边有一位女士正好是他的夫人或者女儿，只需口头问候，不必另递名片。如果她与身边的男士无亲属关系而是以独立身份参加活动者，应同样向其递送名片，以免让人产生厚此薄彼之感。

名片代表一个人的身份，在未确定对方的来历之前，不要轻易递出名片，否则不仅有失庄重，而且可能日后被冒用。初次相识，双方经介绍后，如果有名片可以取出名片送给对方。如果是事先约定好的面谈，或事先双方都有所了解，不一定忙着交换名片，可在交谈结束或者临别之时取出名片递给对方，以加深印象，表示愿意保持联络的诚意。遇到以下几种情形，不需要把自己的名片递给对方：不想认识或不想与对方深交；对方对自己并不感兴趣；对方是陌生人且以后不需要交往；双方地位身份不同。

【案例分析】

新城举行春季商品交易会，各方厂家云集，企业家们济济一堂，华新公司的徐总经理在交易会上听说衡诚集团的崔董事长也来了，想利用这个机会认识这位素未谋面又久仰大名的商界名人。午餐会上他们终于见面了，徐总彬彬有礼地走上前去，"崔董事长，您好，我是华新公司的总经理，我叫徐刚，这是我的名片。"说着，便从随身携带的公文包里拿出名片，递给了对方。此时的崔董事长显然还沉浸在与他人谈话的情景中，他顺手接过徐刚的名片，说"你好"，便将名片放进了自己包里，继续与旁边的人交谈。徐总在一旁站了一会儿，并未见崔董有交换名片的意思，失望地走开了……

(资料来源：https://www.docin.com/p-930282786.html.)

5. 考虑顺序

递送名片的顺序一般是"先客后主，先低后高，先幼后长，先男后女"，即客人先把名片递给主人，地位低的人先把名片递给地位高的人，年幼的人先把名片递给年长的人，男性先把名片递给女性。如分不清职务高低和年龄大小时，则可先与自己对面左侧方的人交换名片。如果在递交名片时顺序混乱，远近不分，尊卑不分，就会给对方造成不良印象，对商务活动造成不良的影响。但如果对方先拿出名片，则不必谦让，大方收下，然后再回赠名片。当与多人交换名片时，应按照职位高低顺序或是由近及远，依次进行，不可跳跃式进行。

【阅读材料】递交名片的禁忌

不要用左手递交名片。

不要将名片背面对着对方或是颠倒面对对方。

不要将名片举得高于胸部。

不要以手指夹着名片给人。

不要在用餐时发送名片。

不要发送破损、脏污或涂改过的名片。

(资料来源: https://www.docin.com/p-1469839472.html.)

(二)接受名片的礼仪

1. 态度认真

接受他人名片时态度是否认真，往往会被同对对方是否尊重直接联系在一起。接受别人名片时，要表现出自己的认真友好之意。接受他人名片时应尽快起身或欠身，要恭恭敬敬，双手捧接，同时眼睛友好地注视对方，面带微笑，用双手的拇指和食指接住名片的下方两角。具体来说应注意以下四点。

(1) 起身站立。

(2) 迎向对方。

(3) 以双手或右手捧接，要以不低于胸部的位置收下。

(4) 由名片的下方恭敬接过收到胸前，并认真拜读。

2. 口头道谢

当他人将名片递送给自己，尤其是当对方首先递上自己的名片时，理当口头向对方致谢，或是告之对方"非常荣幸"，或是视情况说"谢谢！能得到您的名片，真是十分荣幸"之类的客气话。

3. 专心通读

为了表示对递上名片者的尊重，在接过名片后，应十分珍惜。若是初次见面，最好将名片上的重要内容读出声来，读名片时一定要注意语气轻重，要抑扬顿挫。需要重读的主要是对方的职务、头衔、职称等。如果对方的公司名气大或个人的知名度高，也可重读公司名称或对方姓名。

4. 妥为存放

接受他人递送的名片后，切不可随手塞进公文包或者扔到抽屉里，接过名片后得体的做法是在通读他人的名片之后，即应将其收入名片盒、上衣衣兜、随身携带的包或袋以及桌子的抽屉之中，千万不要搞脏或者弄皱。如需把接受的名片暂时放在桌子上，不要在它上面压其他东西，否则会被对方认为是一种不恭。客人走后，可在名片上记下初次见面的时间等，便于记忆。

【案例分析】

某公司王经理约见了一个重要的客户方经理。见面之后，客户就将名片递上。王经理看完后随手将名片放在桌子上，两人继续谈事。过了一会儿，服务人员将咖啡端上桌，请两位经理饮用。王经理喝了一口，将咖啡放在了名片上，自己没有感觉到，客户方经理皱了皱了眉头，没有说什么。

(资料来源：https://www.docin.com/p-927737934.html.)

5. 有来有往

收到他人递上的名片之后，应当立即回递上自己的名片，有来而无往，难免会令对方不快。如自己带有名片，可马上送上。倘若尚无名片的话，则可直言相告，或者告诉对方："改日再补。"如没有带，可采用委婉的语言表达，"不好意思，名片用完了，抱歉今天没有带"。并主动作自我介绍。

(三)索取名片的礼仪

在一般情况下，你想得到对方的名片，但他却并未给你，那最好不要直截了当地说："请您给我一张名片。"而应该以请求的口吻："如果没有什么不便的话，能否请您留一张名片给我？"若对方确实已没有名片，一般会婉言说明的。如果确实想要索要别人的名片，其可行的方法主要有四种，即交易法、激将法、谦恭法和联络法。

1. 交易法

交易法是指"将欲取之，必先予之"。也就是说想索要别人的名片时，最省事的办法就是把自己的名片先递给对方。所谓"来而不往，非礼也"，当你把名片递给对方时，对方不回赠名片是失礼的行为，所以对方一般会回赠名片给你。

2. 激将法

所谓激将法是指有的时候遇到的交往对方其地位身份比我们高，或者身为异性，难免有提防之心。这种情况下把名片递给对方，对方很有可能不会回赠名片。遇到这种情形，不妨在把名片递给对方的时候，略加诠释，如："王总，我非常高兴能认识您，不知道能不能有幸跟您交换一下名片？"在这种情况下，对方就不至于不回赠名片。即便他不想给，也会找到适当借口让你下台。

3. 谦恭法

谦恭法是指在索取对方名片之前，稍做铺垫，以便索取名片。比如见到一位研究电子计算机技术的专家可以说："认识您我非常高兴，虽然我玩儿电脑已经玩儿了四五年了，但是与您这种专业人士相比相形见绌，希望以后有机会能够继续向您请教，不知道以后如何向您请教方便？"前面的一席话都是铺垫，只有最后一句话才是真正的目的——索取对方名片。

4. 联络法

谦恭法一般是对地位高的人，对平辈，或者晚辈就不大合适。面对平辈和晚辈时，不妨采用联络法。联络法的标准说法："认识您太高兴了，希望以后有机会能跟您保持联络，不知道怎么跟您联络比较方便？"

【阅读材料】索取名片的常用方法

根据交换名片的礼仪，索取他人的名片，大体上共有如下四种常规方法。

(1) 主动递上本人的名片。

(2) 向对方建议互换名片。

(3) 询问对方："今后怎样向您请教？"向有地位、有身份的人或者是长辈索要名片时，可采取这种暗示之法。

(4) 询问对方："今后如何与你联系？"向平辈之人或者是晚辈索取名片时，可以做出这样的暗示。

以上四种索取他人名片的具体做法，各有各的适用对象。前两种做法主要适用于携带名片之人，后两种做法则主要适合于未带名片者采用。应当说明的是，不论他人以何种具体方式向自己索取名片，都尽可能地不要加以回绝。

(资料来源：http://www.oh100.com/peixun/shangwuliyi/376973.html.)

四、名片的存放与保管

(一)名片的存放位置

名片绝不可以乱放，通常商务人员应将随身携带的名片放在较精致的名片夹或专用的名片包里(见图 3.2)。在穿西装时，名片夹只能放在左胸内侧的口袋里。左胸是心脏的所在地，将名片放在靠近心脏的地方，是对对方的一种礼貌和尊重。不穿西装时，名片夹可放于自身携带的小手提包里。同时，还应注意在办公桌抽屉里，也应经常备有名片，以便随时使用。将名片放置于其他口袋，尤其是后侧裤袋里是一种很失礼的行为。由于商务人士在一次商务活动中需要接收的名片很多，因此，最好将别人的名片与自己的名片分开放，否则，一旦慌乱中误将他人的名片当作自己的名片送给对方，是非常糟糕的。

图3.2 常见的名片夹和名片包

(二)名片的管理

名片的管理主要是应及时把所收到的名片加以分类整理收藏，以便今后使用方便。不要将它随意夹在书刊、文件中，更不能把它随便扔到抽屉里面。存放名片要讲究方式方法，做到有条不紊。推荐方法有按姓名拼音字母分类；按姓名笔画分类；按部门、专业分类；按国别、地区分类；输入商务通、电脑等电子设备中，使用其内置的分类方法。

第四节 握手礼仪

3.4.mp4

　　握手是人类最基本的礼节之一，是国内最通行的相见礼节，是国人见面的常规礼仪。握手也是大多数国家相互见面和离别时的礼节。从某种意义上讲，它其实是国际社会最常见的见面礼节。握手让情感从手心传递，是一种沟通思想、交流感情、增进友谊的重要方式。

　　见面除了握手礼，还有合十礼、拱手礼、脱帽礼、举手礼、吻手礼、亲吻礼、拥抱礼、鞠躬礼等，不同民族、不同国家有着截然不同的礼仪习俗和规范，这些都要因人、场合和习俗而异，不可乱行，以免产生误会和紧张情绪。

　　商务会面时最常用的是握手礼。作为重要的见面礼，握手的地位绝不容忽视。

一、握手的场合

　　一般来讲，需要跟别人握手，主要是三大场合。

(一)见面或者告别

　　见面的时候握手表示欢迎，这个程序一般不能缺少。告别时要握手表示欢送，一般也不能缺少。

(二)祝贺或者慰问

　　握手含有感谢、慰问、祝贺之意。有好事、高兴的事，握手表示祝贺，口说无凭握手为礼。相反，有不好的事、不幸的事，握手表示慰问。握手还可有声援、鼓励等意思表示。

(三)表示尊重

　　"仪"的意思是规范的表现形式，尊重别人要表现出来。简单的一个握手，也可让对方如沐春风。

二、握手时伸手的先后顺序

　　礼仪是社交场合人际交往的行为规范，行为者，举止动作也；规范者，标准做法也。所谓商务礼仪就是在商务交往中，待人接物的标准化做法。握手时，总有一个人是发起者。在比较正规的场合，人和人握手，谁先伸手是有标准化做法的。

　　握手的标准化做法：位高者主动，或叫尊者居前，就是地位高的人先伸手。一般由"尊者决定"，即由女士、主人、长辈、身份或职位高者先伸手，客人、男士、晚辈、身份或职位低者方可伸手与之相握。必须站立握手，以示对他人的尊重、礼貌。被介绍之后，最好不要立即主动伸手。年轻者、职务低者被介绍给年长者、职务高者时，应根据年长者、职务高者的反应行事，当年长者、职务高者用点头致意代替握手时，年轻者、职务低者也应随之相应地点头致意。

(一)男女之间握手

男士和女士握手，一般是女士先伸手。和女性握手，男士不要先伸手。男方要等女方先伸手后才能握手，如女方不伸手，无握手之意，可用点头致意或鞠躬致意。异性之间握手一般不用双手。当年龄与性别冲突时，一般仍以女性先伸手为主，在国外女士与男士握手女士可以不站起来。除长者或女士，坐着与人握手是不礼貌的，只要有可能，都要起身站立。

女士同外国人握手时，手指与肩部要自然放松，以备男宾可能要行吻手礼。

(二)宾主之间握手

主人应向客人先伸手，以示欢迎。客人告辞时，客人先伸手，意思是让主人留步。接待来宾，不论男女，女主人都要主动伸手表示欢迎，男主人也可以先伸手向女宾表示欢迎。

(三)长幼之间握手

年幼的要等年长的先伸手。年长者先伸手，年轻的应立即回握。

(四)上下级之间握手

下级要等上级先伸手，以示尊重。有职位差别时，职位高者先伸手，职位低者应立即回握。

三、与多人握手的顺序

若一个人要与许多人握手，要讲究一定的顺序。第一种顺序是由尊而卑。先长辈后晚辈，先主人后客人，先上级后下级，先女士后男士。从地位高的人开始，依次进行。第二种顺序是由近而远。伸手跟最近的人握手，依次而远。第三种顺序为顺时针方向进行。商务场合尤其是在宴会桌上，顺时针方向进行比较合适。从国际上来讲它也是一种比较吉利的方向。

碰到不应先伸手的人士先伸了手，另一方也要积极回应，不要让对方产生不必要的尴尬。在任何情况下拒绝对方主动要求握手的举动都是无礼的，但手上有水或不干净时，应谢绝握手，同时必须解释并致歉。

四、握手的标准方式

握手时的手位应该是手掌和地面垂直，手指尖稍稍向下。手向侧下方伸出，手掌垂直于地面，除拇指外四指并拢，拇指适当地张开。

握手的标准方式是行至距握手对象 1m 处(约一步)，双腿立正，上身略向前倾，伸出右手，与对方右手相握。握手时用力适度(2kg 力量)，上下稍微晃动三、四次，随即松开手，恢复原状。

握手时，年轻者对年长者、职务低者对职务高者都应稍稍欠身相握。有时为表示特别尊敬，可用双手迎握。

握手时为了表示热情友好，应当稍许用力，但以不握痛对方的手为限度。在一般情况下，握手不必太用力，握一下即可。男子与女子握手不能握得太紧，不要满手掌相触，西方人往往只握一下妇女的手指部分，但老朋友可以例外。过紧地握手会让对方感到疼痛或感觉被压制，而只用手指漫不经心地接触对方的手则是不礼貌的行为。

在正常情况下，跟他人握手的时间不能太长也不能太短，握手停留时间在 3 秒到 5 秒。初次见面者，握手时间一般应控制在 3 秒钟以内，不宜超过 3 秒，除非是表示鼓励、慰问和热情。熟人之间可以稍微延长，但是绝对不要长过 30 秒，超过 30 秒，会令人很尴尬。即使握同性的手，时间也不宜过长，以免对方欲罢不能。但时间过短，会被人认为傲慢冷淡，敷衍了事。

与人握手，精神要集中，神情要专注、热情、友好、自然，面含笑容，目视对方双眼，同时与对方寒暄。一定要说话，并要以表情进行配合。

双手握手，被称为手套式握手，又叫外交家握手。除非是表示故友重逢真诚慰问，或者热情祝贺，熟人之间密切关系的人可以采用这种握手方式，其他人尤其异性不得双手相握。

五、握手禁忌

握手礼是中国人最常见的见面礼和告别礼，最能显示一个人有无教养。握手的禁忌也是要十分注意的。

(一)忌用左手握手

与阿拉伯人、印度人打交道，切忌用左手与他人握手，因为他们认为左手是不洁的，用左手握手是对对方的一种侮辱。握手一定要求用右手，除非没有右手。异性第一次见面不要双手去握。握手时，另一只手自然下垂，不能放在口袋里。

(二)忌掌心向下或向上

掌心向下往往给别人一种傲慢的感觉；掌心向上则有乞讨之嫌。

(三)忌戴帽子、墨镜、手套

握手时不应该戴帽子。戴有帽子时，应先脱帽。军人戴军帽与对方握手时，应先行举手礼，然后再握手。除患有眼疾或眼部有缺陷者除外，不允许在握手时戴着墨镜。一般不戴手套。只有女士在社交场合可以戴着薄纱手套与人握手。

(四)忌交叉握手

不要越过其他人正在相握的手同另外一个人相握。多人同时握手切忌交叉，要等别人握完后再伸手。

(五)忌长久地握着异性的手不放

男士与女士握手时间要短一些，用力要更轻一些。不要相互攥着不放，也不要用力使劲。男士与女士握手时，一般只宜轻轻握女士手指部位。

(六)忌心不在焉

握手时不看着对方，看着第三者，左顾右盼，东张西望，不言不语，表情呆板，这都是不尊重对方的表现。不能一面与对方握手，一面心神不安，目光游移不定。要专心致志，不要三心二意。一定要认真地看着对方，双目安然注视对方，并示以微笑，面含笑意致意或问好，必要时寒暄两句，表示热情。

第五节 实 践 演 练

实践项目一：见面场景礼仪

3~5 人一个小组，每组设计一个见面场景，将称呼、介绍、握手等见面礼；问候、递接名片等交际礼仪连贯地演示下来，学生对各组的表演进行评价，最后教师总结。表演之前，每组应就设计的场景和成员的角色进行说明。

通过实训使学生能够熟练、规范地运用见面的各种礼节进行交际。

实践项目二：介绍礼仪之"我是谁"

每位学员课前找一个能够代表自己个性特征或表达自己身份的物件(必须是可以拿得到的)，并把它带到课堂上进行自我介绍。让每一位成员展示自己所选的物件并解释其表达的含义(例如："我选择了一块石头，因为它坚硬、光滑、色彩丰富等")。如果人数较多，可以在小组内进行，然后再挑选代表上台展示。

通过实训使学生通过个人选择代表自己的某一件物件并进行自我介绍以达到相互认识的目的。

实践项目三：面试现场身体语言礼仪

杨先生是某公司新上任的营销经理，他将去参加某产品研讨会，在会面时杨先生将要认识几位相关朋友，一位是研讨会主办方年长的王先生；一位是营销协会代表年长的吴女士；一位是研讨会的主持人年轻的何小姐，请每个小组分配好角色，模拟会面的整个过程。

(1) 教师示范讲解身体语言礼仪的基本规范及注意事项。

(2) 观看有关身体语言礼仪的相关录像资料。

(3) 每位同学先思考一下现场身体语言礼仪要领。

(4) 以小组为单位，分别扮演不同的角色。小组成员轮流扮演应聘者和考官。

(5) 教师考核。

通过实训使学生明确身体语言礼仪必须遵守的基本原则，掌握表情语言和动作语言的礼仪要领，从而塑造良好的个人形象。

本 章 小 结

个人礼仪基础主要包括着装礼仪、妆容礼仪以及身体语言礼仪三个方面。它们都反映着个人的道德修养、文化层次以及审美情趣。作为商务人士，要努力保持自己干净、整洁、自然、大方、文雅、得体、进取的职业形象。在个人礼仪方面要做到着装规范；妆容清新；表情具有亲和力；姿势灵活而不轻浮、庄重而不呆滞。

练习与思考

一、单选题

1. 以下做法不正确的是(　　)。
   A. 一男士把自己的名片递给一女士。该男士走向女士，右手从上衣口袋取出名片，两手捏其上角，正面微倾递上
   B. 一女士把自己的名片递给一男士。该男士双手接过，认真默读一遍，然后道："王经理，很高兴认识您！"
   C. 一男士与一女士见面，女士首先伸出手来，与男士相握
   D. 一青年男士与一中年男士握手，中年男士首先伸出右手，青年与之相握，双方微笑，寒暄

2. 公务式自我介绍应包括以下四个基本要素(　　)。
   A. 单位、部门、职务、电话　　　　B. 单位、部门、地址、姓名
   C. 姓名、部门、职务、电话　　　　D. 单位、部门、职务、姓名

3. 介绍他人时，不符合礼仪的先后顺序是 (　　)。
   A. 介绍长辈与晚辈认识时，应先介绍晚辈，后介绍长辈
   B. 介绍女士与男士认识时，应先介绍男士，后介绍女士
   C. 介绍已婚者与未婚者认识时，应先介绍已婚者，后介绍未婚者
   D. 介绍来宾与主人认识时，应先介绍主人，后介绍来宾

4. 关于握手的礼仪，描述不正确的有(　　)。
   A. 先伸手者为地位低者
   B. 客人到来之时，应该主人先伸手。客人离开时，客人先伸手
   C. 下级与上级握手，应该在上级伸手之后下级再伸手
   D. 男士与女士握手，男士应该在女士伸手之后再伸手

5. 介绍他人或为他人指示方向时的手势应该用 (　　)。
   A. 食指　　　　　B. 拇指　　　　　C. 掌心向上　　　　　D. 手掌与地面垂直

二、多选题

1. 关于握手的礼仪，描述正确的有(   )。
   A. 先伸手者为地位低者
   B. 客人到来之时，应该主人先伸手。客人离开时，客人先伸手
   C. 忌用左手，握手时不能戴墨镜
   D. 男士与女士握手，男士应该在女士伸手之后再伸手
   E. 不要戴帽子，不要戴手套握手

2. 自我介绍应注意的有(   )。
   A. 先介绍再递名片　　　　　　　B. 先递名片再做介绍
   C. 初次见面介绍不宜超过5分钟　　D. 初次见面介绍不宜超过2分钟
   E. 先介绍自己，再让对方介绍

3. 下面说法错误的是(   )。
   A. 在一般情况下，当女性与男性见面时，应男性先伸手，女性才能伸手相握，宜采用捏手指式握手方式
   B. 向对方递送名片时，应将名片正对着对方，用双手的拇指与中指分别持握名片上端的两角送给对方
   C. 递烟时，应轻轻将盒盖打开，用手指轻轻弹出几支让客人自己取出
   D. 请柬的制发需提前1周至2周

三、判断题(正确的在括号内打"√"，错误的打"×")

1. 客人和主人会面时，按商务礼仪接待人员应首先介绍客人。　　　　(   )
2. 在任何情况下，都不允许拒绝与他人握手。　　　　　　　　　　(   )
3. 与他人交谈时，应将头部仰靠在椅背上。　　　　　　　　　　　(   )
4. 作为大会的接待人员，当客人和主人初次见面时，应不分男女、不看长幼、无论职务高低，应先把主人介绍给客人，让客人优先了解情况。　　　　(   )

四、简答题

1. 怎样接受名片？
2. 谈谈名片的递接、保管等有关的礼仪内容？
3. 简述称呼礼仪的基本原则。

【案例分析一】

王先生是集团公司的老总，主要代理国内知名品牌的服饰。一天他接待了来访的某服装厂主管销售的李先生。只见李先生被秘书领进了王总的办公室，未等秘书介绍，李先生就热情地伸出右手，让王先生握了握，便缩了回去，然后用左手递上名片作自我介绍："你好，我姓李。我代表公司想跟你谈谈服饰代理事宜。"不到5分钟，王总就借口结束了初次见面。

(资料来源：https://www.docin.com/p-2497504902.html。)

思考讨论题：

1. 试分析本案例中李先生初次见面失败的原因。

2. 如果你是李先生，你如何向王总行一个漂亮的见面礼？

【案例分析二】

大意失荆州

王峰在大学读书时学习非常刻苦，成绩也非常优秀，几乎年年都拿特等奖学金，为此，同学们给他起了一个绰号"超人"。大学毕业后，王峰顺利地获取了在美国攻读硕士学位的机会，毕业后又顺利地进入了美国公司工作。一晃 8 年过去了，王锋已成为公司的部门经理。

今年国庆节，王峰带着妻子女儿回国探亲。一天，在大剧院观看音乐剧，刚刚落座，就发现有 3 个人向他们走来。其中一个边走边伸出手大声地叫："喂！这不是'超人'吗？你怎么回来了？"这时，王峰才认出说话的人正是他的高中同学贾征。贾征大学没考上，自己跑到南方去做生意，赚了些钱，如今回到上海注册公司当起了老板。今天正好陪着两位从香港来的生意伙伴一起来看音乐剧。这对生意伙伴是他交往多年的年长的香港夫妇。

此时，王峰和贾征彼此都既高兴又激动。贾征大声寒暄之后，才想起了王峰身边还站着一位女士，就问王峰身边的女士是谁。王峰这才想起向贾征介绍自己的妻子。待王峰介绍完毕，贾征高兴地走上去，给了王峰妻子一个拥抱礼。这时贾征想起了该向老同学介绍他的生意伙伴。大家相互介绍、握手、交换名片和简单的交谈后，就各自回到自己的座位上观看音乐剧了。

(资料来源：https://www.docin.com/p-744615490.html.)

思考讨论题：

1. 上述场合中的见面礼仪有哪些不符合礼仪的地方？

2. 如果你是本例中的贾征，该如何行一个漂亮的见面礼？

第四章 商务接访礼仪

【学习目的与要求】

● 了解各种商务活动中必须具备的标准礼仪规范。

● 了解商务人员在各种商务接待活动、拜访活动、馈赠和会议活动中的礼仪标准。

● 熟悉商务人员在各种商务接待活动、拜访活动、馈赠和会议活动中的基本礼仪常识和禁忌。

● 掌握具体商务接访和会议活动的常规礼仪。

【关键概念】

接待礼仪；拜访礼仪；礼品礼仪；准备工作；规范

【案例导入】

身为某仪器公司北京地区销售专员的小李，凭着多年来的销售经验与扎实的客户根基，在公司是数一数二的销售高手，拿下了许多大的商务订单，也为公司赢得了高额利润，受到了总公司领导的重用。一次偶然的机会，小李结识了法国一家规模颇大的上市公司的总裁，并获悉该公司有意要引进一批仪器，小李公司恰巧有这样的仪器。于是小李暗下决心要拿下这笔订单。他挖空心思，制作了计划书与产品介绍书，并利用一切关系网络，查到该公司总裁的私人住址，准备登门拜访，试图以虔诚的态度打动总裁的心，用自己的口才说服其与自己签约。小李找了一个周末的下午，在没有和对方打招呼的前提下来到了总裁的家，你认为，小李此次拜访能否成功？

(资料来源：https://www.docin.com/p-273005418.html.)

案例点评：结果显而易见，小李此次拜访不会有太好的结果，他忽略了商务拜访最基本的礼节，初与客商谈生意便到私宅拜访，没有熟人引见，更没有提前预约，显然犯了大忌，打扰对方正常生活的同时也会给对方留下了不好的印象。

第一节 商务接待礼仪

4.1.mp4

商务接待是商务活动中的一个重要环节，也是商务人员的一项经常性工作。接待工作周到与否，直接关系商务活动的顺利展开。因此，必须讲究接待的艺术和技巧。

商务接待有两种情形：一种是常规接待，也就是无须在人力、物力上做特殊准备的接待工作，这种接待随时都可能发生；另一种是隆重接待，这种接待需要在物质上做准备、人员上做调配，比如要有交通工具迎送、专门的接待人员等。但不论哪种接待，都是希望来访者能乘兴而来，满意而归。

一、商务接待

商务接待是商务活动中的一个重要环节，也是商务人员的一项经常性工作。从接待礼仪上来讲，在商务中"来者都是客"，无论客方平时与己方关系如何，都应以礼相待。

(一)接待准备工作

1. 布置接待场所

整洁干净的环境是对来访者的尊重和礼貌。办公室接待客人，应该把办公室收拾干净，窗户明亮，桌椅整洁，东西摆放整齐，茶水要备妥，必要时还要准备些水果。

如果来访的人数较多，或者来访者的规格相对较高，应当在专门的接待室进行接待。接待室除配置一些如沙发、茶几、衣架等家具外，还应点缀一些花卉盆景及字画报刊等。

2. 了解来访者情况

首先，要了解来访者的单位、姓名、性别、身份、人数甚至宗教信仰等；其次，要了解来访者的目的和要求；最后，还要了解来访者所搭乘的交通工具和到达的具体时间。根据上述信息来确定接待规格和方案。

3. 确定接待规格

接待的规格应当根据来访者的具体情况而定，不必过高同时也不能过低。一般来说，接待者的身份与来访者的身份对等就可以了，这是接待工作中最为普遍的形式；而通常在商务接待中是以低规模接待为主的，即接待者的身份大都比来访者的身份低，在这种接待活动中要特别注意热情、礼貌、周到。

(二)接待的原则

1. 注意身份对等

身份对等，是商务接待的基本原则之一。身份对等，就是说作为主人，在接待客户、客商时，要根据对方的身份，同时考虑到对方来访的性质以及双方之间的关系，具体安排接待的规模，以使来客能够受到与其身份相符的礼遇。

2. 讲究礼宾秩序

礼宾秩序所要解决的是多边商务活动中的位次和顺序问题。在正式的商务活动中，礼宾次序可参考下列方法进行排序。

1) 按身份与职务的高低顺序排序

若在接待几个来自不同方面的代表团时，确定具体的礼宾顺序的主要依据是各个代表团团长的职务高低。

2) 按姓氏笔画排序

在中国国内商务活动中，如果双方或者多方关系是对等的，可按参与者的姓名或所在单位名称的汉字笔画多少排序。

3) 按国家或者企业名称的英文字母顺序排序

在涉外活动中，一般应该将参加者的组织或者个人按照英文或字母顺序进行排列。

4) 其他排列方法

除了上面列举的方法外，也可以按照有关各方正式通知东道主自己决定参加此项活动的先后顺序，或者正式抵达活动地点的时间先后顺序排序。

(三)接待的要求

来访接待主要是接待有业务往来的客户，或者接待一些未经预约的客户前来拜访。接待时应当注意以下礼节问题：

1. 热情接待

来访者无论身份如何、目的如何，都"来者是客"，都应热情接待。这不仅涉及企业形象问题，同时对工作能否顺利开展也有很大影响。切不可让客人坐"冷板凳"，或以貌取人，言词不周。客人到来时，接待者要起立，主动握手，表示欢迎。

2. 善于倾听

接待过程中，要善于倾听客人的谈话，在客人讲话过程中，正视对方，适时地以点头表示尊重，且一举一动都要表示出在认真听对方的陈述，切忌让客人有被怠慢的感觉。

3. 尽可能不接电话

在接待客人时，不停地接听电话，打断对方讲话都是一种不礼貌的行为，所以要尽量避免。如有重要电话，应先向客人说"对不起"，在得到客人谅解后再接听，且要长话短说。

4. 尊重与沟通

交谈过程中，不要随意打断、驳斥对方，也不要轻易许诺。不同意对方的观点，要克制情绪，委婉地表达自己的意见。意见一致时也不要喜形于色。同时能马上答复或解决的问题不要故意拖延时间，暂不能解决的，应告诉对方一个解决方案，约定时间再联系。

5. 难题的处理

如果在交谈中提出某些使自己为难的要求，可以直截了当地拒绝某一要求，也可以含蓄地暗示自己无法做到，请求对方理解。但要注意方式和态度，尽量不要让对方误认为是瞧不起或有能力而不愿意帮忙，如果想结束会见而对方又未察觉，可以婉言告之"对不起，我还有个十分重要的会议"等，也可以用身体语言提示对方，如间隔性地抬腕看表等。

二、待客之道

(一)言谈得体

言谈是待客过程中的一项重要内容。第一，谈话要紧扣主题。拜访者和接待者双方的会谈是有目的的，因此谈话要围绕主题，不要偏离主题。如果是朋友之间的交流，要找双方都感兴趣的事情谈，不要只谈自己的事情或自己关心的问题，不顾对方是否愿听或冷落对方。第二，要注意谈话的态度和语气。谈话时要尊重他人，不要恶语伤人，不要强词夺理，语气要温和适中，不要以势压人。第三，会谈时要认真听别人讲话，不要东张西望地表现出不耐烦的情绪，应适时地以点头或微笑做出反应，不要随便插话。要等别人谈完后再谈自己的看法和观点，不可只听不谈。否则，也是对别人不尊重的一种表现。第四，谈话时要注意坐的姿势。第五，不要频繁看表、打哈欠，以免对方误解你在逐客。

(二)礼貌奉茶

以茶待客是中国传统的待客之礼，为客人敬茶是待客的重要内容。待客坐定，应尽量在客人视线之内把茶杯洗净。茶杯要轻放，不要莽撞，以免茶水泼洒出来。端茶也是应注意的礼节，应双手给客人端茶。上茶应在主客未正式交谈前，双手端茶从客人的右后侧奉上。要将茶盘放在临近客人的茶几上，然后一手拿着茶杯的中部，一手托着杯底，如有杯耳应朝向客人，双手将茶递给客人同时要说"您请用茶"(见图 4.1)。切忌用五指捏住杯口边缘往客人面前送，这样敬茶既不卫生，又不礼貌。斟茶动作要轻，要缓和。

奉茶应先客后主，先女后男，先长后幼。当来宾较多，且彼此差别不大时，可按照下列三种顺序上茶：①以上茶者为起点，由近而远；②以门为起点，按顺时针方向排序；③以客人的先来后到为序。

图 4.1　端茶的正确礼仪

三、送客之礼

送客礼仪是接待工作的最后一个环节。如果处理不好，就将影响整个接待工作，使接待工作前功尽弃。送客时应注意以下几点。

(一)婉言挽留

无论接待什么样的客人，当客人准备告辞时，都要婉言挽留，不要客人一说要走，主人马上站起相送，或者起身相留，这都有逐客之嫌。因为有些客人本来还想与主人交谈，因怕打扰主人或试看主人态度，于是以"告辞"来观察主人的反应，因此主人一定要婉言相留，如果客人执意要走，也要等客人起身后，主人再起身。送客时应主动与客人握手送别，并送出门外或送到楼下，不要在客人走时无动于衷，或点点头或摆摆手算是招呼，这都是不礼貌的行为。最后，还要用热情友好的语言欢迎客人下次再来。

(二)安排交通

送客时应按照接待时的规格对等送别，不能虎头蛇尾，无论双方目的是否达到，都要按接待规格送客，而且要做好交通方面的安排，如购买车票、船票、机票或者安排车辆等。如果客人临走时，主人不管不问，那就意味着交往关系破裂，或者表示对客人的不满。

(三)礼品

如果客人来访时带有礼品，那么送别时也要准备一些物美价廉且有象征意义的礼品回馈。

第二节 商务拜访礼仪

4.2.mp4

拜访又叫拜会，一般是指前往他人工作地点会晤、探访，或是与其进行其他方面的接触。拜访是一种常用的社交方式。商务拜访主要有三种类型，即事务性拜访、礼节性拜访和私人拜访。拜访是双向活动，访问、做客的一方为客，称为来宾；做东、待客的一方为主，又叫主人。宾主双方在拜访中都必须遵守相应的礼仪规范。

(一)拜访前的相邀礼仪

拜访前应预约时间。拜访别人要预约，这是现代商务礼仪的基本要求。不论因公还是因私而访，都要事前与被访者电话联系。联系的内容主要有四点：①自报家门(姓名、单位、职务)。②询问被访者是否在单位(家)，是否有时间或何时有时间。③说明访问的内容(有事相访或礼节性拜访)使对方有所准备。④在对方同意的前提下定下具体拜访的时间、地点。注意要避开吃饭和休息、特别是午睡的时间。最后，对对方表示感谢。如确需临时造访或推迟拜访，应征得主人同意并表示歉意。

(二)拜访前的准备

(1) 形象准备。包括外部形象、控制情绪、投缘关系、诚恳态度等。
(2) 计划准备。包括计划目的、计划任务、计划路线、计划开场白等。
(3) 外部准备。包括资料准备、工具准备、时间准备等。
(4) 内部准备。包括信心准备、知识准备、拒绝准备、微笑准备等。

(三)拜访中的举止礼仪

(1) 要守时守约。提前到可能会影响别人的工作安排或正在处理的事务，迟到更是不被允许的行为。
(2) 讲究敲门的艺术。到客户办公室，进门之前应先按门铃或轻轻敲门，然后站在门口等候。要用食指敲门，力度适中，间隔有序敲三下，等待回音。如无应声，可再稍加力度，再敲三下，如有应声，再侧身站立于右门框一侧，待门开时再向前迈半步，与主人相对。按门铃或敲门的时间不要过长，无人或未经主人允许，不要擅自进入室内。

(3) 主人不让座不能随便坐下。如果主人是年长者或上级，主人不坐，自己不能先坐。主人让座之后，要口称"谢谢"，然后采用规矩的礼仪坐姿坐下。主人递上烟茶要双手接过并表示谢意。如果主人没有吸烟的习惯，要克制自己的烟瘾，尽量不吸，以示对主人习惯的尊重。主人献上果品，要等年长者或其他客人动手后，自己再取用。即使在最熟悉的客人那里，也不要过于随便。

(4) 跟主人谈话，语言要客气。与主人相见，应主动先向对方问好。假如初次谋面，则还需做自我介绍。遇到主人的同事、亲属时，应主动打招呼、问好，不宜旁若无人，不搭不理。

(5) 谈话时间不宜过长。初次拜访时间一般应控制在 30 分钟左右。起身告辞时，要向主人表示"打扰"之歉意。出门后，回身主动伸手与主人握别，说："请留步。"待主人留步后，走几步，再回首挥手致意："再见。"拜访时若有同事同行，同事之间应相互配合，使拜访活动顺利圆满地进行。若与领导一起拜访客户，应以领导为主，配合领导，保证拜访的成功。

(四)做客礼仪

做客期间，要注意围绕主题、限定范围、适时告退三件要事。在这些方面，绝对不允许出现大的失误。

1. 围绕主题

任何一次登门拜访都必然有其目的性。既然如此，那么在拜访做客时就应当使自己的所作所为紧密地围绕着自己进行拜会的主旨而行，绝对不允许"跑题"。

一般情况下，在拜会之时，宾主双方都要尽快直奔主题，接触实质性的问题，并力争解决问题。不要临阵怯场，言不及义；或是随意变更主题，令双方无所适从。

2. 限定范围

要使拜会围绕主题进行，一项得力的措施是客人应当自觉地限定个人的交际范围与活动范围。

3. 适时告退

拜访之时，务必要注意"见好就收"、适可而止。如果客人与主人双方对会见的时间长度早已有约在先，则客人务必要谨记在心，认真遵守。假如双方无此约定，通常一次一般性的拜访应以 1 小时为限。初次拜会，则不宜长于半小时。

在拜会之中遇有他人来访，应适当缩短时间，不必非要"达标"不可，更不要硬找人家攀谈一番。

一旦提出告辞，便要"言必信，行必果"。即使主人挽留，都要离开。在出门以后，应与主人握手作别，并对其表示感谢。

(五)拜访客户的黄金定律

(1) 开门见山，直述来意。初次和客户见面时，可用简短的话语直接将此次拜访的目的向对方说明。

（2）突出自我，赢得注目。不要吝啬名片。有必要在资料显眼的上方标明自己的姓名、联系电话等主要联络信息。适时地表现出与对方的上司及领导等关键人物的"关系"。

（3）察言观色，投其所好。从客户的家乡、行业、产品、爱好等处，找到客户感兴趣的话题，使拜访有个良好的开端。

（4）明辨身份，找准对象。在拜访时必须处理好"握手"与"拥抱"的关系；与一般人员"握握手"不让对方感觉对他视而不见就行了；与关键、核心人物应紧紧地"拥抱"在一起，建立起亲密关系。

（5）宣传优势，诱之以利。只要能给客户带来某一种好处，就一定能为客户所接受。

（6）以点带面，各个击破。无法调查到有关产品的真实信息，就必须找到一个重点突破对象。如找一个年纪稍长或职位稍高，在客户中较有威信的人，根据他的喜好，开展相应的公关活动，与之建立"私交"，从他那里了解真相。

（7）端正心态，永不言败。发扬"四千精神"：走千山万水、吃千辛万苦、说千言万语、想千方百计为拜访成功而努力付出。

第三节　商务礼品礼仪

4.3.mp4

（一）馈赠的基本要素

馈赠是人际交往中常见的一种礼节，也是商务活动中常有的交往内容，是为了表达敬意、友好、祝贺、慰问等而赠送给交往对象物品的行为。重视馈赠的作用，充分发挥馈赠的作用，就要自觉地遵守馈赠礼仪。

商务交往中的礼品，一般具有以下特征：①纪念性；②宣传性；③便携性；④独特性；⑤时尚性；⑥习俗性。

商务交往中馈赠需要考虑的要素包括下述几点。

（1）馈赠目的(why)。即为什么送？一般来说，送礼品应该有明确的目的性。因为馈赠的目的不同，送礼的方式、选择的礼品、遵循的礼节都有所不同。赠送主体无论是公司、单位还是个人，其出发点或所要达到的目的大致相同，就是建立并加强与他人(企业、单位)的友谊，联络感情，巩固和维系良好关系。

（2）馈赠对象(who)。即送给谁？男女有别，中外有别，长幼有别，在商务交往中赠送的礼品应优先考虑它的纪念性和宣传性以及接收对象是否喜欢，因此，馈赠礼物时要充分考虑到受赠者的国别、性别、年龄、职位、性格、喜好和禁忌等。赠送礼品先要知道对方喜欢什么、不喜欢什么，喜欢什么不容易把握，但不喜欢什么比较容易把握，主要是根据对方的身份、地位以及文化修养来定。赠送礼品前要了解对方喜欢什么，投其所好才能获得预想的效果。

（3）馈赠内容(what)。即送什么？"鲜花赠予美人，宝刀赠予烈士。"商务交往中礼品"六不送"：①违法物品不送；②价格过于昂贵的不送；③涉及国家秘密和安全的不送；④药品营养品不送；⑤犯对方忌讳的不送(个人禁忌、行业禁忌、民族禁忌、宗教禁忌)；⑥带有明显广告宣传的物品不送。

（4）馈赠时机(when)。即什么时间送？一般登门拜访，客人应该在进门后，见面之初把礼品送上去。而主人应在客人临别之时，即在客人离开前(告别宴会上)送。商务馈赠要把握好时机，要选择一个双方感情比较融洽的时间赠送礼品，既能够表达情意，又能够促进商务活动顺利开展。

(5) 馈赠场合(where)。即什么地点送？因公交往的礼品应在办公地点送，私人交往的礼品应在私人居所、私下送，公私不一样。商务馈赠地点要合适，在公共场合馈赠有伤大雅，在私密场所馈赠有收买之嫌。公司馈赠的客人较多时，可以采取由服务人员分送到客人住处的方式。

(6) 馈赠方式(how)。即如何送？赠送者身份确定：贵宾或被重视的客人应由馈赠方最高领导者或其代表亲赠。一般来讲，为了表示对客人的重视，如果可能公务礼品应该尽量由地位高的人送，由领导、负责人向他人赠送礼品表示隆重和接待规格。赠送礼品要郑重其事，赠送者要对礼品适当加以说明，如寓意、用途、特殊价值。

商务馈赠要讲求品位，注重包装，采取客人能够接受的灵活方式馈赠。可以采取当面赠送、送物到家、邮寄赠送、托人转送等多种方式。

(二)礼品的选择

1. 形式恰当

商务馈赠礼品注意形式恰当，针对不同客户选择不同性质的礼品。要选择价格适宜、体现特色、便于携带，不能过于流俗的礼品。具备这些礼仪特点的礼品容易携带，会给客人留下深刻印象。

2. 尊重需求

礼品选择应尊重客人的需求，了解客人的文化修养、教育程度、志趣爱好。不能千人一面，全部赠送现金、有价证券、香烟、名酒等。

3. 不犯禁忌

客人常常有属于自己的国家、民族、宗教、信仰、职业和私人禁忌，这些禁忌对商务活动的效果有着直接影响，不犯禁忌的馈赠可以起到感情"润滑剂"的作用，触犯禁忌的馈赠起到的是刚好相反的作用。

4. 注意包装

在商务交往中，对礼品加以包装代表郑重其事，是对被送礼者重视的象征，是尊重对方的表现。为此，在对外的商务交往中，包装所用成本占整个礼品总价值的1/3。如一份价值200元的礼品，在包装上的花费不应少于100元，即总价值300元，礼品200元，包装100元。礼品粗糙的包装或不包装会降低礼品的档次，失敬于对方。接收外国朋友赠送的有包装的礼品，一定要当面打开，略加端详并称赞对方。当场打开看意味着欣赏对方，是对对方表示尊重的一种表现，不看则是对对方失敬。国际交流赠送礼品要注意包装。外国人认为包装是郑重其事的一种做法，如果不包装就有愚弄对方之嫌。

(三)受赠的礼仪

如同我们在馈赠时的精心和慎重，当别人给我们赠送礼物时，我们也应当注意自己的行为，不能失礼于人。

1. 从容接受礼物

在接受对方赠送的礼物时，我们要落落大方地接受。接受礼物时要注意礼貌，但不要过于推辞。如国人喜欢说"受之有愧"之类的自谦话，若在涉外场合，会被认为是无礼的行为，会使送礼者不愉快甚至难堪。正确的做法是用双手接过礼品，并向对方致谢。

2. 当面打开礼物

在接过他人赠送的礼品时，应当尽可能当着对方的面，将礼品包装拆开，以示对对方的尊重和对礼品的重视。在启封时，动作要自然、舒缓、文明，撕破包装纸被认为是粗鲁的举止。打开包装后，要以适当的动作和语言，表示对礼品的欣赏。比如，可将他人所送的书法作品细品一番，别忘了表达对对方的感谢。

3. 及时表示感谢

收到礼物后，除了口头致谢外，还可以采用打电话的方式感谢对方。但有时候为了表达对对方的高度重视和感谢之情，尤其是涉外场合，也可以选择以书面的形式给对方写封感谢信表示感谢。

(四)回赠礼品的礼仪

收到馈赠后，受礼人一般要回赠，从而加强联系，增进友谊。在回赠礼品时，应该注意的事项有以下几点。

1. 注意回礼的时机

选择回礼的时机与赠送礼品的时机要求大致是一致的，时间长短要适度：如果还礼过早容易被别人认为是"等价交换"；如果拖延太久，等事情完全冷却下来再还礼效果也不好。但在一些特殊时期，则不受此约束。如在节日庆典时期，可以在客人走时立即回赠；而在你生日、婚庆、晋级升迁等时候接受的礼品，应在对方有类似的情形或适当时候再回赠。

2. 回赠礼品的技巧

在还礼的时候就要选择得体的还礼形式。如果还礼的形式不当，还不如"不还"。还礼需要注意下述几点。

(1) 回赠的礼品切忌重复，一般要价值相当，也可以根据自己的情况而定，但也不必每礼必回。

(2) 一般人在选择礼物时，无意之间会选择自己喜欢的物品。因此，回赠对方时，不妨参考对方馈赠的礼物，较易博得对方的欢心。

(五)回绝礼品的技巧

拒绝收礼，一般是不允许的，最好是表示谢意并接受。当然，有时候有必要拒收礼品。若因故拒绝，态度要委婉而坚决。通常，可以采用以下几种方法礼貌地拒绝礼物。

1. 先收后退

如果当着很多人的面拒绝别人的礼物，无疑会让对方觉得很难堪，建议这时应先将礼物收下，然后单独将礼物原封不动地退还给送礼人。要注意收下的礼物不能拆封，更不应该使用，要争取在 24 小时内送还，否则容易让人误解为你已经收下。

2. 委婉拒绝

可以在对方准备送礼物时，委婉暗示对方，自己可能无法接受礼物。

3. 直接说明回绝的原因

在涉及公务方面的往来中，如果遇到别人赠送贵重礼物时，可以采取直接告知不能收受礼品的原因来拒绝对方。

第四节　实　践　演　练

实践项目一：名片的交换技巧与礼仪

假设你是一名业务员，将要代表公司前去洽谈业务，与对方交换名片时应怎样做？
(1)　教师示范讲解名片交换礼仪及需要注意的问题。
(2)　每位同学先思考一下现场交换名片礼仪要领。
(3)　以小组为单位，分别扮演不同的角色，同组之间互换角色训练。
(4)　师生点评，教师考核。
通过实训使学生明确名片的交换要注意哪些细节，交换名片时有哪些技巧，掌握交换名片的礼仪，从而在与别人开始交往时留下良好的印象。

实践项目二：商务拜访礼仪

假如你要代表公司去拜访一位重要的新客户吴先生，那么你在拜访前应做好哪些准备，在拜访过程中应遵循什么礼仪原则、注意哪些问题。
(1)　教师示范讲解拜访的礼仪及需要注意的问题。
(2)　观看有关拜访礼仪的相关录像资料。
(3)　每位同学先思考一下现场拜访礼仪要领。
(4)　以小组为单位，分别扮演不同的角色，同组之间互换角色训练。
(5)　师生点评，教师考核。
通过实训使学生明确拜访礼仪必须遵守的基本原则，做好拜访前的准备工作以及熟悉等待会见时的礼仪，掌握拜访中的注意事项，从而塑造良好的个人形象。

实践项目三：馈赠礼品礼仪

班级分组，设置情境为迎接、送别、生日等，模拟送礼、受礼、表示感谢。

(1) 教师简要介绍本任务的活动场景及任务实训内容。

(2) 教师示范讲解馈赠的礼仪及需要注意的事项。

(3) 根据模拟活动分组。

(4) 全组讨论馈赠时的正确礼仪及应注意的问题。

(5) 模拟馈赠训练，组内成员互换角色训练。

(6) 师生点评，教师考核。

通过实训模拟使学生了解馈赠礼品的礼仪，熟悉赠礼中的一些禁忌，从而可以避免以后在一些场合发生失误。

本 章 小 结

商务接访礼仪主要包括商务接待礼仪、商务拜访礼仪和商务礼品礼仪三个方面。它们不仅代表了个人修养和素质，同时还代表了该公司的形象和文化。作为商务人士，要能掌握商务接待、拜访的礼仪，掌握不同场合的接待技巧。同时要熟悉各国风俗习惯，掌握各种礼品禁忌，这样才能在社交活动中优雅地表现自我。

练 习 与 思 考

一、单选题

1. 自我介绍时要避免( )。

　　A. 先递名片，再做介绍　　　　　　B. 先做介绍，后递名片

　　C. 长话短说　　　　　　　　　　　D. 内容完整

2. 介绍两人相识的顺序一般是( )。

　　A. 先把上级介绍给下级　　　　　　B. 先把晚辈介绍给长辈

　　C. 先把客人介绍给家人　　　　　　D. 先把早到的客人介绍给晚到的客人

3. 下面哪一项不是商务交往名片三不准的内容( )。

　　A. 名片不能随便涂改　　　　　　　B. 名片上不提供私宅电话

　　C. 名片上不印制两个以上的头衔　　D. 名片上不准印名言警句

4. 西方人很重视礼物的包装，并且必须在什么时候打开礼物( )。

　　A. 客人走后打开礼物　　　　　　　B. 当面打开礼物

　　C. 随时都可以打开　　　　　　　　D. 以上都不对

二、多选题

1. 商务礼仪的规范性是( )。

　　A. 舆论约束　　　B. 自我约束　　　C. 强制约束　　　D. 非强制约束

2. 关于握手的礼仪，描述正确的有( )。

　　A. 先伸手者为地位卑微者

B. 客人到来之时，应该主人先伸手。客人离开时，客人先握手

    C. 忌用左手，握手时不能戴墨镜

    D. 男士与女士握手，男士应该在女士伸手之后再伸手

3. 在商务交往中，商务礼仪具有(　　)的作用。

    A. 增强素质　　　　　　　　　B. 塑造形象

    C. 增强沟通能力　　　　　　　D. 提高交际能力

4. 交际式自我介绍包括(　　)。

    A. 单位　　　　　B. 部门　　　　　C. 职务　　　　　D. 姓名

5. 选择礼品的原则包括(　　)。

    A. 送给谁　　　　B. 送什么　　　　C. 什么时候送

    D. 什么地点送　　E. 如何送

三、判断题(正确的在括号内打"√"，错误的打"×")

1. 商务礼仪的对象性是接人待物的标准做法、标准要求。　　　　　　　　(　　)

2. 客人和主人会面时，按商务礼仪接待人员应首先介绍客人。　　　　　　(　　)

3. 按商务礼仪位次的横向排列规则是内侧高于外侧。　　　　　　　　　　(　　)

4. 职场交谈不涉及私人问题。　　　　　　　　　　　　　　　　　　　　(　　)

5. 按照常规，道别应该有来宾率先提出。　　　　　　　　　　　　　　　(　　)

6. 任何时候客人都不能坐在副驾驶座上。　　　　　　　　　　　　　　　(　　)

7. 赠送鲜花是馈赠的一种特殊形式，庆祝开业、演出适合送盆花，祝贺乔迁适合送篮花。　　　　　　　　　　　　　　　　　　　　　　　　　　　　　　　　(　　)

8. 作为大会的接待人员，当客人和主人初次见面时，应不分男女、不看长幼、无论职务高低，应先把主人介绍给客人，让客人优先了解情况。　　　　　　　　(　　)

四、简述题

1. 如何正确地拜访和做客？

2. 如何选择礼物？

3. 请简述在不同情况下迎接客人的方式(至少两种)。

4. 倒茶时的先后顺序有哪些？

5. 行握手礼要注意什么问题？

【案例分析一】

　　某公司新建的办公大楼需要添置一系列办公家具，价值数百万元。公司的总经理已做出决定，向A公司购买这批办公用具。这天，A公司的销售部负责人打电话来，要上门拜访这位总经理。总经理打算，等对方来了，就在订单上盖章，定下这笔生意。

　　不料对方比预定的时间提前了两个小时，原来对方听说这家公司的员工宿舍也要在近期内落成，希望员工宿舍需要的家具也能向A公司购买。为了谈这件事，销售负责人还带来了一大堆资料，摆满了台面。

　　总经理没料到对方会提前到访，刚好手边又有事，便请秘书让对方等一会儿。这位销售员等了不到半小时，就开始不耐烦了，一边收拾资料一边说："我还是改天再来拜访吧。"

这时，总经理发现对方在收拾资料准备离开时，将自己刚才递上的名片不小心掉在了地上，对方却并没发觉，走时还无意从名片上踩了过去。但这个不小心的失误，却令总经理改变了初衷，A 公司不仅没有机会与对方商谈员工宿舍的设备购买，连几乎到手的数百万元办公用具的生意也告吹了。

（资料来源：https://www.docin.com/p-2350388256.html.）

根据案例内容，用商务礼仪的相关知识分析为什么 A 公司这次的业务会失败。

【案例分析二】

接待冷淡，断送生意

泰国某政府机构为泰国一项庞大的建筑工程向美国工程公司招标。经过筛选，最后剩下 4 家候选公司。泰国政府派遣代表团到美国亲自去各家公司商谈。代表团到达芝加哥时，那家工程公司由于忙乱中出了差错，又没有仔细复核飞机到达时间，未去机场迎接泰国客人。但是泰国代表团尽管初来乍到不熟悉芝加哥，还是自己找到了芝加哥商业中心的一家旅馆。他们打电话给那位局促不安的美国经理，在听了他的道歉后，泰国人同意于第二天11 时在经理办公室会面。第二天美国经理按时到达办公室等候，直到下午三四点才接到客人的电话说："我们一直在旅馆等候，始终没有人前来接我们。我们对这样的接待实在不习惯。我们已订了下午的机票飞赴下一目的地。再见吧!"

思考讨论题：

(1) 请指出文中不符合商务礼仪的地方。

(2) 如果你是美国经理，你会怎么做可以让泰国代表感觉到热情的礼仪接待？

第五章 商务宴请礼仪

【学习目的与要求】

- 了解商务宴请的形式。
- 了解商务宴请礼仪的原则和商务宴请的组织过程。
- 熟悉赴宴的基本礼仪；熟悉中西餐礼仪中的禁忌。
- 掌握中餐宴会餐具礼仪和酒水礼仪；掌握西餐宴会点菜上菜礼仪和西餐餐具礼仪。

【关键概念】

商务宴请；中餐礼仪；西餐礼仪；餐具礼仪

【案例导入】

某城市接待了一位外商。这位外商是美国人，他来这座城市是进行投资考察的。考察进行得比较顺利，双方达成了初步的合作意向。这天接待方设宴款待该外商，宴会的菜肴很丰盛，主客双方交谈得比较愉快。这时席间上来了一道特色菜，为表示热情，一位接待方领导便为这位外商夹了一筷子菜放到他的碟子里。这位外商当即露出不悦神色，也不再继续用餐，双方都很尴尬。

(资料来源: https://www.docin.com/p-1850858894.html.)

思考:

1. 这位外商为什么露出不悦神色？
2. 接待方应该怎样表示热情之意？

第一节 商务宴请概述

宴请是指政府机关、社会团体、企事业单位、公司或个人之间为了表示欢迎、答谢、祝贺、喜庆等，根据接待规格和礼仪程序而举行的一种隆重、正式的餐饮活动。它是以餐饮聚会为表现形式的一种高品位的社交活动方式。

大到国宴，小至个人宴请，商务场合每个人都有当主人和做客的经历。宴请和赴宴，是礼尚往来的一种交往形式。在现代社会，随着商业和市场经济的繁荣，私人交往和商务交往都很普遍和频繁，而宴请又是其中一个极重要的形式。可以说，每个成功的人士，都是这方面的佼佼者。因此在社会交往和现实生活中，通晓宴请礼仪，提高社交礼仪的能力和加强社交礼仪修养是很有必要的。

一、商务宴请的原则

1. 认清主客

商务宴请中，主方为宴请者，而客方扮演的则是被宴请者的角色。因而在宴请的过程中，主人应从细节上表现出体贴客人的心意。它不仅可以反映出主人个人的修养，也更能让客人因此感受到主人的真诚与可靠。相应地，作为客人，也要做到客随主便，在对方尊重自己的民族、气节和人格的基础上，遵从当地的风俗习惯和礼仪规范，达成一致的礼仪标准。

2. 尊敬他人

在商务宴请中，是否尊重他人是一个人文化素养的体现，精神境界的写照，也是一个人有无社会经验的表现。遇事多思虑、多征询，可以避免冒失行事，误做对他人不敬的事，给对方留下不好的印象。

3. 真诚友善

人与人相交贵在交心、知品和敬德。真诚友善是做人之本，也是商务人士立业之道。在商务宴请中，务必以诚待人，诚实无欺，言行一致，表里如一。只有如此，在宴请中自己所表达的对交往对象的尊重与友好，才会更好地被对方所理解和接受。

4. 自律自重

自律就是自我约束，用礼仪规则规范自己的言行举止；而自重则反映的是一个人的思想道德水平和社会经验。所以在餐桌上，既要彬彬有礼，又不能低三下四；既要殷勤接待，又要不失庄重；既要热情大方，又不轻浮诡谀，要把握交往的分寸，注意表情适度、谈吐适度、举止适度。

5. 入乡随俗

由于国情、地域、民族、文化背景的不同，在商务宴请中，存在着"十里不同风，百里不同俗"的情形。对此要有正确的认识，不要自高自大、为我独尊，简单否定他人不同于己的做法。必要之时，必须坚持入乡随俗，与绝大多数人的习惯做法保持一致的原则。这样更有助于人际关系的融洽和人际交往范围的扩大。

6. 4M 原则

宴请的 4M 原则是在世界各国广泛受到重视的一项礼仪原则，其中的 4M 指的是 4 个以 M 为字头的单词，分别是：Menu(精美的菜单)、 Mood(迷人的气氛)、Music(动人的音乐)、Manners(优雅的礼节)。4M 原则的主要含义，就是要求在安排或者参加宴请活动时，必须优先对菜单、气氛、音乐、礼节等四个方面的问题加以高度重视，并应力求使自己在这些方面的所作所为符合律己、敬人的行为规范。商务宴请的类型和原则其实都是为了更好地促进商务宴会的进行。不同类型的商务宴会有不同的风格和要求，但是所有的宴请都要遵循4M 原则。

二、常见商务宴请的形式

当前国际上通用的宴请形式有宴会、招待会、工作进餐、茶会等，而至于采取何种形式，一般应根据活动的目的、邀请对象以及经费开支等因素来决定，但每种类型的宴请均有与之匹配的特定规格及要求。

(一)宴会

宴会(见图 5.1)，通常指的是以用餐为形式的商务聚会。按照其隆重程度、出席规格，可分为正式宴会和非正式宴会。正式宴会是一种隆重而正规的宴请，它往往是为宴请专人而精心安排的、在比较高档的饭店或是其他特定的地点举行的、讲究排场及气氛的大型聚餐活动，对于到场人数、穿着打扮、席位排列、菜肴数目、音乐弹奏、宾主致辞等，往往都有十分严格的要求和讲究。非正式宴会中常见的有便宴和家宴两种形式。

图 5.1　宴会现场

(二)便宴

便宴常见的有午宴、晚宴，有时候也举行早宴。便宴，同样适用于正式的商务交往，便宴简便、灵活，通常都形式从简，并不注重规模、档次。一般来说，便宴只安排相关人员参加，不邀请配偶，对穿着打扮、席位排列、菜肴数目往往不做过高要求，而且也不安排音乐演奏和宾主致辞。

(三)家宴

严格来讲，家宴是便宴中包含的一种形式，它是在家里举行的宴会，相对于正式宴会而言，家宴最重要的是要营造亲切、友好、自然的气氛，使赴宴的宾主双方轻松、自然、随意，彼此增进交流，加深了解，促进信任。

通常，家宴在礼仪上往往没有特殊要求，为了使来宾感受到主人的重视和友好，基本上要由主人及其家人下厨招待客人，使客人产生宾至如归的感觉。

(四)招待会

招待会是指各种不备正餐的灵活的宴请形式，备有食品、酒水饮料，通常不排席位，可自由活动，常见的有冷餐会和酒会。酒会又称鸡尾酒会。这种招待形式较为活泼，便于广泛接触交谈。招待品以酒水为主，略备小吃、菜点。不设座椅，仅置小桌或茶几，便于出席者走动。举行时间中午、下午或晚上均可。自 1980 年起，我国国庆招待会就已改用酒会这种形式。

冷餐会又称自助餐，它可在室内外举行，参加者可坐可站，并可自由活动，菜肴以冷食为主。酒和菜均可自取，也可请服务员端送，还可将酒、菜事先陈放在桌上。

(五)工作进餐

在通常情况下，工作进餐是在商务交往中具有业务关系的合作伙伴，为进行接触、保持联系、交流信息或洽谈生意而用进餐的形式进行的商务参会。工作进餐重在一种氛围，意在以餐会友，营造出有利于进一步进行接触的轻松、愉快、和睦、融洽的氛围，是借进餐的形式继续进行的商务活动，把餐桌充当会议桌或谈判桌。

工作进餐(见图 5.2)一般规模较小，通常在中午举行，主人不用发正式请柬，客人不用提前向主人正式报到，时间、地点可以临时选择，出于卫生方面的考虑，多采取分餐制或公筷制的方式。在用工作餐的时候，还会继续商务上的交谈，但这时候应注意，不要像在会议室一样，进行录像、录音或专人记录。工作餐是主客双方的商务洽谈餐，所以不适合有主题之外的人参加，如果正好遇到熟人，可以打个招呼，或将其与同桌的人互做介绍，但不要自作主张，将朋友留下。

图 5.2　工作进餐

(六)茶会

茶会是一种简便的招待形式。举行的时间一般在下午四时左右(也有上午十时举行的)。茶会通常设在客厅，不用餐厅。厅内设茶几、座椅，不排席位。但是，如专为某贵客举行的活动，入座时，往往有意识地将主宾与主人安排在一起，其他人随意就座。茶会，顾名思义是请客人品茶。因此，对茶叶、茶具的选择应有所讲究，或具有地方特色。一般用陶瓷器皿，不用玻璃杯，也不用热水瓶，而要用茶壶。外国人一般用红茶，略备点心和地方风味小吃。也有不饮茶而用咖啡的，其组织与茶会相同。

举行何等规格的宴请为佳，主要取决于当地的习惯，通常正式宴会规格较高，但人数不宜过多，冷餐会与酒会则形式简便，人数不限，而商界女士的聚会多采用这种茶会的形式。

三、商务宴请的组织

(一)商务宴请的准备

1. 确定宴请对象、范围、规格

宴请的目的一般很明确，如节庆日聚会、贵宾来访、工作交流、结婚祝寿等。宴请的对象和范围应根据不同目的来决定，即请哪些人，请多少人，并列出客人名单。在确定邀请对象时应考虑到客人之间的关系，以免出现不快和尴尬的局面。宴请规格的确定一般应考虑出席者的最高身份、人数、目的、主宾情况等因素。规格过低，会显得失礼、不尊重；规格过高，则会造成浪费。

2. 确定宴请的时间

一般来说，宴请的时间安排应对主宾双方都较为合适为宜，最好事先征求主宾的意见，应尽量为客人方便着想。为避免与工作、生活安排发生冲突，通常应安排在晚上6~8点。在时间的选择上还不宜安排在对方的重大节日、重要活动之际或有禁忌的日子和时间。

邀请外国客人更要了解他们的饮食习惯与禁忌。如法国人下午3~5点是吃下午茶时间，而晚餐多从晚上 8 点开始，因此在预订餐馆及安排宴会的时候要多留心。宴请既不能匆匆忙忙走过场，也不能拖拖拉拉耗时间。一般认为，正式宴会的用餐时间为1.5~2 小时，非正式宴会的用餐时间为 1 小时左右，便餐的用餐时间为半小时左右。

3. 选好场所

宴请的地点，要根据邀请对象的意愿、活动的性质、规模的大小及形式、商谈的内容等因素来确定。环境优雅，接待服务周到，物超所值，交通方便，停车方便等，都是选择场所要首先考虑的条件。商务宴请不是普通吃饭，一是要沟通，二是要办事。因此找个合适的地方请客，是达成良好沟通和办事目的的前提。

4. 订好菜谱

宴会的菜谱，应根据宴会的规格确定，所谓"看客下菜"。总的原则应考虑客人的身份以及宴请的目的，做到丰俭得当。整桌菜谱应有冷有热，荤素搭配，有主有次，主次分明，既突出主菜，如鲍鱼、鱼翅等，以显示菜肴的档次，又配一般菜以调剂客人的口味，如特色小炒、传统地方风味菜等，以显示菜肴的丰富。具体菜肴的确定，还应以适合多数客人的口味为前提，尤其要照顾主宾的饮食习惯。例如，不少外宾并不太喜欢我们的山珍海味，特别是海参；伊斯兰教徒的清真席，不用酒，甚至不用任何带酒精的饮料和猪肉；印度教不吃牛肉，满族人不吃狗肉；等等。所有这些忌讳，在选菜时都应该考虑到。

(二)商务宴请的邀请

邀请的形式有两种，一种口头邀请，另一种是书面邀请。口头邀请就是当面或者通过电话把活动的目的、名义以及邀请的范围、时间、地点等告诉对方，然后等待对方答复，对方同意后再作活动安排。书面邀请往往通过发放正式邀请函的形式通知受邀者。一般情况下，非正式的邀请，通常是以口头形式来表现的。相对而言，它显得要随意一些。正式的邀请，既讲究礼仪，又要设法使被邀请者备忘，故此它多采用书面的形式。

1. 邀请要有诚意

所谓诚意，是一种坚持、耐心和毅力。例如，某客户很难请出来，那就多次邀请，通过自己的诚意感动邀请对象。

2. 提出适当的理由

在宴请行为中，往往理由相同，动机却不一定相同；有时动机相同，理由又不一定相同。提出合适的理由，尽量消除对方对自己动机的疑虑，是能请出客户的重要前提。

3. 邀约的名义

邀约的名义，主要依据主客的身份确定。大型宴请一般以单位名义邀请，也可以个人名义邀请。小型宴请可视具体情况而定，工作餐则多以单位名义邀请。做到主宾双方的身份对等。

4. 邀约的方式

一般情况下，邀约有正式和非正式之分。正式邀约，有请柬邀约、书信邀约、传真邀约等形式，适用于正式商务交往中。非正式邀约则有当面邀约、托人邀约以及电话邀约等，多用于商界人士非正式的接触中。书面邀请也有两种方式，一种是比较普遍的发"请帖"；还有一种就是写"便函"，这种方式目前使用较少。

5. 发出邀请的时间

发出邀请的时间应以被邀请人有充裕时间安排赴宴为宜。除时间紧促外，宴会请柬一般应在二三周前发出，至少应提前一周发出。

(三) 桌次、座次安排的一般原则

在国际惯例中，就餐时排列桌次通常讲究采用圆桌方式，并且各桌的就餐者宜为双数。在正式的宴会厅内安排桌次时，应遵循以下五大原则，即"面门为上""居中为上""以右为上""以远为上""临台为上"。其实，为了避免因客人坐错了座位而产生不快，隆重的大型宴会可以在各餐台座位前预先摆放座位卡，所发请柬上则标明与宴者的台号，或由司仪导入，或持柬按图索骥、对号入座，这样就不会轻易出差错了。

在宴请客人时，安排桌次与座位不可忽视。按习惯，桌次的高低以离主桌位置远近而定。右高左低。桌数较多时，要摆桌次牌。宴会可用圆桌、方桌或长桌，一桌以上的宴会，桌子之间的距离要适中，各个座位之间的距离要相等。团体宴请宾客，宴桌排列一般以最前面的或居中的桌子为主桌。

餐桌的具体摆放还应视宴会厅的地形条件而定。各类宴会餐桌摆放与座位安排都要整齐统一，椅背纵横成行，台布折纹要向着同一个方向，营造出整体美感。

礼宾次序是安排座位的主要依据。我国习惯按客人本身的职务排列，以便谈话。如夫人出席，通常把女方排在一起，即主宾坐在男主人右上方，其夫人坐在女主人右上方，两桌以上的宴会，其他各桌第一主人的位置一般与主人主桌上的位置相同，也可以面对主桌的位置为主位。一般家庭举行宴请，因正房为坐北向南，故方桌北面即向门一面为客人的位置。现在则以迎门一方的左为上，右为下，并为首次两席。两旁仍按左为上，右为下依次安位。主人则背门而坐，如图 5.3 所示。

图 5.3 宴会餐桌座位示意

在具体安排座位时，还应考虑其他因素。例如，双方关系紧张的客人应尽量避免安排在一起，身份大体相同，或同一专业的客人可安排在一起。

四、赴宴的基本礼仪

宾客参加宴会，无论是代表组织，还是以个人身份出席，从入宴到告辞都应注重礼节规范。这既是个人素质与修养的体现，又是对主人的尊重。

(一)应邀

接到正式的宴会请柬，不管能否出席，一般应尽早答复对方，以便对方安排席位。在接受邀请之后，不要随意改动。万一遇到不得已的特殊情况不能出席，尤其是主宾，应尽早向主人解释、道歉，甚至亲自登门表示歉意。应邀出席一项活动之前，要弄清主人活动举办的时间地点，是否请配偶，以及主人对服装的要求等。在参加活动较多时尤应注意，以免走错地方，或者主人未请配偶却双双出席。

(二)修饰打扮

出席宴会前，最好稍作梳洗打扮，至少穿上一套合时令的干净衣服。每个人都容光焕发地赴宴，会使整个宴会更加隆重，也会使主人感到十分高兴。应注意仪表整洁，穿戴大方，忌穿工作服。一般情况下，男士应穿西服系领带，女士应着套装。

(三)掌握出席时间

出席宴会，抵达时间的迟早，逗留时间的长短，在一定程度上反映了对主人是否尊重。应根据活动的性质和当地的习惯掌握好。迟到、早退、逗留时间过短等行为都被视为失礼或者有意冷落。身份高者可略微晚一些到达，一般客人还是应该略提早一些到达，主宾退席后再陆续告辞。在我国出席宴会要正点，或提前两三分钟，或按主人的要求到达。出席酒会，可按请柬上注明的时间到达。确实有事需提前退席，应向主人说明后悄悄离去，也可事先打招呼，届时离席。

(四)抵达

赴宴者应视宴会的类型适当备礼。如参加家庭宴会，可准备酒、鲜花等，也可为对方的孩子带些礼物。抵达宴会地点，先到衣帽间脱下大衣和帽子，然后前往主人迎宾处，主动向主人问好。如是节庆或喜庆活动，应表示祝贺。被介绍给他人时，要用双手捧着名片相赠，以示尊重和仰慕。无论认识与否，都应礼貌问候，见到熟人落落大方地打招呼，见到生人可礼貌地微笑致意。对长辈老人，要主动让座请安；对小孩则应多加关照。万一迟到，在坐下之前，应先向所有客人微笑打招呼，同时说声抱歉。

(五)入座前的交谈

入座前应自由地与其他客人交谈，勿静坐。交谈面可宽一些，不要只找"老相识"，要交新朋友。有的人出席一次宴会，从开始至结束只和一两个人交谈，似乎对其他人全然不感兴趣，这是很不礼貌的。宴会是交际场合，不是专说工作的地方。如果只顾谈工作，主人也会感到不快。

(六)入座

应邀出席宴会，应听从主人安排。在宴会开始之前，应先了解自己的桌位和座位，入座时应注意桌上的座位卡是否写着自己的名字，不要随意乱坐。如邻座是长者或妇女，应主动协助他们先坐下。

通常客人的座位是男女主人安排，客方不要自己决定，也不要过分客气、推让。在服务人员的引导下按照主人安排的座次入席，不能乱坐座位。入座时，要和其他客人礼让，并从椅子左边入座。如与上司同行，必要时，应为上司作介绍。当主人或上司入座后，方能从椅子左方入座。入座后坐姿要端正，不可用手托腮或将双臂肘放在桌上。坐时应把双脚踏在本人座位下，不可随意伸出，影响他人。不可玩弄桌上的酒杯、碗盘、刀叉、筷子等餐具。而应该把双手放在自己的腿上，神态自如，风度优雅地和邻座的上司或客人轻声谈几句，或是神态安详地倾听别人的谈话。

(七)进餐

宴会开始时，一般是主人先致祝酒词。此时应停止谈话，更不可吃东西，注意倾听。致辞完毕，主人招呼后，即可开始进餐。取菜时，不要盛得过多。盘中食物如不够，可再取。如遇招待员分菜，需增添时，待招待员送上时再取。如遇本人不能吃或不爱吃的菜肴，当主人夹菜时，不要拒绝，可取少量放在盘内，并表示"谢谢，够了"。对不合口味的菜，勿显露出难堪的表情。吃东西要文雅。闭嘴咀嚼，喝汤不要发声，吃东西不要发出声音。嘴内的骨头、鱼刺不要直接外吐，要用餐巾掩嘴，用手或筷子取出，放在菜盘内。吃剩的菜，用过的餐具、牙签，都应放在盘内，勿置桌面上。嘴内有食物时，切勿说话。剔牙时，要用手或餐巾遮住口。

进餐时要注意讲话分寸，要谈一些大家感兴趣的事情，不可夸夸其谈，最好不谈工作、政治和健康问题。在与女性谈话时，一般不询问年龄、婚否等问题，更不要议论妇女的胖瘦、身型等，与较陌生的男性谈话时不要直接询问对方的经历、工资收入、家庭财产、衣饰价格等私人生活方面的问题。

(八)敬酒、祝酒

菜上来后，一般主人会起立敬酒，客人应起立回敬。如果自己不善饮酒，可用饮料代替。当主人斟酒时应表示感谢，要留有余地，不能一饮而尽，要慢慢品味。敬酒时必须先与主人碰杯，如果人多，可同时举杯致意。如果向同一个人敬酒，应该等身份比自己高的人敬过之后再敬。碰杯时应该双方都站起来，举杯至眼睛高度，饮完后再对视。在主人、主宾敬酒、致辞时，应立即停止进餐仔细倾听，这是最基本的礼貌。

举杯祝酒(见图 5.4)时，主人和主宾先碰，人多时可以同时举杯示意，不一定碰杯。祝酒时不可交叉碰杯。在主人和主宾碰杯、致辞时停止进餐和交谈。主人和主宾讲话完毕与贵宾席人员碰杯后，往往到其他席敬酒，此时应起立举杯。碰杯时要注视对方，以示敬重友好。宴会上相互敬酒可以营造热烈的气氛，但切忌饮酒过量，一般应控制在本人酒量的

1/3 以内，不可饮酒过量失言失态。如不能喝酒，可以礼貌地声明，但不可以把杯子倒置。

图 5.4 敬酒

(九)告辞致谢

宴会结束一般先由主人向主宾示意，请其做好离席准备，然后从座位上站起，这是请全体起立的信号。一般以女主人的行动为准，女主人先邀请女主宾离席退出宴会厅。告辞时应礼貌地向主人道谢。通常是男宾先向男主人告辞，女宾先向女主人告辞，然后交叉，再与其他人告辞。席间一般不应提前退席。若确实有事需提前退席，应向主人打招呼后轻轻离去。离开前应向主人道谢，如"谢谢您的款待""您真是太好客了""菜肴丰盛极了"，并向其他客人告别，再握手告辞。

进餐完毕，应让第一主人、第一主宾先起身离席，其他人员随后依次离席。离席时，年轻者应主动帮助照顾年长者，让他们先行离席。离席应注意以下几点：如果你已提出退席，应马上从座位上站起，不要口里说走，身子却坐着不动；告知退席并致谢后，不要拉住主人谈个没完，影响主人照顾别的客人；退席的男宾应先与男主人告别，女宾则与女主人告别，然后再向主人家庭的其他成员告别；如果同时退席的人数较多，只需与主人微笑握手言谢就可以了。

第二节 中餐宴会礼仪

5.2.mp4

中式宴请是商务礼仪中宴会礼仪的重要组成部分，中餐向来饮誉世界，以中餐为主体的中华饮食文化，在我国传统文化中占据十分重要的位置。中餐宴会展示了中华民族的传统文化，同时也凸显了浓郁的民族特色，是我国商界比较常用的宴请形式。中式宴会，从宴会开始到宴会结束，形成了一套完整的礼仪规范。

一、中餐宴会的组织

(一)时间、地点的选择

中餐特别是中餐宴会具体时间的安排，根据人们的用餐习惯，依照用餐时间的不同，可分为早餐、午餐、晚餐三种。确定正式宴请的具体时间，主要要遵从民俗惯例。而且主人不仅要从自己的客观实际出发，更要讲究主随客便，要优先考虑被邀请者，特别是主宾的实际情况，不要对这一点不闻不问。如果可能，应该先和主宾协商一下，力求两厢方便。

至少，也要尽可能提供几种时间上的选择，以显示自己的诚意，并要对具体用餐时间进行必要的控制。

另外，在社交聚餐的时候，用餐地点的选择也非常重要。首先，要环境优雅，宴请不仅仅是为了"吃东西"，也要"吃文化"。要是用餐地点档次过低，环境不好，即使菜肴再有特色，也会使宴请效果大打折扣。在可能的前提下，一定要争取选择清静、优雅的地点用餐。其次，是卫生条件良好，在确定社交聚餐的地点时，一定要看卫生状况怎么样。如果用餐地点太脏、太乱，不但卫生问题让人担心，而且还会影响用餐者的食欲。最后，还要充分考虑到聚餐者来去交通是不是方便，有没有公共交通线路通过，有没有停车场，是不是要为聚餐者预备交通工具等一系列具体问题，以及该地点的设施是否完备。

(二)点菜和准备菜单

1. 点菜

点菜时，不仅要吃饱、吃好，而且必须量力而行。如果为了讲排场、装门面，而在点菜时大点、特点，甚至乱点一通，不仅对自己没好处，而且还会招人笑话。一定要心中有数，力求做到不超支，不乱花，不铺张浪费。可以点套餐或包桌，这样费用固定，菜肴的档次和数量相对固定，省事。也可以根据"个人预算"，在用餐时现场临时点菜。这样不但自由度较大，而且可以兼顾个人的财力和口味。

被请者在点菜时，一是告诉主人，自己没有特殊要求，请随便点，这实际上正是对方欢迎的。或是认真点上一个不太贵、又不是大家忌口的菜，再请别人点。别人点的菜，无论如何都不要挑三拣四。一顿标准的中餐大菜，不管什么风味，上菜的次序都相同。通常，首先是冷盘，接下来是热炒，随后是主菜，然后上点心和汤，最后上果盘。如果上咸点心的话，讲究上咸汤；如果上甜点心的话，就要上甜汤。不管是不是吃大菜，了解中餐标准的上菜次序，不仅有助于在点菜时巧作搭配，而且还可以避免因为不懂而出洋相、闹笑话。

2. 菜单的准备

在宴请前，主人需要事先对菜单进行再三斟酌。在准备菜单的时候，主人要着重考虑哪些菜可以选用、哪些菜不能用。优先考虑的菜肴有下述四类。

第一类，有中餐特色的菜肴。宴请外宾的时候，这一条更要重视。像炸春卷、煮元宵、蒸饺子、狮子头、宫保鸡丁等，并不是名菜，但因为具有鲜明的中国特色，所以受到很多外国人的推崇。

第二类，有本地特色的菜肴。比如西安的羊肉泡馍，湖南的毛家红烧肉，上海的红烧狮子头，北京的涮羊肉，在那里宴请外地客人时，上这些特色菜，恐怕要比千篇一律的生猛海鲜更受好评。

第三类，本餐馆的特色菜。很多餐馆都有自己的特色菜。上一份本餐馆的特色菜，能说明主人的细心和对被请者的尊重。

第四类，主人的拿手菜。举办家宴时，主人一定要当众露上一手，多做几个自己的拿手菜。其实，所谓的拿手菜不一定十全十美。只要主人亲自动手，单凭这一条，就足以让对方感受到你的尊重和友好。

3. 饮食禁忌

在安排菜单时，还必须考虑来宾的饮食禁忌，特别是要对主宾的饮食禁忌高度重视。这些饮食方面的禁忌主要有下述四条。

(1) 宗教的饮食禁忌，一点也不能疏忽大意。例如，穆斯林不吃猪肉，并且不喝酒。国内的佛教徒不吃荤腥食品，它指的不仅是不吃肉食，还包括葱、蒜、韭菜、芥末等气味刺鼻的食物。

(2) 出于健康的原因，对于某些食品，也有所禁忌。比如，心脏病、脑血管、动脉硬化、高血压和中风后遗症的人，不适合吃狗肉；肝炎病人忌吃羊肉和甲鱼，胃肠炎、胃溃疡等消化系统疾病的人也不适合吃甲鱼；高血压、高胆固醇患者，要少喝鸡汤等。

(3) 不同地区，人们的饮食偏好往往不同。对于这一点，在安排菜单时要兼顾。比如，湖南省的人普遍喜欢吃辛辣食物，少吃甜食。欧美国家的人通常不吃动物内脏、动物的头部和脚爪等。

(4) 有些职业，出于某种原因，在餐饮方面往往也有各自不同的特殊禁忌。例如，国家公务员在执行公务时不准吃请，在公务宴请时不准大吃大喝，不准超过国家规定的标准用餐，不准喝烈性酒。再如，驾驶员工作期间不能喝酒。要是忽略了这一点，还有可能使对方犯错误。

(三)上菜的顺序

由于中国的地方菜系很多，又有多种宴会种类，如著名的燕菜席、燕翅席、鱼翅席、鱼唇席、海参席、全羊席、全鸭席、全鳞席、全素席、满汉全席等。可见，地方菜系不同，宴会席面不同，其菜肴设计安排也就不同。在上菜程序上，也不会完全相同。例如，全鸭席的主菜北京烤鸭，就不作为头菜上，而是作为最后一道大菜上，人们称其为"千呼万唤始出来"。而谭家菜燕翅席，因为席上根本无炒菜，所以在主菜之后上的是烧、扒、蒸、烩一类的菜。又如上点心的时间，各地习惯也有不同，有的是在宴会进行中上，有的是在宴会将结束时上；有的甜、咸点心一起上，有的则分别上。这都是根据宴席的类型、特点和需要，因人因事因时而定。基本原则是既不可千篇一律，又要按照中餐宴会相对稳定的上菜程序进行。

中餐宴会上菜掌握的原则是先冷盘，后热炒、大菜、汤，中间穿插面点，最后是水果。第一道菜上冷盘，在开席前几分钟端上为宜。来宾入座开席后，走菜服务员即通知厨房准备出菜。当来宾吃去 2/3 左右的冷盘时，就上第一道菜，把菜放在主宾前面，将没吃完的冷盘移向副主人一边。以下几道炒菜用同样方法依次端上，但需注意前一道菜还未动筷时，要通知厨房不要炒下一道菜。如果来宾进餐速度快，就须通知厨房快出菜，防止出现空盘空台的现象。炒菜上完后，上第一道大菜(一般是鱼翅、海参、燕窝等)前，应换下用过的餐盘。第一道大菜上过后，视情况或上一道点心，或上第二道大菜。在上完最后一道大菜和即将上汤时，应低声告诉主人菜已上完，提醒客人适时结束宴会。

从总体上说，不同地区上菜的参考顺序为：①冷盘→热菜→炒菜→大菜→汤菜→炒饭→面点→水果(北方)；②冷盘→海鲜→荤菜→小菜→汤菜→面点→水果(衡阳)；③汤菜→冷盘→海鲜→荤菜→小菜→面点→水果(广东)。

二、中餐餐具的礼仪

中餐的餐具主要有杯、盘、碗、碟、筷、匙几种。在正式的宴会上，水杯放在菜盘左上方，酒杯放在右上方。筷子与汤匙可放在专用的桌子上或放在纸套中。公用的筷子和汤匙最好放在专用的桌子上。酱油、醋和辣油等佐料应一桌数份，并要备好牙签和烟灰缸。

(一)筷子

中国是筷子的发源地，以筷作为进餐工具已有4000年历史，是世界上以筷为进食工具的母国。关于筷子的名称，古时中国各个时代叫法不同：先秦的时候叫"挟"，秦汉时期又叫"箸"，隋唐的时候称"筋"，直到宋代的时候，才有"筷"的称呼。中国的筷子是十分讲究的，远在商代就有用象牙制成的筷子。做筷子的材料也不同，考究的有金筷、银筷、象牙筷，一般的有骨筷和竹筷，现在有塑料筷。

一般人们在使用筷子时，正确的使用方法讲究用右手执筷，大拇指和食指捏住筷子的上端，另外三个手指自然弯曲扶住筷子，并且筷子的两端一定要对齐。在使用过程当中，用餐前筷子一定要整齐摆放在饭碗的右侧，用餐后则一定要整齐地竖向摆放在饭碗的正中。拿筷子的七大标准如图5.5所示。

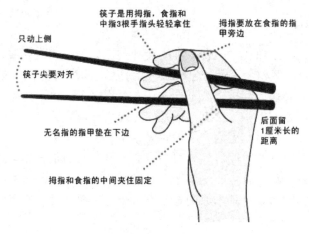

图5.5　拿筷子的七大标准要领

在长期的生活实践中，人们对使用筷子也形成了一些礼仪上的忌讳：一忌敲筷。即在等待就餐时，不能坐在餐桌边，一手拿一根筷子随意敲打，或用筷子敲打碗盏或茶杯。二忌掷筷。在餐前发放筷子时，要把筷子一双双理顺，然后轻轻地放在每个人的餐桌前；距离较远时，可以请人递过去，不能随手掷在桌上。三忌叉筷。筷子不能一横一竖交叉摆放，不能一根是大头，一根是小头。筷子要摆放在碗的旁边，不能搁在碗上。四忌插筷。在用餐中途因故需暂时离开时，要把筷子轻轻搁在桌子上或餐碟边，不能插在饭碗里。五忌挥筷。在夹菜时，不能把筷子在菜盘里挥来挥去，上下乱翻，遇到别人也来夹菜时，要有意避让，谨防"筷子打架"。六忌舞筷。在说话时，不要把筷子当作刀具，在餐桌上乱舞；也不要在请别人用菜时，把筷子戳到别人面前，这样做是失礼的。

(二)调羹

中餐里调羹的主要作用是舀取菜肴和食物。有时，在用筷子取食的时候，也可以使用调羹来辅助取食，但是尽量不要单独使用调羹去取菜。同时在用调羹取食物时，不要舀取过满，以免溢出弄脏餐桌或衣服。在舀取食物后，可在原处暂停片刻，等汤汁不会再往下流再移过来享用。

手持调羹的方式为右手持调羹，食指在上正好按住柄部上端的凹槽，拇指和中指在下支撑。这样比较美观文明，也比较稳重。当然，也有人将拇指横向按在柄部的上端，而食指和中指在下支撑，这样就有些显得粗鲁、不拘小节。

用餐间，暂时不用调羹时，应把调羹放在自己身前的碟子上，不要把调羹直接放在餐桌上，或让调羹在食物中"立正"。用调羹取完食物后，要立即食用或是把食物放在自己碟子里，不要再把食物倒回原处。若是取用的食物太烫，则不可用调羹舀来舀去，也不要用嘴对着调羹吹，应把食物先放到自己碗里等凉了再吃。还要注意不要把调羹塞到嘴里，或是反复舔食吮吸。

常见的不恰当用调羹方式：①喝汤时发出啧啧的瘪嘴声或呼噜噜的喝汤响声。②将自己经口用过的或舔过的调羹重新回锅盛汤。③用比较大或比较急的口风，吹凉调羹中的汤。④没有轻拿轻放，致使调羹碰到碗、盘而发出声响。⑤调羹吃食就口的程度，要以不离碗、盘正面为限，切不可使汤滴在碗、盘的外面。⑥舀汤盛饭的时候勺子外翻。一些地方有风俗，勺子使用时的方向要向着屋子里面。⑦拿着勺子走动或招待客人，这是对客人不礼貌、不诚意的表现。⑧每次用过后，勺子上沾着的汤汁或酱水，若不注意清洁，则会溅人一身，此时不应再次使用勺子。

(三)盘子

盘子在中餐中主要用来盛放食物，盘子在餐桌上一般要保持原位，如图5.6所示，而且不要堆放在一起。需要着重介绍的是一种用途比较特殊的被称为食碟的盘子。食碟的主要作用是，暂放从公用的菜盘里取来享用的菜肴。用食碟时，如果一次取放过多的菜肴，看起来就会繁乱不堪。不要把多种菜肴堆放在一起，弄不好它们会相互串味，不好看，也不好吃。不吃的残渣、骨、刺不要吐在地上、桌上，而应轻轻取放在食碟前端，放的时候不能直接从嘴里吐在食碟上，要用筷子夹放到碟子旁边。如果食碟放满了，可以让服务员换。

图5.6　盘子摆放礼仪

(四)其他餐具

杯子主要用来盛放清水、汽水、果汁、可乐等软饮料，不要用它来盛酒，也不要倒扣水杯。另外，喝进嘴里的东西不能再吐回水杯。品酒的杯子最好是无色透明的，以便能看出酒的真正颜色。形状最好是郁金香型，杯口比杯身小，可凝聚酒香；杯子必须有高脚，有高脚不仅方便摇动，也可避免手将酒温提高。

中餐用餐前比较讲究的话，会为每位用餐者上一块湿毛巾。它只能用来擦手。擦手后，应该放回盘子里，由服务员拿走。有时，在正式宴会结束前，会再上一块湿毛巾。和前者不同的是，它只能用来擦嘴，不要当场用于擦手、胳膊、脖子等。如果餐巾较大，不要使劲抖动。

牙签也是中餐餐桌上的必备之物。它有两个作用，一是用于扎取食物；二是用于剔牙。但是用餐时尽量不要当众剔牙。非剔不行时，用另一只手掩住口部，剔出来的东西，不要当众观赏或再次入口，也不要随手乱弹，随口乱吐。剔牙后，不要长时间叼着牙签，更不要用来扎取食物。

三、中餐宴会的酒水礼仪

若无特殊规定，正式的中餐宴会通常要上白酒与葡萄酒这两种酒。因为饮食习惯方面的原因，中餐宴请时上桌的葡萄酒多半是红葡萄酒，而且一般都是甜红葡萄酒。先用红葡萄酒，是因为红色充满喜气，而选用甜红葡萄酒，则是因为不少人对口感不甜、微酸的干红葡萄酒不太认同。通常在用餐者面前餐桌桌面的正前方，排列着大小不等的三只杯子，自左而右，它们依次是白酒杯、葡萄酒杯、水杯。具体来讲，在搭配菜肴方面，中餐所选的酒水讲究不多。爱喝什么酒就可以喝什么酒，想什么时候喝酒也可完全自便。正规的中餐宴会一般不上啤酒。

(一)喝酒前的准备工作

酒能伤肝，这是人人皆知的，为了尽量减少酒精对胃和肝脏的伤害，减少脂肪肝的发生，酒前的准备工作很重要，这是保证在酒桌上千杯不醉的关键因素。在去赴宴之前，在家先吃点东西，让胃里有点东西垫底。一般吃点高蛋白的食物比较好，例如吃两个鸡蛋，喝点牛奶、豆浆等，因为这些高蛋白的食品在胃中可以和酒精结合，发生反应，减少对酒精的吸收。另外，吃点饼干、糕点等也可以，让胃里有点东西，因为空腹喝酒，酒精在胃内很容易被吸收，从而容易醉酒。注意，切忌用咸鱼、香肠、腊肉下酒，因为此类熏腊食品含有大量色素与亚硝胺，与酒精发生反应，不仅伤肝，而且会损害口腔与食道黏膜，甚至会诱发癌症。

(二)斟酒

通常，酒水应当在饮用前再斟入酒杯，如图5.7所示。有时，男主人为了表示对来宾的敬重、友好之情，还会亲自为其斟酒。在侍者斟酒时，勿忘道谢，但不必拿起酒杯。可是在男主人亲自来斟酒时，则必须端起酒杯致谢，必要时，还须起身站立，或欠身点头为礼。有时，也可向其回敬以"叩指礼"。即以右手拇指、食指、中指捏在一起，指尖向下，轻叩几下桌面。这种方法适用于中餐宴会，它表示的是在向对方致敬。

图 5.7　斟酒礼仪

主人为来宾所斟的酒，应是本次宴会上最好的酒，并应当场启封。斟酒时要注意三点，其一，要面面俱到，一视同仁，切勿有挑有拣，只为个别人斟酒。其二，要注意顺序。可以依顺时针方向，从自己所坐之处开始，也可以先为尊长、嘉宾斟酒。其三，斟酒需要适量。白酒与啤酒均可以斟满，而其他洋酒则无此讲究，要是斟得过满乱流，显然未必合适，而且也是浪费。除主人与侍者外，其他宾客一般不宜自行为他人斟酒。

(三)敬酒

敬酒，又称祝酒。它具体所指的是在正式宴会上，由男主人向来宾提议，为了某种事由而饮酒。在敬酒时，通常要讲一些祝愿、祝福之言。在正式的宴会上，主人与主宾还会郑重其事地发表一篇专门的祝酒词。因此，敬酒往往是酒宴必不可少的一道程序。

敬酒，可以随时在饮酒的过程中进行。频频举杯祝酒，会使现场氛围热烈而欢快。一般情况下，敬酒应以年龄大小、职位高低、宾主身份为先后顺序，一定要充分考虑好敬酒的顺序，分明主次。即使和不熟悉的人在一起喝酒，也要先打听一下对方身份或是留意别人对他的称呼，以避免尴尬或伤感情。自己有求于席上的某位客人，对他自然要倍加恭敬。但如果在场有更高身份或年长的人，也要先给尊长者敬酒。即使分不清职位、身份高低不明确，也要按统一的顺序敬酒，比如从自己身边按顺时针方向开始敬酒，或是从左到右、从右到左敬酒等。

敬酒时，应上身挺直，双腿站稳，以双手举起酒杯，待对方饮酒时，再跟着饮。敬酒的态度要热情而大方。对方敬酒的时候，要手举酒杯到双眼高度，在对方说了祝酒词或"干杯"之后，再喝。喝完后，还要手拿酒杯和对方对视一下，这一过程才结束。在规模盛大的宴会上，主人将依次到各桌上敬酒，而每一桌可派一位代表到主人的餐桌回敬一杯。在他人敬酒或致辞时，其他在场者应一律停止用餐或饮酒。应坐在自己座位上，面向对方认真地洗耳恭听。对对方的所作所为，不要小声讥讽，或公开表示反感对方的啰唆。

(四)干杯

干杯，指的通常是在饮酒时，特别是在祝酒、敬酒时，以某种方式，劝说他人饮酒，或是建议对方与自己同时饮酒。在干杯时，往往要喝干杯中之酒，故称干杯。有的时候，干杯者相互之间还要碰一下酒杯，所以它又被叫作碰杯。

干杯，需要有人率先提议。提议干杯者，可以是致祝酒词的主人、主宾，也可以是其他任何在场饮酒之人。提议干杯时，应起身站立，右手端起酒杯，或者用右手拿起酒杯后，再以左手托扶其杯底，面含笑意，目视他人，尤其是自己祝福的对象，口颂祝颂之词。如祝对方身体健康、生活幸福、节日快乐、工作顺利、事业成功以及双方合作成功，等等。在主人或他人提议干杯后，应当手持酒杯起身站立。即便滴酒不沾，也要拿起水杯干杯。

在干杯时，应手举酒杯，至双眼高度，口道"干杯"之后，将酒一饮而尽，或饮去一半，或适当的量。然后，还须手持酒杯与提议干杯者对视一下，这一过程方告结束。

中餐的习惯是主人亲自向自己敬酒干杯后，应当回敬主人，与他再干一杯。回敬时，应右手持杯，左手托底，与对方一同将酒饮下。有时，在干杯时，可稍微象征性地与对方碰一下酒杯。碰杯时，不要用力过猛，非听到响声不可。出于敬重之意，可使自己的酒杯的杯口较为低于对方的杯口。与对方相距较远时，可以"过桥"之法作为变通，即以手中酒杯之底轻碰桌面。这样做，也等于与对方碰杯了。不过，这一方式只是中式的。在西餐宴会上，人们是只祝酒不劝酒，只敬酒而不真正碰杯的。使用玻璃酒杯时，尤其不能彼此碰杯。在西式宴会上，越过身边之人，而与相距较远者祝酒干杯，尤其是交叉干杯，也不允许。

(五)适度饮酒

不管是在哪一种场合饮酒都要适度。在饮酒之前，应根据既往经验，对自己的酒量心口有数。在正式的酒宴上，特别要主动将饮酒限制在自己平日酒量的一半以下，免得醉酒误事。

假如因为生活习惯或健康等原因而不能饮酒，可以下列合乎礼仪的方法之一，拒绝他人的劝酒。方法之一，申明不能饮酒的客观原因。方法之二，主动以其他软饮料代酒。方法之三，委托亲友、部下或晚辈代为饮酒。方法之四，执意不饮杯中之酒。不要在他人为自己斟酒时又躲又藏，乱推酒瓶，敲击杯口，倒扣酒杯，偷偷倒掉。把自己的酒倒入别人杯中，尤其是把自己喝了一点的酒倒入别人杯中，也是不对的。

作为敬酒人，要充分体谅对方，在对方请人代酒或用饮料代替时，不要非让对方喝酒不可，也不该好奇地"打破砂锅问到底"。祝酒干杯，需要两相情愿，千万不要强行劝酒。

第三节 西餐宴会礼仪

5.3.mp4

"西餐"，泛指欧美地区菜肴。西餐礼仪是西方国家的基本用餐礼仪，随着我国和西方国家的交往越来越密切，西餐礼仪的地位也越来越重要。在商务活动中，为适合国外客人的饮食习惯，有时要用西餐来招待客人。西餐厅一般比较宽敞，环境幽雅，吃西餐又便于交谈，因此，在商务宴请中，西餐是一种比较受欢迎又方便可取的招待形式。西餐源远流长，又十分注重礼仪，讲究规矩，所以学习西餐礼仪是十分必要的。

一、西餐宴会的点菜上菜礼仪

西餐在菜单的安排上与中餐有很大不同。以举办宴会为例，中餐宴会除近10种冷菜外，还要有热菜 6～8 种，再加上点心甜食和水果，显得十分丰富。而西餐虽然看着有 6～7 道菜，似乎很烦琐，但每道一般只有一种。

(一)头盘

西餐的第一道菜称头盘，也称为开胃品。开胃品的内容一般有冷头盘和热头盘之分，常见的品种有鱼子酱、鹅肝酱、熏鲑鱼、鸡尾杯、奶油鸡酥盒、焗蜗牛等。因为是开胃菜，所以一般都具有特色风味，味道以咸和酸为主，而且数量较少，质量较高。

(二)汤

与中餐极大不同的是，西餐的第二道菜就是汤。西餐的汤大致可分为清汤、奶油汤、蔬菜汤和冷汤四类。品种有牛尾清汤、各式奶油汤、海鲜汤、美式蛤蜊周打汤、意式蔬菜汤、俄式罗宋汤、法式局葱头汤。冷汤的品种较少，有德式冷汤、俄式冷汤等。

(三)副菜

鱼类菜肴一般作为西餐的第三道菜，也称为副菜。品种包括各种淡、海水鱼类、贝类及软体动物类。通常水产类菜肴与蛋类、面包类、酥盒菜肴均称为副菜。因为鱼类等菜肴肉质鲜嫩，比较容易消化，所以放在肉类菜肴的前面，叫法上也和肉类菜肴主菜有区别。西餐吃鱼类菜肴讲究使用专用的调味汁，品种有鞑靼汁、荷兰汁、酒店汁、白奶油汁、大主教汁、美国汁和水手鱼汁等。

(四)主菜

肉、禽类菜肴是西餐的第四道菜，也称为主菜。肉类菜肴的原料取自牛、羊、猪、小牛仔等各个部位的肉,其中最有代表性的是牛肉或牛排。牛排按其部位又可分为沙朗牛排(也称西冷牛排)、菲利牛排、"T"骨形牛排、薄牛排等。其烹调方法常用烤、煎、铁扒等。肉类菜肴配用的调味汁主要有西班牙汁、浓烧汁、蘑菇汁、白尼斯汁等。禽类菜肴的原料取自鸡、鸭、鹅，通常将兔肉和鹿肉等野味也归入禽类菜肴。禽类菜肴品种最多的是鸡，有山鸡、火鸡、竹鸡，这些鸡肉可煮、可炸、可烤、可焖，主要的调味汁有黄肉汁、咖喱汁、奶油汁等。

(五)蔬菜类菜肴

蔬菜类菜肴一般安排在肉类菜肴之后，有时也与肉类菜肴同时上桌，所以可以算为一道菜，或称之为一种配菜。蔬菜类菜肴在西餐中称为沙拉。与主菜同时上桌的沙拉，称为生蔬菜沙拉，一般用生菜、西红柿、黄瓜、芦笋等制作。沙拉的主要调味汁有醋油汁、法国汁、千岛汁、奶酪沙拉汁等。沙拉除了蔬菜之外，还有一类是用鱼、肉、蛋类制作的，这类沙拉一般不加味汁，在进餐顺序上可以作为头盘食用。还有一些蔬菜是熟食的，如花椰菜、煮菠菜、炸土豆条。熟食的蔬菜通常是与主菜的肉食类菜肴一同摆放在餐盘中上桌，称之为配菜。

(六)甜品

西餐的甜品是主菜后食用的，可以算作第六道菜。从真正意义上来讲，它包括所有主菜后的食物，如布丁、煎饼、冰淇淋、奶酪、水果等。

(七)咖啡、茶

西餐的收场戏是最后上饮料、咖啡或茶。饮咖啡一般要加糖和淡奶油。茶一般要加香桃片和糖。

正式的全套餐点没有必要全部都点，点太多却吃不完反而失礼。稍有水准的餐厅都不欢迎只点前菜的人。前菜、主菜(鱼或肉择其一)加甜点是最恰当的组合。点菜并不是由前菜开始点，而是先选一样最想吃的主菜，再配上适合主菜的汤。

二、西餐餐具的礼仪

广义的西餐餐具包括刀、叉、匙、盘、杯、餐巾等。其中盘又有菜盘、布丁盘、奶盘、白脱盘等；酒杯更有讲究，正式宴会几乎每上一种酒，都要换上专用的玻璃酒杯。

狭义的餐具则专指刀、叉、匙三大件。刀分为食用刀、鱼刀、肉刀(刀口有锯齿，用以切牛排、猪排等)、黄油刀和水果刀。叉分为食用叉、鱼叉、肉叉和虾叉。匙则有汤匙、甜食匙、茶匙。

(一)西餐餐具的摆放礼仪

吃西餐，必须注意餐桌上餐具的排列和置放位置，不可随意乱取乱拿。西餐餐具使用如图5.8和图5.9所示。正规宴会上，每一道食物、菜肴即配一套相应的餐具(刀、叉、匙)，并以上菜的先后顺序由外向内排列。进餐时，应先取左右两侧最外边的一套刀叉。每吃完一道菜，将刀叉合拢并排置于碟中，表示此道菜已用完，服务员便会主动上前撤去这套餐具。如尚未用完或暂时停用，应将刀叉呈八字形左右分架或交叉摆在餐碟上，刀刃向内。

叉子(forks)放在主菜盘(main plate)左侧，刀子(knives)、汤匙(spoons)摆在右侧。

刀叉和汤匙依使用的先后顺序排列。最先用的放在离主菜盘最远的外侧，后用的放在离主菜盘最近的内侧。假如主人决定先上主菜再上沙拉，就要把主菜叉子放在沙拉叉子的外侧。

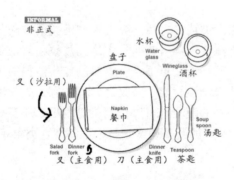

图5.8 非正式西餐餐具示意图

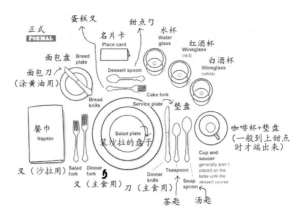

图 5.9　正式西餐餐具示意图

美国人通常把主菜和沙拉一起送上桌，而不像法国人那样，主菜吃完后才上沙拉。

餐具的种类和数量，因餐会的正式(formal)程度而定。餐会越正式，刀叉盘碟摆得越多。

(二)主要餐具的使用礼仪

1. 刀叉的使用

吃西餐时应右手拿刀，左手拿叉。使用刀叉时，左手用叉用力固定食物，同时移动右手的刀切割食物。用餐时，有三种不同规格的刀同时出现，一般正确的用法是带小锯齿的那一把刀用来切肉制食品；中等大小的刀用来将大片的蔬菜切成小片；而那种小巧的，刀尖是圆头的、顶部有些上翘的小刀，则用来切开小面包，然后用它挑果酱、奶油涂在面包上。

使用刀叉时要注意正确的姿势和适当的角度。面对西餐时端正坐好，将肩膀与手腕放松，两臂贴着身体，手肘不可过高或过低，刀与餐盘的角度保持在 15°左右。两侧手肘过高会使刀叉角度过大，而呈直立形状；相反地，如果手肘过低将使刀叉呈倒下形状，没有办法好好地将食物切开。另外注意，将刀子拉回时不可用力，而是在往前压下时用力，这样才能利落地将食物切开。刀与叉也不可以过分倾斜，叉子可依食物的特性，自由地变换拿法以方便用餐。当叉起食物时，叉子的背面必须向上，不过，如果是舀起食物使用时，叉子应面向上方。

用餐中若暂时离开，要把刀叉呈八字形摆放，尽量将柄放入餐盘内，刀口向内；用餐结束或不想吃了，应刀口向内、叉齿向上，刀右叉左地并排纵放，或者刀上叉下地并排横放在餐盘里，如图 5.10 所示。刀是用来切食物的，不要直接用刀叉起食物送入口中，也不要用刀叉同时将食物送入口中；刀上沾上酱料不可舔食；用餐刀切割食物时不要在餐盘上划出声音。不慎将刀叉落地，可请服务员代捡，并取一份新的餐具来替换，客人钻到桌下捡拾餐具属于失礼的行为。

2. 餐匙的使用

餐匙也叫调羹。品尝西餐时，餐匙是一种不可或缺的餐具，必须懂得使用它所要遵守的礼仪。餐匙只在喝咖啡、茶和汤以及吃甜食时才用，除非情况特殊，否则吃沙拉和主菜时不用餐匙。

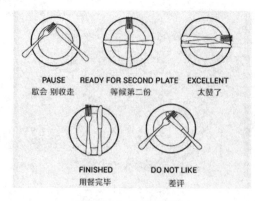

图 5.10　休息时摆法

1) 餐匙的区别

在西餐的正餐里，一般至少会上两把餐匙(汤匙和甜品匙)，它们形状不同、用途不一，摆放也有各自的既定位置。两种餐匙各有各的用途，不可相互替代。

汤匙是个头较大的餐匙，通常被摆放在用餐者右侧的最外端，与餐刀并列纵放。餐匙的头部几乎都呈椭圆形，唯一例外的是汤匙，其头部呈标准的圆形。

甜品匙是一把个头较小的餐匙，在一般情况下，它应当被横向摆放在吃甜品所用刀叉的正上方，并与其并列。

2) 餐匙使用的注意事项

餐匙除可以饮汤、吃甜品之外，绝对不可直接舀取其他任何主食或菜肴；已经开始使用的餐匙，不可再放回原处，也不可将其插入菜肴、主食，或是令其"直立"于甜品、汤盘或红茶杯之内；使用餐匙时，要尽量保持其周身的洁净，不要把它搞得"色彩缤纷""浑身挂彩"，沾满各种食物残渣；用餐匙取食时，动作应干净利索，切勿在甜品、汤或红茶之中扒来搅去；用餐匙取食时不要过量，而且一旦入口就要一次用完。一餐匙的东西，反复品尝好几次是不合礼仪的。餐匙入口时，应以其前端入口，而不是将它整个塞进嘴里。

3. 餐巾的使用

点完菜后，在前菜送来前的这段时间应把餐巾打开，往内折 1/3，让 2/3 平铺在腿上，盖住膝盖以上的双腿部分。最好不要把餐巾塞入领口。将餐巾平铺于大腿上，可以防止进餐时掉落下来的菜肴、汤汁弄脏自己的衣服。在用餐期间与人交谈之前，应先用餐巾轻轻地揩一下嘴；女士进餐前，可用餐巾轻抹口部，除去唇膏。在进餐时若需剔牙，应拿起餐巾挡住口部。餐巾摆放的位置不同，寓意不同。当主人铺开餐巾时，就表示用餐开始，当主人把餐巾放在桌子上时，表示用餐结束。中途暂时离开，应将餐巾放在本人座椅面上。

三、西餐宴会的酒水礼仪

在正式的西餐宴会上，酒水是主角，它不仅最贵，而且它与菜肴的搭配也十分讲究。一般来讲，吃西餐时，每道不同的菜肴要配不同的酒水，吃一道菜便要换上一种新的酒水。

(一)西餐宴会酒水的分类

西餐宴会所上的酒水，一共可以分为餐前酒、佐餐酒、餐后酒三种。它们各自又拥有许多具体种类。

餐前酒，别名开胃酒。顾名思义，它是在开始正式用餐前饮用，或在吃开胃菜时与之搭配的。在一般情况下，人们喜欢在餐前饮用的酒水有鸡尾酒、味美思和香槟酒。

佐餐酒，又叫餐酒。毫无疑问，它是在正式用餐期间饮用的酒水。西餐里的佐餐酒均为葡萄酒，而且大多数是干葡萄酒或半干葡萄酒。在正餐或宴会上选择佐餐酒，有一条重要的原则，即"白酒配白肉，红酒配红肉"。这里所说的白肉，即鱼肉、海鲜、鸡肉，吃它们时，须以白葡萄酒搭配。这里所说的红肉，即牛肉、羊肉、猪肉，吃这类肉时，则应配以红葡萄酒。鉴于西餐菜肴里的白肉多为鱼肉，故这一说法有时又被改头换面地表述为："吃鱼喝白酒，吃肉喝红酒"。其实二者的本意相同，此处所说的白酒、红酒都是葡萄酒。

餐后酒，指的是在用餐之后，用来帮助消化的酒水。最常见的餐后酒是利口酒，它又叫香甜酒。最有名的餐后酒，则是有"洋酒之王"美称的白兰地酒。

(二)饮酒的礼仪

在一般情况下，饮不同的酒水，要用不同的专用酒杯。在每一位用餐者面前桌面上右边餐刀的上方，大都会横排放置三四只酒水杯。取用它时，可依次由外侧向内侧取用，亦可"紧跟"女主人的选择。在它们之中，香槟杯、红葡萄酒杯、白葡萄酒杯以及水杯，往往必不可少。

酒类服务通常是由服务员负责将少量酒水倒入酒杯中，让客人鉴别一下品质是否有误，只需把它当成一种形式，喝一小口并回答"GOOD"即可。接着，侍者会来倒酒，这时不要动手去拿酒杯，而应把酒杯放在桌上由侍者去倒。正确的握杯姿势是用手指握杯脚。为避免手的温度使酒温增高，应用大拇指、中指和食指握住杯脚，小指放在杯子的底台固定。

喝酒时绝对不能吸着喝而应倾斜酒杯，将酒倒在舌头上喝。轻轻摇动酒杯让酒与空气接触以增加酒味的醇香，但不要猛烈摇晃杯子。此外，一饮而尽、边喝边透过酒杯看人、拿着酒杯边说话边喝酒、吃东西时喝酒、口红印在酒杯沿上等，都是失礼的行为。不要用手指擦杯沿上的口红印，用面巾纸擦较好。

(三)饮用葡萄酒的礼仪

随着生活水平的提高，人们不断追求时尚、品位、健康的现代生活，西方的葡萄酒文化已经逐步走入现代商务活动中。葡萄酒往往是和浪漫、优雅联系在一起的，而要体现出葡萄酒的这种气质的话，就不能像喝啤酒一样喝红酒，有关葡萄酒饮用礼仪最早形成于西方，如今已逐渐为国际社会所通用。喝葡萄酒是一种享受，也是一种商务礼仪，倒多少酒，怎么持杯，怎么品尝，都有着一系列严谨的规矩和复杂的讲究。

葡萄酒及酒杯的选择。酒杯通常选用的是无色玻璃高脚杯，这有利于鉴定酒色，还可以避免手温传给酒，影响酒液的温度。酒杯的容量最好不少于 20ml，因为杯子大一点，盛的酒就多一点，酒在杯中也就有足够的空间凝聚芳香。酒杯应该上窄下阔，这有利于凝聚酒香。

倒酒。千万别把酒杯倒满，最多把酒倒至杯的 1/3 处即可，因为只有留有足够的空间，在摇晃酒杯时才不至于使酒溢在外面。

检验。如在餐厅用酒，侍者开瓶后会向主人的杯中倒入一点点酒，在得到主人允许后才会换瓶或向其他人倒酒。试这口酒的目的是检验酒是否存在质量问题。

斟酒。斟酒的顺序，是从主人右面的第一位开始，然后按逆时针方向斟给第二位，第三位……最后斟给主人。酒斟完后，除了红葡萄酒外，白葡萄酒、桃红葡萄酒、香槟酒及汽酒均应放回冰桶内，保持冰冻，然后一并放在主人的右手处。

举杯。品尝葡萄酒正确的姿势应该是手指捏着杯身下的杯脚或用拇指和食指捏着杯底。这一方面可以防止将人体温度传导给葡萄酒，另一方面也可以避免手指印留在杯身，影响对酒的观赏。

打转。葡萄酒入杯后不要即刻饮下，入口前应该晃动酒杯。晃杯的目的是释放酒的香气，同时也是给酒留有更充足的氧化时间，使酒有柔和的过程。这也是酒不能倒太多的原因之一。晃杯使酒液自下而上，并顺着杯转动的方向打转。好的晃杯动作使杯中之酒形成较大的凹面，从而加速香气的释放和氧化；同时又有优美的螺旋状运动轨迹。晃杯时，千万不可将酒晃到外面。

第四节　实　践　演　练

5.4.mp4

实践项目一：中餐宴请礼仪

一、参与人物

公司组织方：A 公司销售总监、总监秘书、责任销售经理、公司前台
受邀方：B 公司的四位客户

二、宴请地点

TZ 市希尔顿酒店三楼贵宾厅

三、模拟场景

A 公司要接待 B 公司的四位重要客户来公司考察。在考察结束后，A 公司拟安排举行晚宴招待这批重要客户。宴请是临时安排的，尚未向客户发出邀请，宴请的具体事宜也未完全布置妥当。各小组请设计出具体详尽的宴请方案，并将方案内容与公司其他参与宴会的人员进行必要的交流，使其各自按照身份在以下的环节中发挥作用，保证宴请获得预期的效果。B 公司作为受邀方，同样也要注意相应的赴宴礼仪。

1. 公司组织方

(1) 怎样对客户进行邀请。

(2) 如何安排宴会的规格、时间、地点。

(3) 如何安排餐单。

(4) 如何着装。

(5) 如何在就餐过程中遵循宴请礼仪。

(6) 如何送客。

2. 嘉宾方

(1) 怎样答复邀请。

(2) 如何着装。

(3) 怎样就餐。

(4) 怎样告别。

通过实践演练项目，结合具体商务宴请的场景，要求学生在熟悉商务宴请礼仪理论知识的基础上，根据中餐宴会礼仪和西餐宴会礼仪的基本规范和要求，分小组自行设计具体商务宴请过程，并通过角色扮演的方式在课堂上进行演练，要求能够体现出中餐和西餐宴请礼仪的差别。

实践项目二：西餐宴请礼仪

一、参与人物

公司组织方：中方 A 公司 4 位谈判代表
受邀方：美国 B 公司的 5 位谈判代表

二、宴请地点

位于美国的某西餐厅

三、模拟场景

A 公司是一家大型跨国企业，为拓展美国市场，欲与美国 B 公司开展合作。A 公司在与 B 公司正式合作之前，需要到 B 公司所在地进行考察。在考察过程中，B 公司作为东道主，邀请 A 公司的 4 位谈判代表参加晚宴，晚宴地点是一家位于西雅图市的西式餐厅。作为中方谈判代表，必须遵守西餐的宴会礼仪。请根据本章知识，模拟本次宴请的全过程。

本 章 小 结

在商务交往中，宴请是最常见的交际活动之一。商务人士可以在轻松和谐的宴请中，交流思想，增进了解，联络感情，甚至达成交易。宴请活动形式多样，礼仪繁杂，掌握其规范将有利于促进商务活动的顺利开展。

本章首先介绍了宴请的作用与原则，其次分析了组织宴会的礼仪，其中包括宴请的准备，确定宴请的目的、范围和形式，确定宴请的时间和地点等，最后介绍了出席宴会的礼仪。

中餐礼仪部分主要介绍了中餐宴会邀宴、组织礼仪、座次礼仪、就餐礼仪和酒水礼仪。西餐礼仪部分首先介绍了不同国家的人有着不同的饮食习惯，然后分析了西餐座次礼仪、西餐餐具礼仪，其中西餐的餐具较多，包括刀、叉、匙与餐巾等，这是西餐的一大特色。

练习与思考

一、单选题

1. 由于国情、地域、民族、文化背景的不同，在商务宴请中，存在着"十里不同风，百里不同俗"的情形，因此商务宴请需要遵循(　　)原则。
   A. 认清主客　　　　B. 尊敬他人　　　　C. 自律自重　　　　D. 入乡随俗

2. 鸡尾酒会属于常见商务宴请形式中的(　　)。
   A. 便宴　　　　　　B. 家宴　　　　　　C. 招待会　　　　　D. 茶会

3. 在西餐礼仪中，下列做法不正确的是(　　)。
   A. 打嗝、打呵欠有时无法控制，能够压抑最好，若不能则向在座者说对不起
   B. 若不确定用餐礼节需学习他人时，不要一味地盯着他人看，只要偶尔看两眼即可
   C. 主餐盘应放在面前正中央，然后左刀右叉，刀叉成对出现，唯独汤匙单独放在右手边
   D. 西餐斟酒时由服务员或主人负责，斟酒时客人不必端起杯子，待他们服务完，道谢即可

4. 在用西餐时，免不了会有喝汤这一环节。当你喝汤时，发现汤太烫，那么你应该(　　)。
   A. 干脆不喝　　　　　　　　　　B. 用勺子由内向外轻轻搅动使之冷却
   C. 适当用嘴吹几下　　　　　　　D. 将汤碗捧起来轻轻地吹几下

5. 在西餐礼仪中，用餐一半若需暂时离席，下列做法中不正确的是(　　)。
   A. 应将餐巾布脏污面朝内，折叠好放在餐桌上或是搭在椅背或把手上
   B. 应向宴请人致谢
   C. 若用餐途中暂停后还要继续吃，则刀叉应左叉右刀摆放在盘子两边
   D. 若是女士，男士则应主动为女士拉椅子

6. 关于西餐餐具的使用，下面做法错误的是(　　)。
   A. 一般情况下，左手持叉，右手持刀
   B. 就餐过程中，需同人交谈，刀叉应在盘子上放成八字
   C. 进餐一半，中途离席，餐巾应放在座椅的椅面上
   D. 取用刀叉或汤勺时，应从内侧向外侧取用

7. 在西餐礼仪中，一般的上菜顺序为(　　)。
   ①开胃菜　②汤　③色拉　④主菜　⑤甜点　⑥咖啡或茶
   A. ①④③②⑤⑥　　　　　　　　B. ①②③④⑤⑥
   C. ①②④③⑤⑥　　　　　　　　D. ①②④③⑤⑥

8. 西餐正餐时，席位前最多应有(　　)副刀叉。
   A. 1　　　　　　　B. 2　　　　　　　C. 3　　　　　　　D. 4

二、多选题

1. 在宴请礼仪中，按规格分，宴会的种类有(　　)。
   A. 国宴　　　　　B. 正式宴　　　　C. 便宴　　　　D. 家宴
2. 商务宴请中的4M原则指的是(　　)。
   A. 精美的菜单　　B. 迷人的气氛　　C. 动人的音乐　　D. 优雅的礼节
3. 下列关于中餐礼仪中做法正确的有(　　)。
   A. 用双手举杯敬酒，眼睛应注视对方，喝完后再举杯表示谢意
   B. 照顾他人时，要使用公共筷子和汤匙
   C. 暂时不吃菜的时候，可以把筷子架在杯子上
   D. 尊重对方的饮酒习惯和意愿，不以各种理由逼迫对方喝酒
4. 西餐宴会上女主人的行为表述正确的有(　　)。
   A. 女主人把餐巾放在桌子上表示宴会结束
   B. 在西餐宴会上女主人是第一次序
   C. 女主人拿起刀叉其他人才可以吃
   D. 女主人就座其他人才能就座，女主人打开餐巾表示宴会开始
5. 进餐礼仪中，下列说法正确的是(　　)。
   A. 餐巾是用来擦手、擦脸、擦碟碗的
   B. 喝酒只有一口喝干，才能表示诚意
   C. 为别人夹菜应使用公筷，不要用自己的筷子夹
   D. 不要含着食物说话

三、判断题(正确的在括号内打"√"，错误的打"×")

1. 口中有食物时，别人问话，可以慢慢地回答。　　　　　　　　　　　　(　　)
2. 西餐礼仪，午餐时餐巾应打对折，晚餐时才可完全打开铺在大腿上。　(　　)
3. 喝咖啡时应用左手拿杯把，右手端杯底，直接用嘴喝，不要用小勺一勺一勺地舀着喝。　　　　　　　　　　　　　　　　　　　　　　　　　　　　　　　(　　)
4. 西餐礼仪，在排座位时，通常是男女间隔而坐，用意是男士可以随时为身边的女士服务。　　　　　　　　　　　　　　　　　　　　　　　　　　　　　　(　　)
5. 吃西餐时，把刀和叉向右并排叠放在一起，这表示已经就餐完毕。　(　　)
6. 在星级饭店里发现桌上餐具不干净，要立即自行擦拭，以免影响进餐。(　　)
7. 餐巾主要用于防止弄脏衣服，兼做擦嘴及手上的油渍，可摊开后放在大腿上，也可挂在领口。　　　　　　　　　　　　　　　　　　　　　　　　　　　　(　　)
8. 在餐桌上，不准吸烟、为别人夹菜、劝酒、整理服饰，但可以让菜、助酒。(　　)
9. 在西餐宴会上，餐前服务员应把就餐中所用的刀、叉全部摆齐。　　(　　)
10. 宴会上，若食物太烫，可以轻轻用嘴吹凉。　　　　　　　　　　　　(　　)

四、简述题

1. 出席商务宴请要注意哪些事项？

2.　简述中餐宴会的席位安排礼仪。

3.　简述西餐餐具的摆放礼仪。

【案例分析一】

在一次宴会上，一位教授和他的夫人以及他的学生们在一起吃饭。其中一位学生是美国人，他宴请了教授和其他同学。美国的学生坐在教授的对面，而其他学生则随便坐。在吃饭的过程中，大家都在谈论关于中国与美国局势的话题。

请指出宴会上正确和失礼之处。

(资料来源：https://www.docin.com/p-1469881620.html.)

【案例分析二】

她为什么受到冷遇？

张女士是位商务工作者，由于业务需要，随团到中东地区某国考察。抵达后，受到东道主的热情宴会招待。席间，为表示敬意，主人向每位客人一一递上一杯当地特产饮料。轮到张女士接饮料时，一向习惯于"左撇子"的张女士不假思索，便伸出左手去接，主人见此情景脸色骤变，不但没有将饮料递到张女士的手中，而且非常生气地将饮料重重地放在餐桌上，并且不再理睬张女士。

(资料来源：https://www.docin.com/p-2368823903.html.)

思考讨论题：

1. 本案例中是什么原因导致张女士受到冷遇？

2. 本案例中张女士应该怎么接饮料？

第六章　商务会议礼仪

【学习目的与要求】

- 了解商务会议的类型、座位格局、排座礼仪。
- 了解一般会议组织的原则、不同专题会议的区别。
- 熟悉新闻发布会、展览会、洽谈会、茶话会的基本礼仪。
- 掌握一般商务会议准备礼仪、茶水礼仪、会场布置礼仪。

【关键概念】

商务会议；会议准备；会议组织；专题会议

【案例导入】

　　孔令宛是某学院汽车营销专业的毕业生。毕业后应聘到一家汽车销售公司任办公室主管。不久，公司领导决定召开庆祝公司 15 周年暨年度表彰大会，具体工作交由孔令宛全权负责。接到任务后，孔令宛既兴奋又紧张，兴奋的是领导将这么重要的工作交给他来做，说明领导对他的肯定和器重；紧张的是从来没有做过筹办正式大型会议方面的工作，怎么样做好还真没有把握。如果你是孔令宛的好朋友，你对孔令宛有什么好的建议呢？

（资料来源：https://wenku.baidu.com/view/4fc82be60722192e4436f6a4.html，有改编.)

第一节　一般会议礼仪

　　会议接待、服务工作是商务活动中的一项重要工作。会议是管理人员组织商讨处理重要事务的活动，会议的参与者要在会议上商讨重大事宜，做出重大决定，往往一次会议长达数小时，参会人员要高度集中精神，所以做好相关的组织安排工作显得尤为重要。

6.1.mp4

一、商务会议概述

　　会议是为了解决某个或多个问题，聚集在一起进行讨论、沟通和交流，以便做出决策的群体活动。大致可分为政务会议、商务会议、学术会议等几大类。会议一般要有明确的主题、既定的程序、特定的参与者等，以区别于沙龙、集会、俱乐部等形式的群体活动。

(一)商务会议的种类

商务会议依其举办的目的不同，通常有多种形式，其中最主要的会议大致有下述几类。

- 董事会、监事会。依法讨论、决策公司的重要事宜。
- 股东大会。依法维护股东权益，决策公司重大事项。
- 内部工作例会。如办公例会、资源调度会议、部门日常工作例会等。

- 项目洽谈会。洽商投资及合作事宜。
- 招商及商品或项目推介会。对外介绍、宣传、展示，吸引投资者及合作客户。
- 市场座谈、调查研讨会。征询客户意愿，了解市场反应和动态。
- 新闻发布会。新品上市、重大事项对外宣传、应对市场传言或避免事态扩张等。

(二)商务会议组织应遵循的原则

商务组织不同于行政机关。"文山会海"是大家所厌恶的低效能现象，应当尽量避免。因此，为避免浪费与会者的时间和精力，会议组织者应遵循如下所述基本原则。

没有明确议题的会坚决不开，避免以会议名义高谈阔论；议题太多的会尽量不开，因参与者不一，必然造成时间和精力的部分浪费；没有做好充分准备的会不开，以免忙中出错或议而不决；可开可不开的会坚决不开，以免养成管理机关不干实事，只知道开会的不良习惯；重复性的会议坚决不开，以免流于形式，起负面作用；能以其他方式替代的会议尽量不开，替代的方式，如公告、文件张贴、通信表决等。

总之，商务会议应力求紧凑、简短、注重实效。切实避免虚而不实、形式主义、高谈阔论、议而不决、争论不休的"马拉松"式会议。

(三)商务会议座位的格局

商务会议的座位格局可分为上下相对式、全围式、半围式、分散式和并列式五种类型。

上下相对式。突出主席台的地位，会场正中主席台和其他与会者采取上下面对面的方式，会场庄重而严肃，适合于人数较多的报告会、总结表彰会、代表大会、股东大会、经验交流会、新闻发布会等。

全围式。俗称全桌会议。不设主席台，会议主持者与其他参会者围坐在一起，体现平等和相互尊重的原则，容易营造融洽亲切的气氛。会议主持者也便于观察与会者的表情，容易掌控会议进程。全围式比较适合于小型董事监事行政办公座谈会、项目洽谈会等。

半围式。主席台的正面和两侧安排与会者代表座席，形成方形的半围形状，既突出了主席台的地位，又增加紧密型的融洽气氛，比较适用于中小型工作会、项目推介会、股东会等。

分散式。将会议座位分成若干个会议桌，与会者根据一定的规划安排就座，可以设主桌也可以不设主桌，会场形成多个谈话、交流中心，形式自由、轻松、和谐，比较适合于茶话会、联谊会、市场调研会、团拜会、商品展示或推介会等。

并列式。座位成双列纵向横向并列排列，主谈者或职位高者坐正中，比较适合于小型洽谈、汇报会、听证会等，如图6.1所示。

图 6.1 并列式座位

(四)会场排座礼仪

会场排座，既是重要程度和职位高低的体现，也是出于便于磋商、讨论、分发资料、维持会场秩序的需要。因此，会议规模较大、参加人数众多、与会者职务不同时，通常要将会场划分成若干座区，再按一定规则排列座位次序。一般有如下几种排座方式。

(1) 按与会者的资格排座。如分成特邀代表、正式代表、列席代表、旁听席等。一般来说，特邀嘉宾属"重量级"的与会者，要么安排在主席台，要么安排在前排最显眼的座位，以示对他们的尊重和欢迎。正式代表一般安排在靠前或居中的座位，列席代表安排在后面或两侧。旁听席、记者席也多安排在后面或两侧。

(2) 按团组先后次序排座。比如，国际会议一般按与会国家英文名称的首字母顺序排列，第一个字母相同的，再按第二个字母顺序确定，以此类推。国内会议可以按单位、地区、行业等规则排座，可以横向排列，也可以纵向排列。

(3) 同一座区内再按一定规则排定次序，可以按职位高低排、按姓氏笔画多少排或按其他规则排。

不管按什么规则排座，只要排座，会场就应该设置座位标示牌，以便与会者依次就座。会场门口还应设置指示牌，指明座区的方向和方位。

主席台的座次排定是排座礼仪中最为重要的一环。其基本规则是前排高于后排、中央高于两侧、右侧高于左侧(以面向观众为准)。故一般是身份最高者居前、居中，其他人按身份高低一左一右、先右后左的顺序排列。

主席台上每排座位之间要空适当距离，以方便入席和离席，一般前排每个座位上都应放置话筒，以方便领导人讲话和插话。主席台的座位应设置名卡(也叫名签)。会议主持人的座席和发言者的座席可以酌情处理，可安排在主席台，也可不安排在主席台。主席台如果设置专门的讲台，应注意一般设置在主席台的右侧，如果设置在主席台的中央，其位置应略低于主席台，以免挡住主席台领导人的视线。

二、商务会议准备礼仪

会议准备工作，是保证会议顺利召开并圆满结束的前提和基础。会议要想获得预期效果，首先取决于准备工作做得如何。对会前准备工作的要求是"丝丝入扣，万无一失"。这就要求精心做好会前准备工作。

(一)基础性准备工作

1. 确定会议内容

会前要认真研究确定会议的内容，不开无目的、无意义的会议。有些地方，开会好像形成一种惯例，凡会必成文，凡文必开会。会议内容单调而且重复，费时费力，劳而无功，并不能真正解决什么问题。现代生活的快节奏，使人们始终生活在紧张忙碌之中，召开无意义的会议会浪费与会者的时间，是对他们不尊重的行为。因此，会前应先确定内容，对可开可不开的会议，则坚决不开。

2. 选择会议地址

会址要本着适中、方便、舒适、经济的原则来确立。会场的大小，要根据会议内容和参加者的多少而定。会场大而参加人员少，会给人一种空荡荡的感觉；会场小而参加者多，又会给人以局促之感。会场布置要和会议内容相称。在大型会议的会场门口，应张贴"欢迎"之类的标语；如果会场不易寻找，应在会场附近安设路标加以引导。

3. 确定与会代表

在会议召开之前，必须确定参加会议的人员名单或者人员范围。确定的原则应该是一切从有利于工作出发，严格控制与会人员范围，做到该邀请的邀请，该控制的控制，坚决杜绝与会议无关的人员参加。邀请与会议无关的人员参加，不仅是对其他代表的不恭，还是对他本人的不敬，同时也会冲淡会议气氛。

4. 寄发会议通知

会议通知的内容要全，会议"五要素"即会议名称、会议内容、会议范围、会议时间、会议地址都要一一列出，缺一不可。发通知要做到"早、细、规范"。所谓"早"，即发通知要有适当的提前时间，以便于参加者有所准备；"细"是指通知的内容要具体、详细，便于代表赴会；"规范"，即通知格式要规范，要做到庄重严肃，行文规则。也可以用电话通知。对距离远的会议参加者，有关住宿和差旅费报销等问题都应一并写明。

(二)相关物品准备

1. 会议资料准备

如果会议属于业务汇报或者产品介绍，那么有关的资料和样品是必不可少的。比如在介绍一种新产品时，单凭口头泛泛而谈是不能给人留下深刻印象的，如果给大家展示一个具体的样品，结合样品一一介绍它的特点和优点，那么给大家留下的印象就会深刻得多。

在具备条件的前提下，将参会人员的资料按每人次准备好，注意区分参会人员的角色(如分成会议主持、参会领导、参会普通人员)，资料按照人员角色分别准备。会议资料较多时，需要按照会议议程将会议资料按次序排放，最好装订成册，编好页码，方便参会人员阅读。

当参会各人员因角色不同需要不同的资料时，应当按照人员或单位将资料以文件袋装好标注资料归属人员或单位，方便参会人员领取。若需要给参会人员发放纪念品或礼品等，应当与会议资料一同准备好，置于资料文件袋中一并发放给参会人员。

2. 辅助器材的准备

1) 桌椅、席卡、茶水

桌椅是最基本的设备，可以根据会议的需要摆成圆桌型或报告型，如果参加会议的人数较多，一般应采用报告型，不需要准备座位牌，如果参加会议的人比较少，一般采用圆桌型，并且要制作座位牌，即席卡，以方便与会人员就座。

会议上的茶水饮料最好用矿泉水，因为每个人的口味不一样，有的人喜欢喝茶，有的人喜欢喝饮料，还有的人喜欢喝咖啡，所以如果没有特殊的要求，矿泉水是最能让每个人都接受的选择。

2) 签到簿、名册、会议议程

签到簿的作用是帮助会议组织者了解到会人员的多少，分别是谁，一方面使会议组织者能够查明是否有人缺席，另一方面能够使会议组织者根据签到簿安排下一步的工作，比如就餐、住宿等。印刷名册可以方便会议的主席和与会人员尽快地掌握各位参加会议人员的相关资料，加深了解，彼此熟悉。

3) 黑板、白板、笔

在有的场合，与会人员需要在黑板或者白板上写字或画图，从而说明问题，虽然视听设备发展得很快，但是传统的表达方式依然受到很多人的喜爱，而且在黑板或白板上表述具有即兴、方便的特点。此外，粉笔、万能笔、板擦等配套的工具也必不可少。

4) 各种视听器材

现代科技的发展催生了投影仪、幻灯机、录像机、镭射指示笔或指示棒等视听设备的问世，给人们提供了极大的方便。在召开会议前，必须先检查各种设备是否能正常使用，如果要用幻灯机，则需要提前做好幻灯片。录音机和摄像机能够把会议的过程和内容完整记录下来，有时需要立即把会议的结论或建议打印出来，这时就需要准备一台小型的影印机或打印机。

三、会场布置礼仪

会场的布置应考虑会议的性质及与会人数的多少。例如在提供信息的会议里，倘若人数众多，则以不设桌子的戏院式安排或是设桌子的教室式安排较为理想。在解决问题的会议上，假如人数不多，则应让每一位与会者均环绕桌子而坐，这样可方便每个人跟其他人进行多项沟通。再如在培训会议上，如人数不多，则可令与会者坐在马蹄型的桌子的外圈，这样不但便于与会者与主席之间沟通，而且也便于与会者之间交流。但若人数众多，则最好是将与会者分成若干小组，每一小组各聚在同一桌子周围。这种安排的好处在于方便分组讨论及综合讨论。

(一)大型会议

大型会议，一般是指与会者众多、规模较大的会议，要设主席台与群众席。前者必须认真排座，后者的座次则可排可不排。

大型会场的主席台，一般应面对会场主入口。在主席台上就座之人，通常应当与在观众席上就座之人呈面对面之势。

商务会议与国际会议，主席台之位次排列方法是前排高于后排，中央高于两侧，右侧高于左侧(我国政务会议崇尚以左为上)。即职位最高者(或声望高的来宾)就座于主席台的前排中央，其余人员按先右后左、一左一右的顺序排列。当主席台就座的人数为偶数时，前两位职位高者应共同居中就座。

主持人之位，可在前排正中。发言席的标准位置有两种，一是设于主席台的正前方，二是设于主席台的右前方，如图6.2所示。

图6.2 大型会议

(二)小型会议

小型会议，一般指参会者较少、规模不大的会议。它的主要特征是不设立专用的主席台，一般情况下，小型会议排座有三种方式。

一是等级式。即会议的主席坐在离会议厅门口最远的桌子末端。主席台两边是参加会议的客人和拜访者的座位，或是高级管理人员的座位。

二是谈判式。即宾主双方的代表，各坐在会议桌的两边，通常客人面门而坐，主人背门而坐，会议桌的两端空置。

三是自由式。即不排定固定的具体位置，全体与会者完全自由地选择座位就座。

(三)会场气氛的营造

会场气氛直接影响与会者的情绪，这关系到会议的效果。营造良好的会场气氛是秘书人员创造力和想象力的重要体现。

1. 会标

将会议的全称以醒目的标语形式悬挂于主席台前上方，即为会标。会标能体现会议的庄严性，激发与会者的积极参与性。

2. 会徽

即能体现或象征会议精神的图案标志，一般悬挂于会场前上方中央位置。会徽可以是组织已定徽标，如党徽、国徽、团徽、警徽等，也可以向社会公开征集，如北京2008奥运会会徽"中国印"。

3. 其他

灯光，要注意灯光的亮度，一般主席台上的灯光要比台下代表席的灯光亮；色调，要注意不同色调会给与会者不同的感官刺激，如红、粉、黄、橙亮丽明快，使人感觉热烈辉煌，适合庆典类会议；蓝、绿、紫庄重典雅，使人感觉严肃端正，适合一般工作会议。旗帜，重要的会议宜在会场内外插一些旗帜以烘托气氛。标语，简洁明快的标语口号能振奋与会者精神，强化会议主题。花卉，适当的花卉能给人以清新活泼之感，既能点缀会议氛围，又能减轻与会者长时间开会产生的疲劳感。

【阅读材料】圆桌会议

所谓"圆桌会议"，是指一种平等、对话的协商会议形式，是一种与会者围圆桌而坐的会议。在国际会议的实践中，主席台和各国代表席位不分上下尊卑，可避免其他排座方式出现一些代表席位居前、居中，另一些代表席位居后、居侧的矛盾，更好地体现了各国平等原则和协商精神。据说，这种会议形式来源于英国亚瑟王的传说。公元5世纪，英国国王亚瑟在与他的骑士们共商国是时，大家围坐在一张圆形的桌子周围，骑士和君主之间不排位次，圆桌会议由此得名。至今，在英国的温切斯特还保留着一张这样的圆桌。关于亚瑟和圆桌骑士的传说虽然有着各种各样的版本，但圆桌会议的精神则延续下来，第一次世界大战之后，这种形式被国际会议广泛采用。

直到今天圆桌会议已成为平等交流、意见开放的代名词，也是国家之间以及国家内部一种重要的协商和讨论形式。

(资料来源：https://baike.baidu.com/item/%E5%9C%86%E6%A1%8C%E4%BC%9A%E8%AE%AE/718039?fr=aladdin.)

(四)其他会务礼仪

组织一次专门的大型会议，其难度丝毫不亚于组织一次盛大的庆典仪式。会议的主题、会议的规模、会议的议程、会议接待、会议资料准备等都需要按一定的程序和规则处理，大都需要经过专门的筹备和领导审批等环节确定。其重要步骤大致如下。

(1) 召开筹备会议或预备会议，以决定会议的规模、时间、议程及相关筹备事项的分工等。

(2) 拟发会议通知。明确告知与会者会议的主题、会期、出席对象、开会时间、报到地点、与会要求等事项。会议通知一般应提前下发，以便与会者进行相应的准备和安排。

(3) 起草会议文件。一般包括会议议程、开幕词、闭幕词、主题报告、大会决议、典型材料、表决事项文件、会议纪要等。

(4) 会务准备。一般包括会场布置、会议用品准备、会场排座、外部公关等，如新闻报道、嘉宾邀请、会务接待、公务安全和交通、食宿安排和纪念品发放等。

(5) 会务接待。包括接站、接机和迎送人员安排，会务现场引导，贵宾陪同人员安排，会务现场签到及服务人员安排等，必须周到细致。

(6) 会议资料发放及大会发言安排。大会秘书处或筹备组必须事先确定入场次序和现场控制好时间进程。

(7) 做好现场记录。现场记录包括录音、录像和整理现场记录等。如果有现场表决事项，还需记录出席人数，讨论事项、表决结果及相关意见和建议等，应力求完整、准确、清晰、扼要。

(8) 修改和通过会议纪要、与会者合影留念等。

(9) 协助与会者返程。提供订票、送行等返程服务。

(10) 会后信息反馈服务。如寄发会议文件、编写会议简报、会议决议事项处理结果及相关情况通报等。

大型常规性会议基本上包括上述全部内容，小型会议可能只包括其中部分内容。由此可见，大型会务组织是一项工作量非常大的工作，其中的许多细节非常复杂。其礼仪要求主要体现在排位和接待上，这与仪式礼仪、接待礼仪等其他商务活动大同小异，在此不再赘述。

【案例阅读】会务接待"一视同仁"引起客人不满

某公司在举办一次大型会务活动时，有两位重要的与会者莫名其妙地提早离开了。当会务组发现后，迅速与其取得了联系，那两位先生都说自己有急事处理，然后就匆匆挂了电话。公司接待人员十分纳闷，因为昨天他们刚到时，还表示要多待几天，为什么突然提前离开，且不辞而别呢？工作人员开始一个环节一个环节地排查，终于发现了问题所在。原来是新来的接待人员没有经验，直接将两位老总安排到了 C 类普通房间，这让两位先生很不舒服，感觉自己没有受到重视，所以就索性提前离开了……

在会务组织的接待与服务工作中，周到、细致是十分重要的。迎接、食宿安排、送别等每一个环节都要尽量周到、细致，既要平等地以礼相待，又不能机械地"一视同仁"。很多时候需要区别不同情况，灵活处理与安排。

(资料来源：https://wenku.baidu.com/view/2390af5d0408763231126edb6f1aff00bed570eb.html.)

四、会务组织中的迎宾礼仪

熟悉岗位职责。接待工作分为若干小的环节，应注意每一环节都要责任落实到人。每一个参与迎送工作的工作人员都必修熟悉职责，精通业务。在接受迎送任务时，应仔细了解情况，对来宾职务、接待规格、到达日期等关键信息应熟悉掌握。

安排食宿要细心。迎接人员应根据来宾的民族、居住区域等信息尽量安排适宜的住宿地点。尤其对于来宾的饮食禁忌要特别留意和礼貌问询，对其居住地内部环境也应尽量完善，比如物品是否齐备等，同时应注意周边的交通环境是否便利、配套设施是否完备等。

区别情况，做好迎接工作。一般应根据来宾身份和本单位的情况制定接待规格。一般例行性来宾，安排好会面的时间、地点、相关事宜即可；首次会晤的宾客或应邀来访的宾客，应安排专人迎接，如到机场等地迎接，还应举牌迎接；如果是级别较高的来宾，迎接人员要陪同本单位的高层领导一同前往迎接。

酌情安排宾客休息。当客人抵达后，应尽快安排宾客休息。如果是附近来客，可安排在本单位的接待室稍事休息；如是远道而来的客人，要先安排其住宿。接待人员在离开时应留下印有自己联系方式的名片，以备来宾联系。对职位较高的来宾，当日或次日，一般还应安排与来宾身份相当的领导前往来宾下榻处看望。

及时接受来宾询问。会议主办方应及时掌握来宾的要求、目的，及时为宾客提供各种服务，甚至帮助宾客制定参观路线和游览日程等。故应随时准备接受客人的咨询，且应注意对来宾信息的保密。

送别宾客时应注意安排好交通工具。知道宾客的离程时间后，要预订好车票，安排送行人员和车辆等，做到善始善终。

五、与会者的礼仪

与会者礼仪包括会议主持者礼仪、会议发言人礼仪和一般与会者礼仪这三个方面。

会议主持人通常是会议的核心成员或重要角色，不仅应仪表端庄、仪态得体、语言规范、精神饱满，而且要善于调控会议气氛和掌控会议进程。避免会议出现"跑题"或议而不决、效率低下等问题。

会议发言应围绕会议主题，切忌临场发挥、漫无边际、东扯西扯，或是只顾低头念稿、语言平淡、精神低落等。发言要尽量言简意赅，切忌马拉松式地只顾自己滔滔不绝，不给别人发言的机会。大会发言完毕要注意向听众致谢，切忌念完就走人，显得不懂礼貌。

一般与会人员应注意如下几点基本礼仪：着装规范、整洁，仪表庄重，仪态得体。按时到会，不迟到、不早退，严格遵守会场纪律。这主要包括依次入场、按要求就座、保持安静、不随意走动、不吃零食、不交头接耳、不使用手机和计算机等；专心听讲，认真记录，并适时用眼神、点头、掌声回应发言人的讲话；自始至终保持精神饱满，切忌打瞌睡、讨论时沉默不语、态度消极等；发言时注意语言文明，切忌废话连篇或发言超时。

第二节　专题会议礼仪

一、新闻发布会礼仪

新闻发布会又称记者招待会，是某一组织为了宣布某项重要消息，把有关新闻机构的记者召集在一起，主动进行信息发布的一种特殊形式的会议。在商务活动中，它常常用来传播新产品、新技术、新成果或某协议达成的信息，以扩大影响；也可以用来解析或反驳对本单位不利的社会舆论，树立良好的组织形象。要使新闻发布会收到较好的效果，必须注意以下几个方面的礼仪。

(一)做好会前准备

做好会前准备可保障会议顺利进行，最大限度地减少意外发生。新闻发布会的准备工作主要包括以下几项。

1. 确定主题

新闻发布会的主题确定是否得当，直接关系到预期目标能否实现。一般来讲，新闻发布会的主题有两种类型，即说明性主题和解析性主题。说明性主题发布会一般起宣传作用，如企业推出新产品、企业的经营状况得到改善等，用于树立企业形象；而解析性主题发布会一般是针对本单位发生了具有一定社会影响的事件后，对发生的事件进行解析。主动召开解析性主题的发布会是组织向社会表明自己负责任的态度的一种有效方式，有利于消除组织出现的危机。发布会的主题一定要有新闻价值，否则不能引起媒体的兴趣。

2. 确定举行时间

新闻发布会要选择恰当的时机并严格控制会议的时间。确定发布会举行时间要注意以下三个问题。

(1) 要及时。重大的信息时效性极强，拖延时间对于商务组织来说可能就意味着失去意义或商机，如新产品上市、新技术发明；产品获得重大荣誉；某项重大的合资合作投资决策等。解析性的发布会也要及时，以显示诚意和办事的果断。

(2) 注意避开重大节日和重大活动，要避免与新闻界宣传报道的重点撞车或重叠。

(3) 尽量使发布会的时间控制在两小时之内。应对发布或者解析的信息内容作精练的概括与有效的精简，使参会者不致因时间太长而失去兴趣。

3. 确定发布会举行的地点

新闻发布会的举行地点，可以考虑本单位所在地或事件发生地较有名气的宾馆或会议厅等。如果希望造成全国性的影响，则可在首都或者大城市的酒店、会议厅举行。

4. 确定邀请范围

新闻发布会主要是面向新闻记者发布消息，所以记者是主宾。邀请哪些记者参加，应根据发布会的性质而定。如果是为了扩大影响和知名度，可以广邀记者；而解析性发布会的邀请面可小些；如事件或消息只涉及某一城市，一般邀请当地的新闻记者参加即可。

5. 确定主持人和发言人

新闻发布会的来宾都是记者和其他新闻界人士，由于职业的要求和习惯，他们会提出一些尖锐深刻甚至很棘手的问题，这就对新闻发布会的主持人和发言人提出了很高的要求。他们必须思维敏捷、口齿伶俐、沉着冷静，有较强的口头表达能力，对发布主题涉及的问题全面掌握。发言人一般由企业高层领导担任，因为企业领导能清楚地掌握企业的整体方针及政策计划等，回答问题有权威性。主持人一般由公关部长、办公室主任或秘书长担任，主持人的言谈要流畅、风趣而不失庄重，有时还要有幽默感，要能根据会场内的活动控制会议进程。

6. 准备资料

新闻发布会是发言人与记者的交流。发言人是以演讲的形式发布消息，而记者的提问是事先无法掌握的，会议的发言人必须熟悉与会议主题相关的许多资料，这样才能在会议上对答如流。一般新闻发布会的资料包括发言人的发言稿；供记者参考的报告提纲；相关数据的统计资料以及能说明问题的图片、实物、模型、录像、光碟等。

7. 布置会场

新闻发布会的场地需要考虑记者工作的方便性，要有较好的灯光或音响设备，要能保障录像，会场的桌椅能满足需要。主席台上方悬挂会标，发言席上摆放鲜花，场地要保证新闻记者的拍摄效果。

8. 其他准备工作

除了做好以上准备工作外，新闻发布会开始前还应做好其他相关准备工作，如服务人员的安排和训练，设备的调试，饮料和礼品的准备，工作人员标志的制作，还可以准备一些笔、纸、电池等用品供记者应急之用。

(二)新闻发布会的程序

新闻发布会的时间一般应控制在两小时左右，因此程序比较紧凑，主要程序如下所述。

(1) 签到。新闻发布会的入口处要设立签到处，安排专人提供签到、分发材料、引入会场等服务。

(2) 会议开始。主持人宣布会议开始，并将召开新闻发布会的目的、将要发布的信息或说明的事项做简要介绍。

(3) 新闻发言。发言人做主要发言。发言时要突出重点，具体而恰到好处，语言要生动、自然，吐字要清晰，切忌冗长啰唆。

(4) 回答记者提问。发言人在回答记者提问时要有条理、用词准确，对于不愿回答的问题要婉转幽默地向记者解释。遇到不友好的提问时应保持冷静，礼貌地阐明自己的看法，不能激动发怒，以免产生负面影响。

(5) 会议结束。宣布新闻发布会结束后，主办人员要向参加者表示感谢。可以根据需要组织记者参观，给记者提供一个实地采访的机会，增强会议主题的宣传效果。有条件的话，在会议结束后，可邀请记者参加午餐或晚餐。在就餐中可以对在招待会上一些没有解决的问题继续探讨，使企业和新闻界的关系更加融洽。

(三)新闻发布会中与会者的礼仪

1. 主持人及发言人的礼仪

主持人和发言人的仪容仪表将会是电台、报纸上的特写镜头，而且主持人和发言人的仪容仪表、言谈举止、礼貌修养直接关系到公众对消息的可信度和对企业立场态度的认同度。因此，主持人和发言人尤其要注意自身的礼仪规范。

主持人和发言人必须按正式场合的要求着装。一般男士穿西服、深色皮鞋，内穿白衬衣、系领带；女士穿套裙、肉色长筒丝袜、高跟皮鞋。服装要干净、挺括，质地上乘，皮鞋应光亮。女士应化淡妆，头发应整洁。

主持人和发言人必须始终镇定自若、面带微笑，在演讲或回答问题时体态要自然大方，不能出现抓头、抖动、咬唇等小动作，也不能手舞足蹈、东张西望。总之，主持人和发言人在做到尊重记者的同时，也要维护自己的形象和企业的尊严。

2. 来宾礼仪

新闻发布会上的来宾均是记者。记者在着装上可体现职业的随意性，除正式服装外，还可穿夹克衫、T恤，女性也可着裤装；但不能穿汗衫、短裤、拖鞋，给人留下不文明、不尊重举办者的印象。

提问时应有礼貌，提出的问题要与会议主题相关，不能打听个人隐私，不能对主持人或发言人进行人身攻击，也不能打断主持人或发言人的讲话。

3. 工作人员礼仪

新闻发布会上，其他工作人员的着装一般是制服，迎宾小姐可按礼仪小姐的要求着装。工作人员在会议中要恪尽职守、举止得体、语言文明、热情周到；工作人员之间不允许闲谈。如有来宾向工作人员打听消息应礼貌回答，不可乱讲。

(四)新闻发布会善后事宜

新闻发布会之后，主办单位需在一定时间内对以下问题进行认真的评估。

1. 了解新闻界的反响

发布会结束之后，应对照现场使用的来宾签到簿与来宾邀请名单，核查新闻人士的到会情况，并据此推断新闻界对本单位的重视程度。

2. 整理保存会议资料

认真整理保存新闻发布会的有关资料，大致可以分为两类：一类是会议本身的图文资料及声像资料，包括会议进行过程中所使用的一切文件、图表、录音、录像等；另一类则是新闻媒介有关会议报道的资料，主要包括在电视、报纸、广播、杂志上所公开发表的涉及此次新闻发布会的消息、通信、评论、图片等，可以将其分为有利报道、不利报道和中性报道三类。

发布会后出现的不利报道又可分为三类：一是事实准确的批评性报道；二是因误解而出现的失实性报道；三是有意歪曲事实的敌视性报道。对于批评性报道，主办单位应当闻过则喜、闻过即改，虚心接受；对于失实性报道，主办单位应通过适当途径加以解释，消除误解；对敌视性报道，主办单位则应在讲究策略、方式的前提下据理力争、立场坚定，尽量为自己挽回声誉。

3. 要酌情采取补救措施

在听取与会者的意见、建议，总结会议经验，收集、研究新闻界对于会议的相关报道之后，对于失误、过错或误导要主动采取必要的对策。对于在新闻发布会之后所出现的不利报道，特别要注意具体问题具体分析、区别对待。

二、展览会礼仪

展览会是一种以实物、模型、文字、图表、影像资料等方式来展示成果、树立形象的宣传性活动。它是组织重要的公共关系活动之一，也是一种常见的营销活动。

展览会礼仪，通常是指商界单位在组织、参加展览会时，所应当遵守的规范与惯例。

(一)展览会的分类

根据不同的性质，可将展览会分成不同的类别。常见的展览会分类有以下几种。

根据展览会的目的，可分为宣传型展览和销售型展览，及陈列会和展销会或交易会几种类型，这是划分展览会类型的最基本的标准。

根据展览品的种类，可分为专题型展览和综合型展览。专题型展览，如化妆品展览会、汽车展览会(见图6.3)等；综合型展览，如工业展览会、轻工业展览会等。

根据展览会的规模，可分为大型展、小型展与微型展，微型展也称轻便型展览、袖珍展览。这类展览一般不在社会上进行商业性展示，而是仅供员工教育和来宾参观之用。

根据参展者的区域，可将展览会划分为国际展和国内展。国际展又可分为出国展和来华展，国内展又可分为全国展、区域展、地方展以及单个公司的独家展。

根据展览会的场地，可分为室内展与室外展。前者如纺织展，后者如航空展，如图6.4所示。室内展较隆重，室外展较简单。

图6.3　汽车展览会

图6.4　室外航空展

根据展览会的时间，可分为长期展、定期展和临期展。其中，长期展大都常年举行，如文物展览。定期展可每三年举行一次，也可每年春季举行一次等，其展览主题大都既定不变。临时展，则随时可根据需要与可能举办。

(二)展览会的组织

一般的展览会，既可以由参展单位自行组织，也可以由社会上的相关专门机构出面组织，不论组织者由谁来担任，都必须精心组织，力求使展览会取得完美的效果。

1. 明确展览会的主题

任何一个展览会都应有一个鲜明的主题和特定的目标。只有主题明确，才能对所有的展品进行有机的排列，充分展示展品的风采。否则，主题不明，杂乱无章，势必会影响展览的效果。

2. 确定参展单位

确定由何单位参加展览会是很重要的。邀请或召集的主要方式为刊登广告、寄发邀请函、召开新闻发布会等。不论采用其中任何一种方式，均应明确展览会的宗旨、展出的主要题目、参展单位的范围与条件、举办展览会的时间与地点、报名参展的具体时间与地点、咨询有关问题的联络方法、参展单位所应负担的基本费用等。

3. 宣传展览会内容

为了引起社会各界对展览会的重视，扩大影响，主办单位有必要对其进行大力宣传。宣传的重点应当是展览会的内容，即展览会的展示陈列之物。宣传的方式多种多样，可举办新闻发布会、公开刊发广告、张贴有关展览会的宣传画；在展览会现场散发宣传材料和纪念品、在举办地悬挂彩旗、彩带或横幅等。

4. 展览会的规划与布置

展览会发布的基本要求是让各种展品围绕既定的主题，合理搭配，互相衬托，相得益彰，在整体上井然有序，浑然一体。具体包括展位的合理分配，文字、图表、模型与实物的拼装，灯光、音响、饰品的安装，展板、展台、展厅的设计与装潢等。

(三)展览会的礼仪要求

1. 维护整体形象

参展单位的整体形象，主要由展示之物的形象与工作人员的形象两部分构成。对于二者都要给予同等的重视，不可偏废。

展示之物的形象，主要由展品的外观、展品的质量、展品的陈列、展位的布置、发放资料等构成。展台上应放置宣传材料与单位名片。

工作人员的形象，则主要是指在展览会上直接代表参展单位露面的人员的穿着打扮及精神气质。在一般情况下，要求统一着装。最佳的选择，是身穿本单位的制服，或者是穿深色的西装、套裙，同时佩戴标明本人单位、职务、姓名的胸卡。在大型展览会上，参展单位若安排专人迎送宾客时，最好安排身穿色彩鲜艳旗袍的女士，身披写有参展单位或其主打展品的大红绶带。

2. 注意待人有礼

在展览会上，参展的工作人员要提供热情而竭诚的服务。

(1) 迎宾。展览一旦正式开始，全体参展单位的工作人员应各就各位，站立迎宾。不允许在观众到来之时静坐不起，怠慢对方。

(2) 问候。当观众走进自己的展位时，工作人员要面含微笑，主动问候："您好！欢迎光临！"并用手势示意，向对方说："请您参观。"

(3) 参观。当观众在本单位的展位上参观时，工作人员可随行于其后，以备对方向自己咨询；也可以请其自便，不加干扰。对于观众所提出的问题，工作人员要认真做出回答，不允许置之不理，或以不礼貌的言行对待对方。

(4) 送客。当观众离去时，工作人员应当真诚地向对方欠身施礼，并道以"谢谢光临！"或是"再见！"。

3. 善用解说技巧

展览会上，解说人员要善于因人而异，即使解说具有针对性，同时，要突出自己展品的特色。在实事求是的前提下，要注意对其扬长避短。在必要时，还可邀请观众亲自动手操作，或由工作人员进行现场示范。

按照国外的流行做法，解说时一定要注意"FABE"并重，即要求解说应当以客户利益为重，要在提供有力证据的前提下，着重强调自己所介绍、推销的展品的主要特征与主要优点，以争取使客户觉得言之有理，乐于接受。这里，"F"指展品特征，"A"指展品优点，"B"指客户利益，"E"指资料证据。

三、洽谈会礼仪

6.2.3.mp4

商界人士在商务交往中，必然会参加一些商务洽谈的活动。对于其中的一些人而言，商场上从商的成败得失，往往直接取决于能否通过洽谈来为自己开辟成功之路。正是在这个意义上，"商界无处不洽谈"便成了商界人士的一句格言。

商务洽谈，也称商务谈判，是指双方为促成交易，或为了解决双方的争端并取得或维护各自经济利益进行的一种双边信息传播行为。洽谈与谈判并无根本区别，但"判"字有评判的意思。相对来讲比较严厉和生硬，而洽谈则比较注重温和性和灵活性，因而洽谈也就更要注重礼仪。在现代商务活动中，洽谈作为传递信息、沟通产销的桥梁和纽带，得到了广泛的运用，成为商品交易过程的重要组成部分。洽谈既是一门科学，又是一种艺术。优秀的洽谈者需要具备全面的良好素质，这其中，礼仪方面的知识是非常重要的。

(一)洽谈的原则和技巧

在现实中，商务洽谈的具体形式可谓多种多样。不管商界人士面对的是何种形式的洽谈，都有必要为此而充分做好准备，以求有备无患。

1. 洽谈的基本原则

商界人士在准备商务洽谈时，应当谨记以下四项基本原则。

1) 客观原则

所谓客观原则，即商界人士在准备商务洽谈时，手中所掌握的资料要客观，决策时的态度也要客观。

掌握资料的客观。这是要求商界人士应尽可能取得真实而准确的资料，不要以道听途说，或是以对方有意散布的虚假信息来作为自己决策时的资料。

决策态度的客观。这是要求商界人士在进行决策时，态度要清醒而冷静，不要为感情所左右或是意气用事。

2) 预审原则

所谓预审原则，主要包括以下两个方面的含义。

① 商界人士在准备洽谈时，应当对自己的谈判方案预先反复审核，力争做到精益求精。

② 商界人士在准备洽谈时，应当将自己提出的谈判方案，预先报请上级主管部门或主管领导进行审查、批准。

商界人士在进行洽谈之前，将自己的方案上报有关人员进行预审，既可以减少差错，又可以群策群力、集思广益，使方案更臻完善。虽说商界人士在洽谈中拥有一定的授权，在某种特殊的情况下可以"将在外，君命有所不受"，甚至"先斩后奏"，但是这并不等于说其可以忘乎所以，一意孤行。

3) 自主原则

所谓自主原则，是商界人士在准备洽谈时以及在洽谈进行中，要发挥自己的主观能动性，要相信自己、依靠自己、鼓励自己、鞭策自己，在合乎规范与惯例的前提下，力争"以自我为中心"。

坚持自主的原则，不仅是可以调动自己的积极性，使自己更好地表现，还可以争取自主权，或是变被动为主动，在洽谈中为自己争取到更大的利益。

4) 兼顾原则

所谓兼顾原则，是要求商界人士在准备洽谈时，以及在洽谈过程中在不损害自身利益的前提下，应当尽可能地替洽谈对手着想，主动为对方保留一定的利益。

成功的商界人士都非常明白这一点，即理想的洽谈结局不应当是"你死我活""鱼死网破"，而是有关各方的利益和要求都得到了一定程度的满足，即达到"双赢"的目的。

在洽谈中，应为对手留下余地，不搞"斩尽杀绝"。这样，不但有助于与对手建立正常的业务关系，而且还会使商界同仁对自己刮目相看。

2. 洽谈的技巧

商界人士在准备洽谈时，还应掌握一定的洽谈技巧。具体内容如下所述。

1) 知己知彼

在洽谈开始之前，商务人士应该对谈判的方方面面了如指掌。《孙子兵法》中说："知己知彼，百战不殆。"这句至理名言，对要进行洽谈的商界人士也有一定的教益。

在洽谈之前，如能对对方有所了解，并就此有所准备，在商务洽谈中，洽谈者就能够扬长避短、避实就虚，从而"以我之长，击敌之短"，取得更好的和更满意的洽谈结果。

对洽谈对手的了解，应具体到这样几个方面：在洽谈对手中，谁是真正的决策者或负责人；洽谈对手的个人资讯、谈判经历和谈判风格；洽谈对手的政治、经济及人际关系；洽谈对手的谈判方案；洽谈对手的主要商务伙伴、对手及他们彼此之间相互关系的演化等。

在了解对方的任职时间和工作经历的过程中，同时可对其拥有的威望程度和灵活性进行评估。任职时间长的通常会比任职时间短的人具有更大的威望和灵活性。

2) 熟悉程序

虽说洽谈的经验需要积累，但是因为洽谈事关重大，所以它往往不允许在"知其一，不知其二"的情况下仓促上阵。

从理论上讲，洽谈的过程是由七个具体的步骤一环扣一环一气呵成的。七个具体步骤包括探询、准备、切磋、小结、再切磋、终结和洽谈的重建。在其中的每一个洽谈的具体步骤上，都有自己特殊的"起、承、转"，都有一系列的台前与幕后的准备工作要做，并且需要商界人士自己具体问题具体分析，做到随机应变。

因此，商界人士在准备洽谈时，一定要精心细致地研究洽谈的常规程序及其灵活的变化，以便在洽谈之中，能够胸有成竹、处变不惊、驾驭全局。

3) 学习策略

商界人士在进行洽谈时，总的指导思想是平等、互利，但是这并不排除努力捍卫或争取己方的利益。事实上，任何一方在洽谈中的成功，不仅要凭借实力，更要依靠对洽谈策略的灵活运用。

在商务洽谈中，对于诸如以弱胜强、制造竞争、趁热打铁、出奇制胜、利用时限、声东击西等策略，任何行家都很清楚，但至为关键的是"活学活用"。而这一点，却正是商界人士自己必须做到的。

(二)洽谈的礼仪要求

商务洽谈的礼仪是指洽谈者在安排或准备洽谈会时，应当注意自己的礼仪，预备好洽谈的场所、布置好洽谈的座次，并且以此来显示对于洽谈的重视以及对于洽谈对象的尊重。

1. 商务洽谈人员仪表礼仪

需要说明的一点是，仪表礼仪已在前面章节中有所介绍，我们不再用过多的文字来赘述，这里只是针对商务洽谈提出以下一些简单的建议。

正式出席洽谈的商界人士，在仪表上，务必要有严格的要求和统一的规定。商界男士一律应当理发，商界女士应选择端庄、素雅的发型。在服装上，商界人士出席洽谈会，理应穿着传统、简约、高雅、规范而正式的礼仪服装。

2. 不同形式洽谈会的座次礼仪

根据不同的分类方法，可以有不同形式的洽谈。但总体来说，商务洽谈的形式可以分为两种，即双边洽谈和多边洽谈。其座次礼仪要求如下所述。

1) 双边洽谈

举行双边洽谈时，通常应使用长桌或椭圆形桌子，宾主应分坐于桌子两侧。若桌子横放，侧面对正门的一方为上，属于客方；背对正门的一方为下，属于主方。在进行洽谈时，

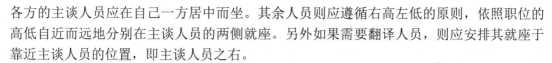

各方的主谈人员应在自己一方居中而坐。其余人员则应遵循右高左低的原则，依照职位的高低自近而远地分别在主谈人员的两侧就座。另外如果需要翻译人员，则应安排其就座于靠近主谈人员的位置，即主谈人员之右。

2）多边洽谈

举行多边洽谈时，为了避免失礼，按照国际惯例，一般均以圆桌为洽谈桌来举行"圆桌会议"。由于这种方法的实施，使尊卑的界限被淡化了。但即使如此，在具体就座时，依旧讲究有关各方的与会人员尽量同时入场，同时就座。至少，主方人员不应在客方人员之前就座。

3. 洽谈会谈判方针的礼仪

商务礼仪规定，商界人士在进行商务洽谈时，要更新意识，树立正确的指导思想，即用洽谈会谈判方针来指导自己的洽谈行为。洽谈会谈判方针的核心，依旧是一如既往地要求洽谈者在庄严肃穆的洽谈会上，以礼待人，尊重别人，理解别人。具体来说，商务洽谈的方针有以下五点礼仪要求。

1）礼敬对手

礼敬对手，就是要求商务洽谈人员在洽谈会的整个过程中，要排除一切干扰，始终如一地对自己的洽谈对手讲究礼貌，时时、处处、事事表现出对对方真诚的敬意。在洽谈过程中，不管发生什么问题，都始终坚持礼敬对手，这不但可以给对方留下良好的印象，而且在今后的进一步商务交往中，还能保持双方良好的合作关系。

相关调查结果表明，在商务洽谈中，能够始终面带微笑、态度友好、语言文明、行为礼貌、举止彬彬有礼的人，有助于消除对手的反感、漠视和抵触心理。在洽谈桌上，保持"绅士风度"或"淑女风范"，有助于赢得对方的尊重与好感。而那些举止粗鲁、态度刁蛮、表情冷漠、语言失礼者，不知道尊重和体谅对方的人，则会大大加强对方的防卫性和攻击性。这无形之中伤害或得罪了对方，也为自己不自觉地增添了阻力和障碍。

2）依法办事

在商务洽谈中，利益是各方关注的核心。对任何一方来说，大家都讲究"趋利避害"。在不得已的情况下，则会"两利相权取其大，两害相权取其轻"。因此，商界人士在洽谈会上，既要为利益而争，又需谨记依法办事。

所谓在商务洽谈中应当依法办事，就是要求商务人员自觉地树立法治思想，在洽谈的全部过程中，提倡法律至尊。洽谈者所进行的一切活动，都必须依照国家的法律办事，唯有如此，才能确保通过洽谈所获得的既得利益。法盲作风、目无法纪、侥幸心理、铤而走险，都只会害人又害己，最终得不偿失。

3）平等协商

商务人员应该明确这一点，即洽谈是有关各方在合理、合法的前提下，进行讨价还价，是观点各异的各方经过种种努力，从而达成某种程度上的共识或一致。换言之，洽谈只会在观点各异的各方之间进行，所以一旦离开了平等协商，成功的洽谈便难以设想。

在洽谈中要坚持平等协商原则，就是要求洽谈各方在地位上要平等一致、相互尊重，不允许仗势压人、以大欺小。如果在谈判的开始有关各方在地位上便不平等，那么是很难达成让各方心悦诚服的协议的。同时，要求洽谈各方在洽谈中要通过协商，即相互商量，求得谅解，而不是通过强制、欺骗来达成一致。

在商务洽谈中，要做到平等协商，就要以理服人。要进行洽谈，就要讲道理。要以理评理、以理服人，这样的话，就容易"自圆其说"，说服对方。

4) 互利互惠

最理想的洽谈结局，是有关各方达成了大家都能够接受的协议。也就是说要使有关各方通过洽谈，都能够互利互惠。这是因为，商务洽谈首先是讲究利益均沾、共同胜利的。如果有人把商务洽谈视为"一锤子买卖"，主张赢得越多越好，甚至要与对手拼个"鱼死网破"，争取以自己的大获全胜和对手的彻底失败作为洽谈会的最终结果，那么必将危及与对方的进一步合作，并且使商场对己方产生"心狠手辣""不能容人"的恶劣印象。

因此，商务人员在参加洽谈时，必须争取的结局应当是既利己，又利人的。现代的商界社会，最讲究的是伙伴、对手之间同舟共济。既要讲竞争，又要讲合作。自己所获取的利益，不应当建立在伤害对手或伙伴的基础上，而是应当彼此互利。

5) 求同存异

一位驰名世界的商务洽谈大师说过："所谓洽谈，就是一连串不断地提出要求和一次又一次不断地妥协。"这句话深刻地道出了对商务洽谈本质的理解。

在任何一次正常的洽谈中，都没有绝对的胜利者和绝对的失败者。相反，有关各方通过洽谈，多多少少都会获得或维护自身利益。有经验的商务人员都清楚，有关各方既然同意坐下来进行洽谈，那么在洽谈桌上，就绝对不可以坚持"一口价"，一成不变，一意孤行。否则就是作茧自缚、自欺欺人。

综上所述，商界人士在洽谈会上，对"事"要严肃，对"人"要友好。对"事"不可以不争，对"人"不可以不敬。商务人员要是在商务洽谈中"小不忍则乱大谋"，那可就怪不得旁人了。

在商界有一句行话，叫作"君子求财不求气"。它再次告诫所有的商界人士，意气用事，在商务交往中的任何场合，其中也包括洽谈会，都是弊大于利的。

商界同时还流行着另外一句名言，叫作"君子爱财，取之有道"。将其应用于洽谈之中，也是合情合理的。它告诉商界人士，要想在商务洽谈中尽可能地维护己方的利益，减少己方的损失，就应当在洽谈的方针、策略、技巧上下功夫，从而名正言顺地在洽谈会上获得成功。

(三)洽谈过程中的礼仪

商务洽谈是在人与人之间进行的，洽谈过程就是一个人际交往的过程。在洽谈过程中，人际关系往往有着十分微妙的作用，如果能够以诚相待，尊重对方，礼仪有加，洽谈就能取得理想的结果。因此在洽谈的各个阶段都要遵守一定的礼仪规范。

1. 开局阶段礼仪

开局是洽谈的起点，起着引导洽谈的作用，关系到能否取得洽谈的控制权和主动权。开局阶段的礼仪规范一般有下述两点。

1) 相互介绍

双方见面时，如果是初次交往，应相互自我介绍。介绍的礼仪，关系着洽谈气氛的形成。一般是主方先将自己的谈判成员介绍给客方，以示尊重。介绍时，被介绍者应站立示意，面带微笑注视对方，介绍完毕相互握手致意。如果对方是外商，要尊重对方的习惯和风俗。

2）不急于切入正题

相互介绍完毕，不宜马上切入正题。需选择一些不涉及各方利益的中性话题开头，这时的话题应具有积极向上、令人愉快的特点，容易引起双方兴趣，有利于消除双方的陌生感和压抑、防范的心理，营造出轻松、愉快、诚挚、友好的气氛，但开头的寒暄不宜时间过长，以免冲淡洽谈的正题。

洽谈要及时切入正题。双方应各自说明自己的基本意图和目的，说明时应简短、明确，重点突出，要让对方感到你的坦率和真诚。在对方概述时，要认真倾听，可以用点头的方式表示对对方意见的理解和赞同，给对方留下一个认真倾听的印象。不能左顾右盼，漫不经心。认真倾听，一方面是尊重对方，同时也是在观察分析，探听对方的虚实。在开局阶段，要尽量创造一种"一致感"。

2. 洽谈明示阶段礼仪

进入明示阶段，双方要相互提问题，摆不同意见，往往容易产生分歧。所以应特别注意说话语气平和、讲究说话技巧，不能把提问、查问变成审问或责问，引起对方反感。

讨价还价过程会把洽谈推向高潮，双方为了各自的利益据理力争、毫不相让。这是洽谈最关键的时候，也是最应该注意礼仪的时候，洽谈中失礼的言行，大部分发生在这个阶段。失去了礼仪，也就失去了洽谈的成功。在这个关键时候，有礼貌的做法是谈话范围广阔，双方有充分的回旋余地；争执上限于双方观点的交锋，而不要导致双方人员发生冲突；诚心诚意地探讨解决问题的共同途径；一张一弛，不要一个冲锋就想取胜，轻易地逼人就范。

3. 较量与协议阶段的礼仪

如果双方在交锋的过程中想法和要求差距很大，或是各执己见，出现僵局时，要有礼貌地用灵活的方式打破僵局。常用的方式有插入几句幽默诙谐的话，使双方忘情一笑，缓和一下紧张气氛，放松一下紧张情绪，而后愉快地进行谈判。大型洽谈会，东道主可提议暂时休会或稍事休息，可以利用休会时间组织双方人员共同浏览观光，进行娱乐活动等，在"业余"活动中商谈，或是情绪转换过来之后再进行洽谈。总之，这是最需要礼仪保驾护航的阶段。

在洽谈过程中出现僵局或分歧，不要轻易放弃谈判，要寻找一切途径，达到预期的目的。一般来说，有诚意地调整自己的目标，做些必要的妥协与让步是十分有益的。让步要有理、有利、有礼、有度，让步的幅度要对等，要同步，来而不往非礼也。让步的目的是为了己方最终的利益，当谈判目标已实现，或对方再无让步可能时，应主动转入妥协协商阶段，不要穷追不舍、咄咄逼人。把对方逼入死角是很不礼貌的行为。

坚持自己的谈判条件，不等于无礼。因为谈判者往往代表着一个组织、一个企业，甚至一个国家，因而不应当轻易地改变自己的立场，否则会有损于所代表的组织的形象。成功的谈判，不是指坚持了各自原来的条件，只要是各方站在各自的角度都认为达到了满意的结果，就应当是成功的谈判。即使生意不成，但沟通了信息，交流了感情，认识了朋友，也应当是一种令人满意的结果。

(四)签字仪式中的礼仪

双方经过磋商、让步,最终达成协议。协议一经达成,要有礼貌地商定是否举行签字仪式。一般来讲,凡是比较重要的、规模较大的商务洽谈,在协议达成后,都应举行签字仪式。

1. 签字仪式的准备工作

1) 确定参加人员

参加签字仪式的人员,基本上应是双方参加会谈的全体人员。如一方要求让某些未参加谈判的人员出席,应事先征得对方同意。有时为表示对本次商务洽谈的重视或对洽谈结果的庆贺,双方更高一级的领导也可出面参加签字仪式。一般礼貌的做法是出席签字仪式的双方人数及职位大体相等。

2) 准备协议文本

洽谈结束后,双方应组织专业人员做好协议文本的定稿、翻译、校对、印刷、装订、盖章等工作。东道主应为这些工作提供准确、周到、快速、完善的服务。

3) 签字场所的选择

选择签字仪式的场所,一般应视参加人员的职位、人数及协议内容的重要程度等因素来确定。多数是选在客人所住的宾馆、饭店或东道主的会议厅,有时为了扩大影响,也可商定在某个新闻发布中心或著名的会议、会客场所举行。无论选在什么地方,都应取得对方的同意,否则是失礼行为。

4) 签字场所的布置

签字场所的布置各国不尽相同。我国举行签字仪式,一般在签字厅内设置一张长方桌作为签字桌。桌后放两把椅子,供双方签字人员就座。主方席在左边,客方席在右边。桌上放有会后各自保存的文本,文本前方分别放置签字用的文具。签字桌中间摆有一旗架,同外商签字时旗架分别悬挂双方国旗。

2. 签字礼仪

所有参加签字仪式的人员都应注意服饰,仪表应整洁、得体。还应注意仪态庄重、友好、大方、平等,不能过分严肃,也不应过分喜形于色。双方出席签字仪式的人员进入签字厅后,签字人入座,其他人员分宾、主各一方,按身份高低顺序排列于签字人座位后,双方身份最高者坐中央,双方助签人员应分别站在各自签字人的外侧。

签字仪式开始后,双方签字人员在本国或本单位保存的文本上签毕后,由助签人员互相传递、交换协议文本,签字人再在对方保存的协议文本上签字,然后由双方签字人郑重地相互交换协议文本,并相互握手致意,其他参加仪式的人员应鼓掌祝贺。

协议文本交换完毕,双方人员握手致意后,可以安排服务人员用托盘端上香槟酒,供宾主双方全体人员举杯庆贺。一般双方的最高领导及签字人、主谈人员相互碰杯即可,喝酒只是一种象征性的礼仪,不可狂饮。签字仪式结束后,应让双方最高领导及宾客先退场,然后东道主其他人员再退场。

四、茶话会礼仪

茶话会在商界主要是指意在联络老朋友、结交新朋友，具有对外联络和进行招待性质的社交性集会。茶话会是以茶待客，以茶会友，会上备有茶点，故此称为茶话会，有时也简称茶会。茶会礼仪，在商务礼仪之中，特指有关单位召开茶话会时所应遵守的礼仪规范。其具体内容如下所述。

(一)确定会议的主题

茶话会的主题指茶话会的中心议题，大致可分为如下三类。

1. 以联谊为主题

这类茶话会是为了联络主办单位同应邀与会的社会各界人士的友谊而举办的茶话会。在这类茶话会上，与会者可以不拘形式地自由发言，宾主叙旧、答谢，增进了了解，拉近了关系。同时，它还为与会的社会各界人士提供了一个扩大社交圈的良好契机。

2. 以娱乐为主题

在这类茶话会上往往会安排一些文娱节目或文娱活动，所安排的文艺节目或文娱活动不需事先安排和排练，而是现场发挥、即兴演出，因而热闹、喜庆。

3. 以专题为主题

这类茶话会是指在某一特定的时刻或为了解决某些专门的问题而召开的茶话会(见图 6.5)。在这类茶话会上，主办单位往往就某一专门问题收集意见，听取某些专业人士的见解，或者是同某些与本单位存在特定关系的人士进行对话。

图 6.5　专题茶话会

(二)确定会议的来宾

茶话会的与会者，除主办单位的会务人员之外，都是来宾。根据茶话会主要与会者的不同，茶话会大体上可被区分为下列五种类型。

1. 以本单位的人士为主

这类茶话会主要是邀请本单位的各方面代表参加，意在沟通信息、通报情况、听取建议、嘉勉先进、总结工作。有时，也可邀请本单位的全体员工或某一部门、某一阶层的人士参加。这类茶话会也叫作内部茶话会。

2. 以本单位的顾问为主

这类人员主要指有助于本单位发展的各位专家、学者、教授等。邀请他们与会，既表示了对他们的尊敬与重视，又可以直接向其咨询，听取其建议。

3. 以社会上的贤达为主

社会贤达，作为知名人士，不仅在社会上具有一定的影响力、号召力和社会威望，而且还往往是某一方面的代言人。举办这类茶话会，可使本单位与社会贤达直接进行交流，加深对方对本单位的了解与好感，并可倾听社会各界对本单位的意见。

4. 以合作中的伙伴为主

所谓合作中的伙伴，除了自己的协作者之外，还应包括与本单位存在着供、产、销等其他关系者。这类茶话会重在向与会者表达谢意，加深彼此之间的理解与信任。

5. 以各方面的人士为主

这类茶话会的邀请对象为各行各业、各个方面的人士，因而又叫作综合茶话会。举办这种茶话会，除了可供主办单位传递必要的信息外，还可为与会者创造一个扩大个人交际面的机会。茶话会的与会者名单一经确定，应立即以请柬的形式向对方提出正式邀请。请柬通常应在半个月之前送给或寄给被邀请者，被邀请者对此可以不必答复。

(三)选择茶话会的时间和地点

1. 确定举行茶话会的时间

茶话会举行的时机。在举行茶话会的时间问题上，举行的时机是头等重要的。通常认为，辞旧迎新之时、周年庆典之际、重大决策前后、遭遇危难挫折之时等，都是商界单位酌情召开茶话会的良机。

茶话会举行的时间。根据国际惯例，举行茶话会的最佳时间是下午 4 点左右，有些时候也可以将其安排在上午10点左右，一般举行一到两个小时。还要考虑与会者尤其是主要与会者是否方便以及当地人的生活习惯。

2. 茶话会举办地点、场所的选择

按照惯例，适宜举行茶话会的场地主要有主办单位的会议厅；宾馆的多功能厅；主办单位负责人的私家客厅；主办单位负责人的私家庭院或露天花园；高档的营业性茶楼或茶室。餐厅、歌厅、酒吧等处，均不宜用来举办茶话会。

在选择举行茶话会的具体场地时，还需兼顾与会人数、支出费用、周边环境、交通安全、服务质量、档次名声等诸问题。

(四)会议的座次安排

在安排茶话会座次时，主要应采取以下四种办法。

1. 环绕式

所谓环绕式排位，指的是不设立主席台而将座椅、沙发、茶几摆放在会场的四周，不

明确座次的具体尊卑，听任与会者在入场之后自由就座。这种安排座次的方式与茶话会的主题最相符，因而在当前最为流行。

2. 散座式排位

所谓散座式排位，多见于举行于室外的茶话会。座椅、沙发、茶几的摆放可以散乱无序，自由组合，甚至可由与会者根据个人要求而自行调节，随意安置。其目的就是要营造出一种宽松、舒适、惬意的社交氛围。

3. 圆桌式

圆桌式排位，指的是在会场上摆放圆桌，请与会者在其周围自由就座的一种安排座次的方式。在茶话会上，圆桌式排位通常又可分为下列两种具体的方式：一种是仅在会场中央安放一张大型的椭圆形会议桌，请全体与会者在其周围就座；另一种是在会场上安放数张圆桌，请与会者自由组合，选择就座。当与会者人数较少时，可采用前者；当与会者人数较多时，则应采用后者。

4. 主席式

在茶话会上，主席式排位并不意味着要在会场上摆放一目了然的主席台，而是指在会场上，主持人、主人与主宾应被有意识地安排在一起就座，并且按照常规居于上座之处，例如中央、前排、会标之下或是面对正门之处。

(五)茶点的准备

1. 精心准备待客的茶叶与茶具

选择茶叶时，应尽量挑选上等品。与此同时，要注意照顾与会者的不同口味。对于中国人来说，绿茶老少咸宜。对欧美人而言，红茶则更受欢迎。

选择茶具时，最好选用陶瓷器皿，并且讲究茶杯、茶碗、茶壶成套，千万不要采用玻璃杯、塑料杯、搪瓷杯、不锈钢杯或纸杯，也不要用热水瓶来代替茶壶。所有茶具一定要清洗干净，完整无损。

2. 略备点心、水果或地方风味小吃

在茶话会上向与会者所供应的点心、水果或地方风味小吃，品种要对路，数量要充足，并且要便于取食。为此，最好同时准备擦手巾。按惯例，在茶话会举行之后，主办单位通常不再为与会者备餐。

(六)茶话会的议程

主持人宣布茶话会正式开始，应对主要的与会者略加介绍。

主办单位的主要负责人讲话，应以阐明此次茶话会的主题为中心内容，代表主办单位对与会者的到来表示欢迎与感谢，并且恳请大家今后一如既往地给予支持和理解。

与会者发言，这是茶话会的主要内容。主办单位事先均不对发言人进行指定与排序，也不限定发言的具体时间，而是提倡与会者自由地进行即兴式发言。

主持人略加总结，随后即可宣布茶话会至此结束。

(七)现场发言

在茶话会上,主持人所起的作用不止于掌握、主持会议,更重要的是能够在现场审时度势,因势利导地引导与会者的发言,并且有效地掌握会议的全局。在每位与会者发言之前,主持人可对其略作介绍。在其发言的前后,主持人应带头鼓掌致意。万一有人发言严重跑题或言辞不当,主持人还应出面转换话题。

与会者在茶话会上发言时,表现必须得体。在要求发言时,可举手示意,但同时也要注意谦让,不要与人争抢。不论自己有何高见,打断他人的发言都是失礼的行为。发言者要语速适中,口齿清晰,神态自然,用语文明。肯定成绩时,要实事求是;提出批评时,要态度友善。对于不同意见,不要当场表示不满,或是进行人身攻击。

第三节 实 践 演 练

实践项目:洽谈会礼仪

洽谈会主题:中芝公司欲收购位于中东的阿拉迪尔卫视,通过收购以期建立双方长期合作关系

洽谈会地点:某某大酒店

洽谈会时间:2016 年 1 月

人物:甲方(阿拉迪尔卫视)

  主谈:古经理 副谈:谢律师

  乙方(中芝公司)

  主谈:雷经理 副谈 1:魏代理 副谈 2:柯律师

旁白:

简介:阿拉伯商人比较注重友情,与其谈判应注意先交朋友,后谈生意。打交道时,必须先争取他们的好感和信任,建立朋友关系,营造谈判气氛,只有这样,下一步的交易才会进展顺利。阿拉伯人喜欢外商对他们的历史、文化等有所了解。阿拉伯人比较好客,但缺乏时间观念。与阿拉伯人谈判时必须有代理商,如果没有代理商,很多项目不能得到政府的批准。接待客人时,不管别人有没有正式介绍都应先与客人握手,用右手握手之后,右手放在胸前,表示对别人的尊敬。不能用左手递东西或接东西,左手在阿拉伯代表不洁。

场景一

某某大酒店的一个房间,雷经理与柯律师等了半小时后,代理商魏代理终于来到。

雷经理:魏代理你好(伸出右手)。

魏代理:你好(伸出右手)。

雷经理:魏代理,这是我公司的柯律师。柯律师,这是魏代理。

(魏代理与柯律师相互握手之后,大家都坐了下来)

雷经理:真的很感谢你能抽空来一趟。

魏代理:哪里话,哪里话,应该的,应该的!

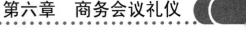

(接着雷经理与柯律师说了一大堆奉承的话，取得魏代理的好感和信任，建立朋友关系)

雷经理：这次阿拉迪尔卫视收购就麻烦你帮忙了。

魏代理：放心，我一定尽力。

雷经理：那太感谢你了。

(雷经理、柯律师分别与魏代理握手告别)

场景二

某某大酒店门口，雷经理与魏代理到门口接待。

雷经理：古经理吗？你们好。

古经理：是的！你们好。

(双方握手)

雷经理：这边请。

古经理：请。

(大约十分钟后，到达包间。在包间里冲咖啡的柯律师马上开门请他们进来)

雷经理：这是我公司的柯律师，这是魏代理。

柯律师、魏代理：你们好。

古经理：这是谢律师。

(双方握手，落座)

(柯律师用右手给每人端了一杯咖啡)

雷经理：这里的咖啡不错，味道很正。

古经理：是啊(兴致很高)。

雷经理：迪拜可是个非常富裕的地方。

古经理：是的！它是中东地区的商贸中心、金融中心及运输中心。

雷经理：阿拉迪尔卫星电视台地处迪拜媒体城，这个地理位置真好！

魏代理：不错，迪拜媒体城专为媒体和营销以及出版、音乐、影视娱乐业等行业服务，里面包括"迪拜的好莱坞"。迪拜酋长又宣布了学术城教育计划，迪拜学术城将投资120亿迪拉姆(约人民币250亿元)，专为当地经济发展培养人才。毕业生将会在互联网城和媒体城等地工作。阿拉迪尔卫星电视台在迪拜有很多优势。

古经理：魏代理说得不错，迪拜通过建设完善的基础设施、提高政府服务效率和提供公共服务等措施，已使其发展成为国际性的都市。

雷经理：唔，我公司很看好迪拜，我中芝公司就设在迪拜。

(突然，古经理的手机响了，他马上接电话。接完电话后，似乎对谈话兴致不高)

魏代理：古经理不如你先忙吧。

古经理：不好意思，我们明天再谈吧。

雷经理：没关系，能和你交个朋友是我们的荣幸。

(双方握手告别)

本 章 小 结

会议是对某些议题进行商议或讨论的集会。不管是组织或参加何种会议，都必须遵守会议礼仪，因为在这种高度聚焦的交际场合，稍有不慎就会严重有损个人和组织的形象。本章主要介绍了在商业会议中的商务礼仪，包括会议的组织、会议进行以及会议结束全过程中所涉及的礼仪要求。第一节主要从一般商务会议角度，分析了商务会议准备礼仪、茶水礼仪、布置礼仪以及迎送来宾应注意的事项。第二节分别介绍了新闻发布会、展览会、洽谈会和茶话会等专题会议中的基本礼仪规范。

练习与思考

一、单选题

1. 新品上市、重大事项对外宣传、应对市场传言或避免事态扩大等活动，应组织的会议形式是(　　)。
   A. 股东大会　　　　B. 项目洽谈会　　　　C. 新闻发布会　　D. 赞助会
2. 会客时上座位置排列的几个要点是(　　)。
   A. 面门为上、以右为上、居中为上、前排为上、以远为上
   B. 面门为下、以左为上、居中为上、前排为上、以远为上
   C. 面门为上、以左为上、居中为上、后排为上、以远为上
   D. 面门为上、以右为上、居中为上、前排为上、以近为上
3. 下列(　　)座位安排不设主席台，会议主持者与其他参会者围坐在一起，体现平等和相互尊重的精神。
   A. 分散式　　　　B. 半围式　　　　　　C. 上下相对式　　D. 全围式
4. 下列关于商务礼仪中尊位的说法正确的是(　　)。
   A. 双边谈判，面门为上，以右为上
   B. 双边谈判，尊者主方，次者客方
   C. 签字桌横放，双边签字者面门而坐，宾左主右
   D. 多边谈判时，主席台面门中间的为主位
5. (　　)是保证会议顺利召开并圆满结束的前提和基础。
   A. 会场排座礼仪　B. 会议准备工作　　　C. 茶水礼仪　　　D. 礼品分发

二、多选题

1. 小型会议排座的方式包括(　　)。
   A. 分散式　　　　B. 等级式　　　　　　C. 谈判式　　　　D. 自由式
2. 会客的座次排列可分为(　　)。
   A. 自由式排列　　B. 相对式排列　　　　C. 并列式排列　　D. 一排式排列
3. 相对式会议排列时(　　)。

A. 以右为尊　　　B. 以左为尊　　　C. 以外为尊　　　D. 以内为尊

4. 举行新闻发布会的最佳时间包括(　　)。

A. 周一上午 10 点　　　　　　　B. 周二上午 11 点

C. 周一下午 3 点　　　　　　　　D. 周三下午 4 点

三、判断题(正确的在括号内打"√"，错误的打"×")

1. 议题太多的会尽量不开，因参与者不一，必然会造成部分时间和精力的浪费。(　　)
2. 一般来说，特邀嘉宾属"重量级"的与会者，应安排在靠前或居中的座位。(　　)
3. 会场的大小，要根据会议内容和参加者的多少而定。　　　　　　　　(　　)
4. 会议上的茶水饮料最好用矿泉水。　　　　　　　　　　　　　　　　(　　)
5. 大型会场的主席台，一般应面对会场主出口。　　　　　　　　　　　(　　)

四、简述题

1. 简述商务会议准备礼仪的内容。
2. 如何组织展览会？
3. 简述常见的洽谈技巧。
4. 茶话会的座次安排应注意哪些问题？
5. 简述会议过程中的茶水礼仪。

【案例分析】

某服装集团为了开拓夏季服装市场，拟召开一个服装展示会，推出一批夏季新款时装。秘书小李拟了一个方案，内容如下：

1. 会议名称："2015××服装集团夏季时装秀"。

2. 参加会议人员：上级主管部门领导 2 人；行业协会代表 3 人；全国大中型商场总经理或业务经理以及其他客户约 150 人；主办方领导及工作人员 20 名。另请模特公司服装表演队若干人。

3. 会议主持人：××集团公司负责销售工作的副总经理。

4. 会议时间：2015 年 5 月 18 日上午 9 点 30 至 11 点。

5. 会议程序：来宾签到，发调查表。展示会开幕、上级领导讲话、时装表演、展示活动闭幕、收调查表、发纪念品。

6. 会议文件：会议通知、邀请函、请柬、签到表、产品意见调查表、服装集团产品介绍资料、订货意向书、购销合同。

7. 会址：服装集团小礼堂。

8. 会场布置：蓝色背景帷幕，中心挂服装品牌标识，上方挂展示会标题横幅。搭设 T 型服装表演台，安排来宾围绕就座。会场外悬挂大型彩色气球及广告条幅。

9. 会议用品：纸、笔等文具，饮料、照明灯、音响设备、背景音乐资料、足够的椅子、纪念品(每人发××服装集团生产的 T 恤衫 1 件)。

10. 会务工作：安排提前来的外地来宾在市中心花园大酒店报到、住宿。安排交通车接送来宾。展示会后安排工作午餐。

(资料来源：https://www.docin.com/p-2140388846.html.)

思考讨论题：小李的会议方案有无改进的地方？

第七章 商务位次礼仪

【学习目的与要求】

- 了解位次礼仪的重要性、位次排列礼仪的基本要求。
- 了解行进中的基本礼仪规范、会客时的位次礼仪、签字仪式的位次礼仪。
- 熟悉行进礼仪中的禁忌、上下汽车的位次礼仪、乘坐其他类型汽车的位次礼仪。
- 掌握行进中的常见位次礼仪、乘坐轿车的位次礼仪。

【关键概念】

位次礼仪；行进中的位次礼仪；乘坐汽车的位次礼仪

7.1.mp4　　7.2.mp4

【案例导入】

某公司王先生年轻肯干，点子又多，很快引起了总经理的注意并拟提拔为营销部经理。为慎重起见，决定再进行一次考察，恰巧总经理要去省城参加一个商品交易会，需要带两名助手，总经理一是选择了公关部杜经理，一是选择了王先生。王先生自然同样看重这次机会，也想寻机表现一下。

出发前，由于司机小张乘火车先行到省城安排一些事务尚未回来，所以，他们临时改为搭乘董事长驾驶的轿车一同前往。上车时，王先生很麻利地打开了前车门，坐在驾车的董事长旁边的位置上，董事长看了他一眼，但王先生并没有在意。

车上路后，董事长驾车很少说话，总经理好像也没有兴致，似在闭目养神。为活跃气氛，王先生寻了一个话题："董事长驾车的技术不错，有机会也教教我们，如果都自己会开车，办事效率肯定会更高。"董事长专注地开车，不置可否，其他人均无应和，王先生感到没趣，便也不再说话。

一路上，除董事长向总经理询问了几件事，总经理简单地回答后，车内再也无人说话。到达省城后，王先生悄悄问杜经理：董事长和总经理好像都有点不太高兴。杜经理告诉他原委，他才恍然大悟，"噢，原来如此。"

会后从省城返回，车子改由司机小张驾驶。杜经理由于还有些事要处理，需在省城多住一天，同车返回的还是4人。王先生想，这次不能再犯类似的错误了。

于是，他打开前车门请总经理上车，总经理坚持要与董事长一起坐在后排，王先生诚恳地说："总经理您如果不坐前面，就是不肯原谅来的时候我的失礼之处。"并坚持让总经理坐在前排才肯上车。回到公司，同事们知道王先生这次是同董事长、总经理一道出差，猜测着肯定提拔他，都纷纷向他祝贺。然而，提拔之事却一直没有人提及。

（资料来源：https://www.docin.com/p-1279402827.html.）

思考：试从商务礼仪的角度，分析王先生没有被重用的原因可能有哪些。

第一节　位次礼仪概述

在日常工作中，商务人员常常会遇到这样的尴尬和困惑：会场上，面对大大小小的领导，不知道该如何安排他们的座位？酒桌前，看着满桌的菜肴，分不清自己该坐在哪个位置。汽车里，上座到底是哪个位置？行进中，前后左右又该如何体现对客人的尊重？如此众多的问题使人往往迷失在座次的选择上。

其实从小到大，人与人之间的交往一天也没离开过顺序的排列，上学站队，考试排名，推杯换盏，你来我往，这其中既有明确的标准，又有约定俗成的礼数。

一、正确安排位次的重要性

位次(the order of precedence)，也叫座次，就是礼仪场合所在的方位及其顺序。这种顺序是一种优先权的获得和体现的过程，即先出场的人比后出场的人具有各方面的优先权。在确定了尊位以后，其他人的位置按照一定顺序进行排列，这个过程就叫位次排序。

位次问题之所以重要，不仅仅因为它考虑到交往双方的舒适感，而且还是身份、职位在交往对象心目中的体现，是交往对象对本次交往尊重与否的表现。因为按照一般的交往规则，交往双方的位次是有一定之规的。位高者坐在上位，位低者就坐在下位。而哪里是上位，哪里是下位，这就是位次规范所要解决的问题，如果把一个颇有身份的长辈安排在下位就座，对方显然会有所不满；而如果把一位晚辈安排在上座，他就容易怀疑对方是否有什么企图。

由此可见，位次是否规范，是否符合礼仪的要求，这不仅反映了对交往对象的尊重和友善的程度，而且反映了商务人员自身的素养、阅历和见识。为了避免贻笑大方或造成负面影响，商务人员必须认真学习有关礼仪知识，注意在不同场合的位次排列规则。

二、位次排列礼仪的基本要求

(一)认真对待

每一位商务人员在郑重其事的接待事务及各种交往中，尤其是在一些较为隆重热烈的场合，对位次的问题，必须认真对待，切不可掉以轻心。

(二)遵守常规

行进、乘车、会客、会议、谈判、签约、宴会等位次排列均有规范。商务人员必须认真学习和领会，并熟练掌握。国际礼仪中的普遍性原则是"以右为尊"，如图 7.1 所示。

图 7.1　会客礼仪

(三)礼让有度

讲究位次排列应适可而止，在不伤及国家、单位和个人尊严的前提下，当事人不宜过于计较，也不必过于谦让。

(四)灵活应变

一般场合中，偶尔出现与常规稍有不符的差错，在不冒犯对方的前提下，可以不必拘泥，待适当时机再进行纠正。

三、位次礼仪的一般规则

按照一般的交往规则，交往双方的位次是有一定之规的。位高者坐在上位，位低者坐在下位。而哪里是上位，哪里是下位，这就是位次规范所要解决的问题，一般位次礼仪要遵循以右为尊、女士优先的原则。

(一)以右为尊

在各种类型的国际交往中，大到政治磋商、商务往来、文化交流，小到私人接触、社交应酬，凡有必要确定并排排列具体位置的主次尊卑时，"以右为尊"原则都是普遍适用的。按惯例，并排站立、行走或者就座的时候，为表示礼貌，男士应当主动居左，而请女士居右；晚辈应当主动居左，而请长辈居右；未婚者应当主动居左，而请已婚者居右；职位、身份较低者应当主动居左，而请职位、身份较高者居右。

不过，按国际惯例，在接待宾客时，当主人去宾客下榻的地方进行拜会或送行时，主人的身份应当是"客人"，宾客则"反客为主"了。进行并排排列时，应使主人居右，宾客居左。其实际含意是宾客在主人为他提供的下榻的地方，应被看作"主人"，而不是"客人"。

当宾主双方都不止一个人时，有必要进行并排排列，比如需要会见、合影时，仍需遵守"以右为尊"的原则。合影时，一般男主人居中，男主宾在主人右边，主人夫人在主人左边，主宾夫人在男主宾右边，其他人员穿插排列。但应注意，最好不要把客人安排在最边上的位置，应让主方陪同人员在边上。

举行会议时，主席台台上依次的排列顺序，是要讲究"以右为尊"的。不仅如此，发言者登台发言所使用的讲台必须在主席台的右前方或正前方，这是给予发言者的一种礼遇。

(二)女士优先

"女士优先"是国际社会公认的"第一礼俗"。在一切社交场合，每一名成年男子，都有义务主动自觉地以实际行动尊重、关心、爱护、照顾女士，为女士排忧解难。例如，陪伴女士或同乘火车、汽车时，男士应设法给女士找一个较为舒适、安全的座位。乘坐出租车时，男士应首先走近汽车，把右侧的车门打开，让女士先坐进去，男士再绕到车左边，坐到左边的座位上。当男士自己驾驶汽车时，应先协助女士坐到副驾位置上，然后绕到另一侧坐到驾驶座上。

赴宴时，如果男士预订了餐桌，则应走在前面为女士引路，否则行进的顺序应该是侍者—女士—男士。参加宴会时，同行男士应先给女士找好座位，并等女士坐下后再坐下。如果没有专人服务，男士就应该为女士拉出椅子，等她站在椅子前的时候，再把椅子稍稍往前移，直至女士就座。

诸如此类，在很多公共场合和交际活动中，男士关怀和照顾女士，要做得得体自然，恰当适度，不能有过分或勉强的举动。例如，男士和女士一起外出时，应主动帮女士拿一些笨重的东西，但不用帮她拎随身的小包。

第二节　行进中的位次礼仪

"行"与"进"在商务活动中如影随形，商务人员每天都要出入这样那样的场所，最基本的上下楼梯、进出电梯、出入房间的行为每天都要发生。而行进中的位次礼仪，是所有位次礼仪中最基本的，也是最容易让人忽视的一部分。所谓行进中的位次排列，指的是人们在步行的时候位次排列的次序。在陪同、接待来宾或领导时，行进的位次尤其引人关注。

一、行进中的基本礼仪规范

行姿是一种动态的姿势，是立姿的一种延续，行姿可以展现人的动态美。在日常生活或公众场合中，走路都是浅显易懂的肢体语言，它能够将一个人的韵味和风度表现出来。

(一)正确的行姿

正确的行姿能够体现一个人积极向上、朝气蓬勃的精神状态。正确的行姿是要靠正确的站姿作为基础的。走路时，上身应挺直，头部要保持端正，微收下颌，两肩应保持齐平，应该挺胸、收腹、立腰。双目也要平视前方，表情自然，精神饱满。

【阅读材料】

行路时步态是否美观，关键取决于步度和步位。行进时前后两脚之间的距离称为步度，在通常情况下，男性的步度是 25cm，女性的步度大约为 20cm。女性的步度也与服装、鞋有关系。通常来讲，以直线条为主的服装其特点是庄重大方、舒展矫健；以曲线为主的服装其特点是柔美妩媚、飘逸优雅。行走时脚落地的位置是步位。行路时最佳步位是两脚踩在同一条直线上，并不走两条平行线。女性走路之时，倘若两脚分别踩两条线走路，则是有失大雅的。步态美的一个重要方面是步速稳健。要使步态保持优美，行进速度应该保持平稳、均匀，过快过慢都是不允许的。步韵也非常讲究。在行进过程中，膝盖和脚腕要有弹性，腰部理应成为身体重心移动的轴线，双臂要轻松自然地摆动。身体各部位之间要保持动作和谐，使自己的步调一致，显得优美自然一些，否则就显得没有节奏。

(资料来源：https://www.docin.com/p-1806202159.html.)

(二)互相礼让

行走过程中，如有急事需要超越别人，要从旁边绕过时，不可强行闯过，最好应轻声招呼，不慎撞了行人应该表示道歉。

(三)遇友主动问候

行路过程中碰到好朋友，要与其主动打招呼、互致问候，但是切不能高声喊叫，以免使路人受到影响；遇见熟人应该点头施礼；遇见尊者可以停下说话；如遇到老幼病残应该在行路中提供帮助；如果遇到久别的故交，寒暄之后如果想要交谈，应该主动走到路边，不宜在道路当中或人多拥挤的地方说话。更不能将路口堵塞，以免妨碍人们行走或车辆通行。

(四)遵守交通规则

在行路过程中，对于交通规则、交通信号灯的指示都要遵守，以确保人身安全。过马路时要走人行横道，来往车辆要避而远之，如图7.2所示。在人流拥挤的地方应讲求循序而行，做到不抢不挤。骑自行车或驾驶汽车也要严格遵守交通规则，谦逊礼让，确保安全。

图7.2 汽车在斑马线避让

(五)注意不雅行姿

在正式场合，有几种行姿必须避免：行走时摇头晃脑，身体左右摆动，脚尖向内或向外，摆着"鸭子"步；弓背弯腰，六神无主；双手乱放，没有规律，双手插在衣服口袋、裤袋之中，双手掐腰或倒背双手；东张西望，左顾右盼，指指点点，对人品头论足；与几个人一路同行，搭背勾肩，或者蹦跳，或者大喊大叫等。

二、行进中的常见位次礼仪

(一)并行

总体原则是人横向行进，内侧高于外侧；多人并排行进，中央高于两侧；对于纵向行进来讲，前方高于后方。

具体而言，并排行走时，内侧高于外侧(因为一般而言，路程短)，中央高于两侧。即要让客人或领导走在中央或内侧(外侧导引)；两人前后行进的时候，前方高于后方，没有特殊原因，应让客人在前面行进。

两人并行的时候，右者为尊；三人并行，中者为尊，右边次之，左边更次之；三人前后行进的时候，前者就是最为尊贵者。如果道路狭窄又有他人迎面走来时，则应该退至道边，请对方先走。如果是多人同行，就要避免多人并排行走，可以多排前后行走，这样就不会挡别人的路。

(二)陪同引导

在陪同引导对方时，应注意方位、速度、关照及体位等问题，例如，双方并排行走时，陪同引导人员应居于左侧。如果双方单行行走时，要居于左前方约 1m 左右的位置。另外陪同人员行走的速度要考虑到和对方相协调，不可以走得太快或太慢。这时候，一定要处处以对方为中心。每当经过拐角、楼梯或道路坎坷、照明欠佳的地方，都要提醒对方留意。同时也有必要采取一些特殊的体位。如请对方开始行走时，要面向对方，稍微欠身。在行进中和对方交谈或答复提问时，把头部、上身转向对方。

(三)上下楼(电)梯

上下楼梯时，首先要单行行进。上下楼梯时因为楼道比较狭窄，并排行走会阻塞交通。没有特殊原因，应靠右侧单行行进。其次，单行行进要注意的是前方应高于后方，以前方为上，把选择的权利让给客人。但如果陪同接待的客人是一位女士，而女士又身着短裙，在这种情况下，接待陪同人员要走在女士前面，不要让女士高高在上，因为女士穿着短裙高高在上有可能会"走光"。

出入无人控制的电梯时，陪同人员应先行进入电梯，一手按开门按钮，一手拦住电梯侧门，礼貌地说"请进"，请客人或地位高的人进入电梯。如果电梯里人很多，自己的位置不方便按电梯钮，可以对靠近电梯门的人说："能否请您帮我按下××层的按钮。"别人帮你按了之后，应该面带笑容说谢谢。同理，当到达客人或地位高的人所要求的楼层时，陪同人员一只手按住开门按钮，另一只手应做出请的动作，可说："××层到了，您先请！"待客人走出电梯后，自己立刻走出电梯，并热情地为其引导行进的方向。

(四)出入房间时

没有特殊原因，出入房门的标准做法是位高者先进或先出房门。但是如果情况特殊的话，比如需要引导，室内灯光昏暗，那么标准的做法是陪同接待人员先进，为客人开灯、开门，出门的时候，也是陪同接待人员先出，为客人拉门导引。

在房间就座的时候，应该让长辈、客人先坐先起。客人、贵宾、领导、长辈来了，应该让他们先进门，先出门；先坐下，先站起来。主人可与对方同起同坐，但是不要坐在别人前面、不要走在别人前面，除非你是领路的。

另外，要适当考虑房间开门的方向。当门是向内开的，打开后，自己应先行入内，然后一只手按着门把，轻轻点头示意访客进入，这时引导的人可以站在门后阴影处，或者露出全身都无妨，基本上以露出半身较为合宜。若门是向外开的，打开门后同样应单手按住门把，先稍微行个礼再请访客入内，就好像将访客送进去的姿势，然后自己再进去，背对门将门带上，引导来客入座。如有特殊情况，如双方均为首次到一个陌生房间，陪同人员宜先入房间。

(五)行进中的一些禁忌

(1) 忌行走时与他人相距过近，避免与对方发生身体碰撞。万一发生，务必要及时向对方道歉。

(2) 忌行走时尾随于他人身后，甚至对其窥视、围观或指指点点。在不少国家，此举会被视为"侵犯人权"。

(3) 忌行走时速度过快或者过慢，以免妨碍周围人行进。

(4) 忌一边行走一边连吃带喝，或是吸烟不止。那样不仅不雅观，而且还会妨碍别人。

(5) 忌与已成年的同性在行走时勾肩搭背、搂搂抱抱。在西方国家，只有同性恋者才会这么做。

第三节　乘坐汽车的位次礼仪

汽车如今已成为现代社会最主要的交通工具，在车上办公早已成为许多商务人员的工作缩影。与领导、同事、客户一同乘车更是难免，因此乘车的位次礼仪就显得十分重要。

一、上下汽车的位次礼仪

上下车的基本顺序：倘若条件允许，应请尊长、女士、来宾先上车，后下车。具体情况可分为几种：主人驾驶轿车时，如有可能，均应后上车，先下车，以便照顾客人上下车；乘坐由专职司机驾驶的轿车时，坐于前排者，大都应后上车，应先下车，以便照顾坐于后排者。

乘坐由专职司机驾驶的轿车，并与其他人同坐于后一排时，应请尊长、女士、来宾从右侧车门先上车，自己再从车后绕道左侧车门后上车。下车时，则应自己先从左侧下车，再从车后绕过来帮助他人。若车停于闹市，左侧车门不宜开启，则于右门上车时，应里座先上，外座后上。下车时，则应外座先下，里座后下，以方便易行为宜。乘坐折叠座轿车时，为上下车方便，坐在折叠座位上的人，应当最后上车，最先下车。

如果陪领导出席重要的欢迎仪式，到达时对方已经做好迎接准备。这个时候一定要等领导下车后再下车，否则就会有"抢镜头"之嫌，欢迎的人群中自然会有人为领导开车门。

二、乘坐轿车的位次礼仪

轿车，美国英语称为 Sedan，在英国则称为 Saloon，通常指用于人员以及行李运输的汽车，包括驾驶者在内，轿车座位数最多不超过 9 个，它可以用不同的标准进一步细分。轿车除乘客厢外，外观上可见明显长度的车头与车尾，因此可从外形上清晰分辨出引擎室，人员乘坐室以及行李舱。轿车的外形类似古代轿子，乘客厢前后有长握柄，故名为"轿车"。在某些时候，在中国大陆的行驶证管理方面，轿车特指区别于货车、皮卡、SUV、大巴和中巴的小型汽车，俗称"小轿车"。

(一)影响轿车座次尊卑的四因素

1. 轿车的驾驶者

由主人亲自驾驶轿车时，一般前排座为上，后排座为下；以右为尊。由专职司机驾驶轿车时，一般以后排为上，前排为下；以右为尊。

若主人驾驶双排五人座轿车，座位由尊而卑依次是副驾驶座，后排右座，后排左座，后排中座。由专职司机驾驶，座位由尊而卑依次为后排右座，后排左座，后排中座，副驾驶座。

2. 座次的安全系数

从某种意义上来讲，乘坐轿车理当优先考虑安全问题。从客观上讲，轿车上的后排座比前排座要安全得多，最不安全的座位，当数前排右座。最安全的座位，则当推后排左座(驾驶座之后)，或是后排中座。

3. 轿车的类型

上述方法主要适用于双排座，对于其他一些特殊类型的轿车并不适用。例如，吉普车，简称吉普，它是一种轻型越野客车，大都是四座车。不管由谁驾驶，吉普车座位由尊而卑均依次是副驾驶座，后排右座，后排左座。

4. 轿车上嘉宾的本人意愿

通常，在正式场合乘坐轿车时，应请尊长、女士、来宾就座于上座，这是给予对方的一种礼遇。然而更为重要的是，不要忘了尊重嘉宾本人的意愿和选择，并应将这一条放在最重要的位置。

(二)轿车一般座次排序

在使用轿车时，一般座位排次是比较讲究的，在不同身份、不同阅历、不同经验的人眼里，轿车的上座不一样。

第一个上座，称为"社交场合的上座"。即主人开车的时候，上座为副驾驶座。这个位置能和主人方便地交谈。如果这时你坐在后排，就有把主人当成司机的嫌疑。

第二个称作"公务接待的上座"。开车的人是专职司机，上座是后排右座。训练有素的司机开车到酒店一停车，后排右座一定正对着门。这个位置的人伸腿下车，抬腿上车，非常方便。而副驾驶的座位是"随员座"，所以酒店的门童都不会给副驾驶座开门。

第三个上座称为"VIP上座"。即司机后面的座位。高级将领、高级领导，包括港澳的一些专家人士，不管方向盘在哪里，他都喜欢坐在司机后面。因为那个位置最安全。最不安全的位置是副驾驶座。因此坐在开车主人的旁边，也叫"舍命陪君子"。

【阅读材料】符合中国国情的汽车安全座位排序

如果按照中国大多数乘客的驾乘习惯(除司机系安全带外，其他座位的乘客几乎没有系安全带的意识)，小汽车座位的安全性如下所述。

1. 副驾驶后排座位

原因：经过观察许多车祸图片后发现，在碰撞中，除非超级严重的事故，否则一般不会危及此位置。尤其是在市内开车，此位置可以说万无一失。唯一能够威胁到该位置人员生命的似乎只有高速上被追尾而发生惨烈车祸。当然，如果不幸坐上了"断裂门"的车，那也只能自认倒霉了。

2. 驾驶员后排座位

原因：许多人都认为这个位置能够沾到驾驶员的光，在出现车祸的一刹那，司机肯定会无意识地躲闪，就算不躲，也还有司机在前面顶着，可以算是车内最安全的位置。其实不然，有一种可能似乎被大家忽略了：当车从辅路进入主路的时候，这个位置始终都是最先暴露在主路正常行驶的车辆面前的，尤其再碰上"二环十三郎"速度的哥们，那肯定是"撞你没商量"！

3. 驾驶员座位

原因：大多数驾驶员还是能系好安全带的，这在很大程度上保证了他们的安全。最重要的是车在他们手里，在紧急情况下，他们会本能地躲避危险。

4. 副驾驶座位

原因：该位置可以说是司机的"挡箭牌"。在遇到危险的时候，司机都会下意识地用副驾驶部位去撞击前面的物体，因而坐在副驾驶座位上的人最危险。如果不喜欢系安全带，那么发生安全事故的可能性更大。

（资料来源：https://www.docin.com/p-1555497137.html.）

(三)乘坐轿车的具体位次要求

1. 主人开车

如果由主人亲自驾驶，以驾驶座右侧为首位，后排右侧次之，左侧再次之，而后排中间座为末席。乘坐主人驾驶的轿车时，最重要的是不能令前排座空着。当主人亲自驾车时，若一个人乘车，则必须坐在副驾驶座上，若多人乘车，则必须推举一个人在副驾驶座上就座，否则就是对主人的失敬。

双排五座轿车上其他四个座位的座次，由尊而卑依次应为副驾驶座，后排右座，后排左座，后排中座，如图7.3所示。三排七座轿车上其他六个座位的座次，由尊而卑依次应为副驾驶座，后排右座，后排左座，后排中座，中排右座，中排左座。三排九座轿车上其他8个座位的座次，由尊而卑依次应为(假定驾驶座居左)：前排右座，前排中座，中排右座，中排中座，中排左座，后排右座，后排中座，后排左座。

2. 由专职司机开车

由专职司机开车，双排五座轿车其他4个座位的座次，由尊而卑依次应为：后排右座，后排左座，后排中座，副驾驶座，如图7.3所示。

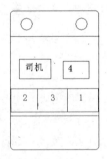

图7.3 双排五座轿车乘坐礼仪

三排七座轿车上其他6个座位的座次，由尊而卑依次应为：后排右座，后排左座，后排中座，中排右座，中排左座，副驾驶座。

三排九座轿车其他8个座位的座次，由尊而卑依次应为(假定驾驶座居左)：中排右座，中排中座，中排左座，后排右座，后排中座，后排左座，前排右座，前排中座。

根据常识，轿车的前排，特别是副驾驶座，是车上最不安全的座位。因此，按惯例，在社交场合，该座位不宜请妇女或儿童就座。而在公务活动中，副驾驶座，特别是双排五座轿车上的副驾驶座，则被称为"随员座"，专供秘书、翻译、警卫、陪同等随从人员就座。

三、其他类型汽车的位次礼仪

不论是中型或大型巴士，司机座后第一排即前排为尊，后排依次为小。其座位的大小，依每排右侧往左侧递减。其排列遵循离开门愈近的位置愈大，愈远则愈小原则。另外，右大左小，尊右的原则来依序排列位置。无论公交车还是观光巴士都可以遵循这类原则来决定大小尊卑(见图7.4)。

图7.4 乘坐公交车

在乘坐车辆时以礼待人，不但是一种要求，而且应当体现在乘坐车辆时的许多细节上。特别需要注意下列三个问题。

其一，上下车的先后顺序。在涉外交往中，尤其是在许多正式场合，上下车的先后顺序不仅有一定的讲究，而且必须认真遵守。

乘坐轿车时，按照惯例，应当恭请位尊者首先上车，最后下车。位卑者则应当最后登车，最先下车。乘坐公共汽车、火车或地铁时，通常由位卑者先上车，先下车。位尊者则应当后上车，后下车。这样规定的目的，同样是为了便于位卑者寻找座位，照顾位尊者。

其二，就座时的相互谦让。不论是乘坐何种车辆，就座时均应相互谦让。争座、抢座、不对号入座，都是非常失礼的行为。在相互谦让座位时，除对位尊者要给予特殊礼遇之外，对待同行人中地位、身份相同者，也要以礼相让。

其三，乘车时的律己敬人。在乘坐车辆时，尤其是在乘坐公用交通工具时，必须将其视为一种公共场合。因此，必须自觉地讲究社会公德，遵守公共秩序。对于自己，处处要严格要求，对于他人，时时要友好相待。

四、乘坐公共汽车时的举止行为规范

一是动作雅观。不要对异性表示过分亲近，更不要东倒西歪碰到别人身上。穿短裙的女士上下车最好采用背入式或正出式，即上车时双腿并拢，背对车门坐下后，再收拢双腿；下车时正面面对车门双脚着地后，再移身车外。如果跨上跨下，爬上爬下，姿态将极不雅观。

二是注意卫生。不要在车内连吃带喝；不要向车外扔垃圾、吐痰、擤鼻涕；不要在车上脱鞋、脱袜、换衣服，或用脚蹬踩座位，更不要将手或腿、脚伸出车窗外。自己的车上可以吸烟，但遇有女宾时应先礼貌性地征求意见。一般在空调车上不能吸烟。

三是注意安全。不要分散驾驶员的注意力，不与驾驶员闲聊、让其接听移动电话或看书刊。尊长、女士、来宾上车时，应为他们开门、关门。在开、关门时，不要弄出声响，或用力过大，以免夹伤人。自己上下车、开关门时，应先看后行，特别注意看后面有无自行车，以免疏忽大意，伤及他人。坐在副驾驶座的人要系安全带。按照交通安全法律、法规的规定，小型车前排乘客也应该系安全带。

第四节　其他场合的位次礼仪

除了行进和乘车时的位次礼仪外，商务人员在从事商务活动时，也要考虑会客、谈判、参加签字仪式时的位次礼仪。这部分内容在其他章节中会具体讨论，这里只做概要性的介绍。

一、会客时的位次礼仪

会客，也叫会见、会晤或者会面。它所指的多是礼节性、一般性的人与人之间的相互交往。会客地点一般都是比较重要的场所，正式的会客最好面对面就座，拉开距离；非实质性、礼节性的见面要并排坐，因为平起平坐，缩短距离，表示关系友善。

在会客时，安排位次具体有下述五种基本方式。

(一)相对式

相对式的具体做法是宾主双方面对面而坐。这种方式显得主次分明，往往易于使宾主双方公事公办，保持距离。这种方式多适用于公务性会客，通常又可分为两种方式。

第一种方式，双方就座后，一方面对正门，另一方背对正门。此时讲究"面门为上"，即面对正门之座为上座，应请客人就座；背对正门之座为下座，宜由主人就座。第二种方式，双方就座于室内两侧，并且面对面就座。此时讲究进门后"以右为上"，即进门后右侧之座为上座，应请客人就座；左侧之座为下座，宜由主人就座。

当宾主双方不止一人时，客人就座于进门后右侧里面的位置，而客人的随同人员在离门较近的位置。主人面对客人就座，主人的随同人员面对客人的随同人员就座，如图 7.5 所示。

图 7.5　会客礼仪

(二)并列式

基本做法是宾主双方并排就座,以暗示双方"平起平坐",地位相仿,关系密切。并排就座时,一般讲究内侧高于外侧,右侧高于左侧。具体可分为两种方式。当双方一同面门而坐时,此时讲究"以右为上",即主人宜请客人就座在自己的右侧面。若双方不止一人时,双方的其他人员可各自分别在主人或主宾的侧面按身份高低依次就座。当双方一同在室内的右侧或左侧就座时,此时讲究"以远为上",即距门较远之座为上座,应当让给客人;距门较近之座为下座,应留给主人。

(三)居中式

所谓居中式排位,实为并列式排位的一种特例。它是指当多人并排就座时,讲究"居中为上",即应以居于中央的位置为上座,请客人就座;以两侧的位置为下座,而由主方人员就座。

(四)主席式

主席式主要适用于在正式场合由主人一方同时会见两方或两方以上的客人。此时,一般应由主人面对正门而坐,其他各方来宾则应在其对面背门而坐。这种安排犹如主人正在主持会议,故称为主席式。

(五)自由式

自由式座次排列,即会见时有关各方均不分主次、不讲位次,而是一律自由择座。自由式通常用在客人较多,座次无法排列,或者大家都是亲朋好友,没有必要排列座次时。进行多方会面时,此法也常被采用。

二、谈判时的位次礼仪

一般标准的谈判厅,谈判桌横放。谈判桌横放时,面门的一方是客方,背门的一方是主方。双方人员,一般居中的是主谈,就是第一谈判手。主谈右侧是第二把手,左侧是第三把手,然后再依次按右左交替排列。但如果是涉外谈判或者民族间谈判,主谈右手一般是翻译。

如果谈判桌竖放,这就比较特殊了。以面对房门进门时候的右侧为上。因为人是走动的,门一推开,把右侧让给客人方,自己方去左侧。同样是中央高于两侧,右侧高于左侧。

三、签字仪式的位次礼仪

举行签字仪式时,签字桌通常在签字厅横放,双方主签者面对房间正门就座,惯例为右高左低。面对房门右侧坐的是客方,左侧坐的是主方,以客为先。

双方助签人,就是帮助翻页、吸墨、拿笔、递送合同文本的人,站在各自主签者外侧,如图 7.6 所示。其他参加仪式的人，有两个具体的排列办法：坐在各自签字者的对面。比如己方是主方签字人，己方的随从或者有关人员，应坐在己方的对面；如果是客方，那么客方的人坐在客方的对面。站在双方签字人的后侧。具体方式是内侧高于外侧，由高而低向两侧分列。比如己方是主签人，己方的后面站的是己方最高人士，然后按地位依次向外侧排开；客方的后面站的是客方地位最高的人，然后按地位依次向外侧排开。

图 7.6 签字仪式位次礼仪

四、会议的位次排列

商务工作中经常会举办一些重要的大型会议，举办会议时的位次排列就是一个摆在商务人员面前不可回避的问题。举行正式会议时，通常应事先排定与会者，特别是其中重要身份者的具体座次。越是重要的会议，它的座次排定往往就越受到社会各界的关注。所以对有关会场排座的规范，商务人员不但需要熟练掌握，而且必须认真恪守。

大型会议的特点是会场上应分设主席台与群众席。主席台必须认真排座，群众席的座次则可排可不排。大型会场的主席台，一般应面对会场主入口。在主席台上就座之人，通常应当与在群众席上的就座之人呈面对面之势。在每一名成员面前的桌上，均应放置双向的桌签。

主席台排座可分为三种情形。其一，主席团排座。主席团在此是指在主席台上正式就座的全体人员。国内目前排定主席团位次的基本规则有三，一是前排高于后排，二是中央高于两侧，三是右侧高于左侧。职位最高者坐在前排中间，其他人员遵循右高左低的原则，依职位高低自近而远地分别在职位最高者的两侧就座。其二，主持人座席。会议主持人的具体位置有三种方式可供选择，一是居于前排正中央，二是居于前排的两侧，三是按具体身份排座，但不宜就座于后排。其三，发言者席位。又叫作发言席。在正式会议上，发言者发言时不宜就座于原处发言。发言席的常规位置有二，一是主席台的正前方，二是主席台的右前方。

第五节 实 践 演 练

实践项目一：乘坐交通工具礼仪

一、任务目标

目标一：掌握乘坐交通工具礼仪。

目标二：掌握乘坐轿车时座次、举止、上下车顺序的规范要求。

目标三：掌握不同情况下出入电梯顺序的规范要求。

二、任务下达

"五·一"黄金周即将到来，一汽大众要举办一次试乘试驾活动。客户王先生与朋友应邀来到长春硅谷大街的广本成邦 4S 专卖店参与活动，销售顾问张浩很热情地接待了他们。

在办理了试驾手续后，张浩引导客户来到试驾车旁，待客人上车后，张浩将副驾驶车门打开，先将脚和头伸进车内，然后再将身体挪入车内。这个不雅观的动作，让从事营销工作的王先生看了，不太舒服。

请思考：作为销售顾问，在乘坐车辆等交通工具时，应该注意哪些礼仪呢？

三、任务实施

在案例中，销售顾问张浩之所以让王先生看着不太舒服，从礼仪的角度来说，他犯了一个错误，这就是张浩将副驾驶车门打开后，先将脚和头伸进车内，然后再将身体挪入车内，这个动作是不雅观的。从前面的礼仪中，我们知道，进入轿车，动作要得体，入座时，要大方、端庄、稳重地走到车门前，转身背对车门，先轻轻坐下，再将头和身体移入车内，然后再将双脚收入车内。

四、实训任务

根据学生人数进行相应分组，要求每组学生分别模拟乘坐轿车礼仪和乘坐电梯礼仪，老师进行现场指导。

实践项目二：谈判位次礼仪

一、任务目标

目标一：掌握谈判位次礼仪。
目标二：了解谈判位次的排列，掌握双边谈判和多边谈判的位次礼仪规范。

二、任务下达

在广丰长春翼欣 4S 汽车专卖店，销售顾问李明接待了前一天来看车的客户张先生及单位同行一行 5 人。张先生表示这次来店是打算为单位购买公务用车。事先已了解意向的"汉兰达 2.7L 精英版"车型，但是，就价格和售后服务的具体问题需要进一步沟通协商。接下来，李明请来了销售经理顾城，双方就购买的具体细节进行谈判和协商。李明把张先生一行引到洽谈区。

请思考：销售顾问李明这时应该怎样安排座次，才不失礼仪规范呢？

三、任务实施

在经典案例中，李明和销售经理顾城作为主方，与张先生单位同行 5 人就购买的具体细节进行谈判和协商。这是一次双边谈判，李明把张先生引到洽谈区。洽谈区里谈判桌在谈判室内横放，张先生面门而坐，他的同事各自先右后左、自高而低地分别在他两侧就座。李明和销售经理顾城背门而坐。双方就价格和售后服务的具体问题进行了沟通协商，最后双方达成了成交协议。

四、实训任务

根据学生人数进行相应分组，7 人一组，要求每组学生自定角色，分别模拟汽车商务中双边谈判和多边谈判的座次礼仪，老师进行现场指导。

实践项目三：会客座次礼仪

一、任务目标

目标一：掌握会客座次礼仪。

目标二：针对会见时宾主双方情况，把握座次安排方式。

二、任务下达

有一天，广州本田成铭维修服务公司来了一位前来洽谈业务的客人，他是广州飞翔汽车配件有限公司的白副经理。会客室在二楼，成铭维修服务公司郝秘书在前面引路，将白经理带到会客室。公司的王海总经理前来迎接，请白经理在会客室就座。白经理心情愉悦，双方就汽车配件供应问题进行了友好洽谈。

请思考：白经理心情愉悦的原因是什么？

三、任务实施

在经典案例中，郝秘书在前面引路，将白经理带到会客室。双方就座后，白经理面对正门，王经理背对正门。白经理感受到尊重。因为在服务礼仪里讲究"面门为上"，即面对正门之座为上座，应请客人就座；背对正门之座为下座，宜由主人就座。这种方式显得主次分明，往往易于使宾主双方公事公办，保持距离。

四、实训任务

把学生人数分为若干组，每组学生列出分别代表主客双方的人员，按会客的五种常见方式模拟会客座次礼仪，老师进行现场指导。

本 章 小 结

在商务活动中，位次是否规范，是否符合礼仪的要求，反映出商务人员自身的素养、阅历和见识。所以商务人员必须掌握位次排列礼仪。本章首先介绍了商务礼仪中位次礼仪的重要意义以及位次礼仪的一般规则；其次，介绍了在行进过程中的基本礼仪规范，分析了并行、陪同引导、上下楼(电)梯、出入房间时的位次要求；再次，针对乘坐汽车的位次礼仪，介绍了上下汽车的位次礼仪、乘坐轿车的位次礼仪；最后，简要介绍了其他场合的位次礼仪。

练 习 与 思 考

一、单选题

1. 在商务场合，引导者一般情况下应在客人的( )。

    A. 左前方引路   B. 左后方指路   C. 右前方引路   D. 右后方指路

2. 位次礼仪的一般规则包括(　　)。

    A. 以右为尊　　　　B. 以左为尊　　　　C. 男士优先　　　　D. 以中为尊

3. 关于行进中的位次礼仪,描述不正确的有(　　)。

    A. 人横向行进,内侧高于外侧　　　B. 多人并排行进,中央高于两侧

    C. 对于纵向来讲,前方高于后方　　D. 多人并行时,左侧高于右侧

4. 公务用车时,上座是(　　)。

    A. 后排右座　　　　　　　　　　　B. 副驾驶座

    C. 司机后面之座　　　　　　　　　D. 以上都不对

5. 接待高级领导、高级将领、重要企业家时人们会发现,轿车的上座往往是(　　)。

    A. 后排中座　　　B. 后排右座　　　C. 副驾驶座　　　D. 司机后面的座位

6. 如果主人亲自驾驶汽车,(　　)应为首位。

    A. 副驾驶座　　　B. 后排右侧　　　C. 后排左侧　　　D. 司机后排对角线

7. 在电梯礼仪中,以下说法不正确的是(　　)。

    A. 入电梯,内有人则客人、上司优先

    B. 入电梯,内无人则领路者先入,按住"开"键,客人、上司次之

    C. 入电梯,不管电梯内有人无人,都应客人、上司优先

    D. 出电梯,应按住"开"键,请客人、上司先出

8. 乘车礼仪中,在有专职司机的三排七座轿车上,下列座位尊位从高到低的顺序依次是(　　)。

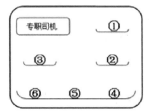

    A. ①④⑥⑤②③　　　　　　　　　B. ①②③④⑥⑤

    C. ①②③④⑥⑤　　　　　　　　　D. ④⑥⑤②③①

9. 乘车礼仪中,在没有专职司机的三排七座轿车上,下列座位尊位从高到低的顺序依次是(　　)。

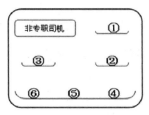

    A. ①④⑥⑤②③　　　　　　　　　B. ①②③④⑥⑤

    C. ①②③④⑥⑤　　　　　　　　　D. ④⑥⑤②③①

10. 在没有特殊情况时,上下楼应(　　)行进。

    A. 靠右侧单行　　　B. 靠左侧单行　　　C. 靠右侧并排　　　D. 靠左侧并排

二、多选题

1. 对于汽车上座描述正确的有(　　)。
   A. 社交场合：主人开车，副驾驶座为上座
   B. 商务场合：专职司机，后排右座为上(根据国内交通规则而定)，副驾驶座为随员座
   C. 双排座轿车有的 VIP 上座为司机后面那个座位
   D. 在有专职司机驾车时，副驾驶座为末座

2. 对于座次的描述正确的有(　　)。
   A. 后排高于前排　　　　　　　　B. 两侧高于中央
   C. 中央高于两侧　　　　　　　　D. 内侧高于外侧

3. 出入电梯时，陪同人员和客人进入电梯的顺序是(　　)。
   A. 出入无人电梯时，陪同人员先进后出，客人后进先出
   B. 出入无人电梯时，陪同人员后进先出，客人先进后出
   C. 出入有人电梯时，陪同人员先进先出，客人后进后出
   D. 出入有人电梯时，陪同人员后进先出，客人先进后出

4. 以下做法正确的是(　　)。
   A. 一女士陪三四位客人乘电梯，女士先入，后出
   B. 一男一女上楼，下楼，女后，男先
   C. 一男一女在公司门口迎候客人。一客人至。男女主人将其夹在中间行进。至较狭之处，令客人先行
   D. 室内灯光昏暗，陪同接待人员要后进，先出

5. 下列座次安排错误的是(　　)。
   A. 领导面向会场时：右为上，左为下。
   B. 宾主相对而坐，主人面向正门，客人占背门一侧。
   C. 签字双方主人在左边，客人在主人的右边。
   D. 宴请时，主宾在主人右手，副主宾在主人左手。

6. 进出电梯时应(　　)。
   A. 注意安全　　　　　　　　　　B.领导先进后出
   C. 领导后进先出　　　　　　　　D. 与熟人同乘要讲先来后到

三、判断题(正确的在括号内打"√"，错误的打"×")

1. 位次问题之所以重要，不仅仅因为它关系到交往双方的舒适感，而且还关系到一个尊重与否的问题。　　　　　　　　　　　　　　　　　　　　　　　(　　)

2. 讲究位次排列应适可而止，在不伤及国家、单位和个人尊严的前提下，当事人不宜过于计较，也不必过于谦让。　　　　　　　　　　　　　　　　　　　(　　)

3. 任何时候客人都不能坐在副驾驶座上。　　　　　　　　　　　　　　(　　)

4. 一般情况下，引路礼仪中接待员应走在客人左前方的 2~3 步处，引路人走在走廊的左侧。　　　　　　　　　　　　　　　　　　　　　　　　　　　(　　)

5. 电梯礼仪中，一般情况下，出入电梯以方便为主，注意通常礼仪，如女士、老人优先。　　　　　　　　　　　　　　　　　　　　　　　　　　　（　　）

四、简述题

1. 简述正确安排位次的重要性。
2. 陪同引导过程中的位次礼仪包括哪些？
3. 简述出入房间时的位次礼仪。
4. 影响轿车座次尊卑的因素包括哪些？
5. 简述会客时的位次礼仪。

【案例分析一】

规则是死的，具体情况则千变万化，要善于变通，而不是囫囵吞枣、生搬硬套、泥古不化。应注意：

第一，内外有别。座次排列适用于正式的公关活动中，是对外交往中用的，是正式场合用的，内部交往中则大可不必。

第二，中外有别。座次排列讲究以右为尊，但中国人和外国人的做法不大一样(实际上我国不同历史时期的做法也不尽相同)。比如，我国政务活动中，根据中办规定，遵循我国传统礼仪：左为上，右为下。当领导同志人数为奇数时，1号首长居中，2号首长排在1号首长左边，3号首长排右边，其他依次排列；当领导同志人数为偶数时，1号首长、2号首长同时居中，1号首长排在居中座位的左边，2号首长排右边，其他依次排列。但公关活动遵循的是国际惯例，以右为上，所以涉外活动中，外国客人是在首长的右侧的。这里讲的左和右，都是当事人自己的左和右。这是定位标准。

第三，外外有别。俗话说十里不同风，百里不同俗，千万不要认为外国人全都一样。不同国家、不同民族，其座次排列也有不同。以右为上属于国际惯例，惯例是通行的，但它并不排除许多例外的存在。

第四，场合有别。场合不同，具体情况不一，千万不要以不变应万变。举个例子，上楼下楼时，通常是地位高的人走在前面，把前面的位置让给客人表示尊重，前排为上。但是让客人走在前面的前提，是客人认路，不认路不合适吧？再者，如果对方是小姐，穿的是短裙、短裤，你是先生，上楼梯你让对方走在前面不合适吧？因为人上楼习惯于抬头仰望，不管你有意无意，岂不成了你在欣赏小姐的美腿了？而且，你这一看搞不好对方就走光了，那多尴尬！

(资料来源：https://www.docin.com/p-1987802645.html.)

思考讨论题：

谈谈此案例给了我们哪些启示？

【案例分析二】

发放资料的学问

天地石化股份有限公司董事会召开会议讨论从国外引进化工生产设备的问题。秘书小张负责为与会董事准备会议所需文件资料。因有多家国外公司竞标，所以材料很多。小张由于时间仓促就为每位董事准备了一个文件夹，将所有材料放入文件夹。有三位董事在会前回复说将有事不能参加会议，于是小张就未准备他们的资料。不想，正式开会时其中的二位又赶了回来，结果会上有的董事因没有资料可看而无法发表意见，有的董事面对一大摞资料不知如何找到想看的资料，从而影响了会议的进度。

(资料来源：https://www.docin.com/p-1119536434.html.)

思考讨论题：

1. 秘书小张在发放资料时有哪些失误？

2. 如果你是小张，应如何发放资料才能避免此类事件的发生？

第八章　商务通信礼仪

【学习目的与要求】

● 掌握电话的拨打和接听礼仪，了解传真的收发礼仪。

● 了解电子邮件的收发礼仪。

● 了解介绍信、证明信、邀请信、聘书等写作的基本知识和基本写作方法。

【关键概念】

电话礼仪；传真；电子邮件；信函礼仪

【案例导入】

一家大公司的总经理打电话给一家报社，询问这家报社广告部负责人的电话。他声明是来做广告的，而且想常年把广告做下去。报社的文字编辑梁小姐接起电话后，颇不耐烦地说："广告部的人常年在外头跑，你要么打到他家里去，要么打手机。"这位总经理说："对方的手机似乎出了毛病，可以把他办公室或家里的电话告诉我吗？"梁小姐用嘲讽的语调说："你问我，我去问谁？"

总经理有些不高兴，大声地说："你们报社怎么这个态度？做广告是养活你们全体的，老于(广告部主任)吃尽千辛万苦才跟我们公司谈下来，总不能到了临签合同的时候倒被你们冲掉。"也许是被总经理居高临下的口吻所震慑，梁小姐的态度转变了，改口说："我替你找找看。"总经理便在电话这头听到哗啦哗啦翻纸的声音。最后，梁小姐在电话里报了三个电话号码，总经理立刻追问说："哪个号码是近期的？"梁小姐随意地说："我也不知道，一是广告部的人天马行空，通信手段多变，跟我们不搭界的；二是单位里的人，做完事就走，互相之间从来不管闲事的。"总经理听后失望地挂断了电话。

总经理回到公司后，立刻就要求各部门经理回去打印每位职工的通信录，要非常详尽，打印好后张贴在每位职工的抽屉侧面，从此将"你问我，我问谁"列为公司接电话的禁语。

(资料来源：https://wenku.baidu.com/view/5d65d7127dd184254b35eefdc8d376eeaeaa17df.html.)

第一节　商务电话及传真礼仪

8.1-1.mp4

目前，电话是各个单位与外界进行联络与沟通的基本工具之一。在工作岗位中使用电话时，职员既要传递信息，维护本单位的利益，同时，又应当恰到好处地运用自己的聪明才智，表现出自己的职业素养与做人的美德。

就礼仪规范而言，打电话时职员需要对通话的内容、态度及表现形式等三个要点加以注意。这三个要点又称打电话三要素。打电话时所涉及的具体问题，均与此三要素直接相关。

8.1-2.mp4

商务往来中的电话交流，可分为拨打电话、接听电话、代接电话与使用手机四种方式。在礼仪规范上，这四种方式往往又有各自的一些规定。

一、拨打电话

拨打电话，一般是指在打电话时自己处于主动的一方，是由自己首先把电话打给别人的行为。此时，拨打电话的一方叫作发话人，而接听电话的一方则称为受话人。当一名职员作为发话人拨打电话给别人时，下述十个问题通常都是需要注意的。

1. 慎选时间

倘若并非紧急事务必须立刻通报，那么打电话最好选择一下具体的时间：一是要主动回避对方精力或许松懈的时间，例如，周五下午、周一上午、上班后的头半个小时、下班前的最后几分钟。二是努力避开影响对方生活或休息的时间，例如，假期、午休、凌晨、深夜或就餐时间。打国际长途时，还应事先考虑一下两地的时差。

2. 做好准备

打电话给别人时，应争取给对方以干脆利索、惜时如金之感。因此，打电话之前，尤其是拨打重要的公务电话之前，一定要有所准备，以免仓促上阵，无目的性。一般来讲，拨打电话前，最好在专用的便笺上一一列出诸如电话号码、备用号码、通话要点、强调之处、疑难点等诸多问题，以便通话时有所参考。拨打电话前要保持正确的坐姿，确保通话过程中语言的顺畅，如图8.1所示。

图8.1　话务员拨打电话

3. 礼貌待人

打电话给外单位或外人时，一定要在通话之初便对对方以礼相待。为此，首先要问候对方，问候语"您好"应作为通话时的开始语；其次为了让受话人明了自己的身份，随即要自报家门。其具体方式有以下七种：一是报出姓名；二是报出单位；三是报出部门；四是报出单位与部门；五是报出单位与姓名；六是报出部门与姓名；七是报出单位、部门与姓名。最后一种方式通常最为正式。

4. 条理清晰

在打电话时，不论通报一般性事务，还是进行重要的商务洽谈，均应不慌不忙，条理清晰。具体陈述时，要注意有主有次、有点有面、有先有后、有因有果。凡事均应一一道来，循序而行，讲究逻辑。唯有如此，才能令受话人完整、准确、及时地理解发话人所要表达的意思。

5. 确认要点

一般而言，打任何一次电话都有一定的要点。为了保证通话效果，务必注意在电话里对要点加以确认。常用的有效做法有三：一是通话要点宜少忌多。每打一次电话最好只有一个要点。二是通话之时应明确地对要点加以强调。三是通话结束前须再次对要点进行复述，以强化受话人对此的印象。

6. 适可而止

在通话时，作为发话人，理应长话短说，废话不说，更要切忌没话找话，尽量精简通话内容，缩短通话时间。在正常情况下，要自觉遵守"通话三分钟法则"，也就是有意识地将每一次普通通话的时间限定在三分钟以内。万一情况特殊，通话时间可能较长，须向受话人提前说明，并征得对方同意。

7. 善始善终

需要结束通话时，发话人应当在下述几个方面表现出应有的礼貌：一是先要询问受话人是否还有事需要相告；二是要以"再见"等道别语作为通话的结束语；三是当自己挂断电话时，应双手轻轻放下话筒或轻轻按下通话终止键，切勿突如其来地挂断或用力摔掉，令受话人产生误解。

8. 有错必纠

有时在通话的过程中，往往会出现一些意想不到的差错。不论是否与己相关，发话人均应有错必纠。一是拨错电话号码时，要即刻向对方道歉，不要一言不发，挂断了事。二是线路发生故障，出现噪音、串线、掉线时，发话人应首先挂断电话，然后再主动拨打一次。电话接通后，发话人还应就此向受话人做出必要的解释。

9. 善待他人

在电话打通后的第一时间，发话人有可能并未遇到自己要找的对象，而是碰上了其他人士充当受话人。他们可能是电话接线员、办公室工作人员或者受话人的同事、家人等。当确认对方不是自己要找的人之后，应请求对方帮助，同时问候对方并感谢对方的帮助。

10. 及时反馈

在打电话的整个过程中，通话双方的相互配合十分重要。打电话时，发话人一定要善于体察受话人的反应，并及时反馈。例如，在电话接通后，不妨先询问一下受话人现在打电话是否方便；发现受话人正在接待他人，则不妨改时再打。

二、接听电话

接听电话，通常指的是自己在打电话中处于被动的一方，通话是接听别人所打来的电话的行为，如图 8.2 所示。作为受话人，尽管在通话时未必可以任意操控电话，但却依然需要以礼待人。根据电话礼仪规范，在接听电话时，受话人务必要对以下十大要点加以重视。

1. 来话必接

在上班时，不论工作再忙再累，都不允许拒绝接听打进来的电话。即使当时不宜通话，也应先接电话，并随之说明原因，请其指定时间以便打过去。

图 8.2 接听电话礼仪

2. 接听及时

电话礼仪规范不但要求保证有电话必接，而且还要求及时接听。

按照常规，打进来的电话，应在电话铃声响起三声左右时接听。过早接听，可能使发话人措手不及；接听过迟，则又有可能怠慢发话人。此种规定，在电话礼仪中称作铃响三声法则。遵守这一法则，被视为受话人通话时最基本的教养。

3. 认真确认

接听电话之初，受话人应进行规范化的确认：一是以问候对方来确认有人接听电话；二是以自报单位、部门确认对方没有找错地方；三是以自报姓名确认对方没有找错对象。进行确认的具体方式，可以比照发话人自报家门的做法进行。务必记住，接听电话时进行确认这一程序，任何时候都不可以被省略。

4. 善待错拨

由于种种原因，平时接到别人拨错的电话属于司空见惯之事。碰到此种问题时，不仅不能气恼，而且还应善待对方。通常，应态度和蔼地告知对方打错了电话，然后再帮助对方核对一下错在何处。必要时，还可帮助对方查找其所要拨打的电话的正确号码。

5. 专心致志

接听任何电话，均应全力以赴，聚精会神，不允许在接听电话时心不在焉。例如，在接听电话时，不应当同时仍与别人交谈，或者手头仍在从事别的工作，诸如看电视、看书报、抽烟、喝水等，否则难以确保自己对对方所言之事听得清、记得准。

6. 少用免提

按照惯例，在办公室里接听电话时，不允许使用免提功能。因为那样就等于将发话人所传递的信息公布于众，此种做法其实是极不尊重对方的行为。即便无人在场时使用此项功能，也应提前向发话人通报，并在取得对方认可后再使用。

7. 认真兼顾

有时当别人打来电话时，受话人可能还在伏案工作、接待客户或者正在接听另外一个电话，而此时通常不能对外面打进来的电话加以拒绝。遇到此种电话应立刻接听，但此刻不能厚此薄彼，而应尽快告诉对方自己正在忙于何事，在寒暄之后约定自己过后打电话给对方的时间，然后将其挂断，回过头来再继续处理手头的工作。

8. 反复核实

接听公务电话时，一定要及时对电话里的关键之点予以核实。没有听清楚的地方，一定要问清楚；没有记清楚的地方，还应请求发话人进行复述。即使不存在类似问题，在通话结束前，最好还是扼要地向发话人复述一下刚才通话的要点。这样做，既可以避免差错，又可以显示自己的态度认真。

9. 终止有方

终止通话时，具体由哪一方首先挂断电话，在礼仪上很有讲究。按照规范，当通话双方职位相仿时，通常被求于人的一方先挂断电话，有求于人的一方则不宜如此。若双方通话并不涉及实质性问题，应由主叫方即发话人挂断电话，被叫方即受话人则不宜首先终止通话。当通话双方职位存在较大差异时，则应由其中地位较高的一方首先挂断电话。例如，与上司通话时，应由上司先挂断电话；与客户通话时，则应由客户先挂断电话。

10. 及时回复

有时，外面打来电话之际，对方所找之人却不在现场。当时的电话由别人代为接听，或是发话人以录音的方式向自己所找之人留下留言。碰上这类情况，被找之人应尽快回复对方的电话。必要时，还应具体说明自己当时未能在场的原因。

三、代接电话

在代接别人的电话时，除了要遵守接听电话的基本礼仪外，下述七条规则必须遵守。

1. 表明身份

在代接他人电话之前，首先应向打电话人说明自己的身份。这时最主要的是要说明自己与对方要找的人是什么关系，以让对方斟酌是否可以让自己代为转达电话的内容。在代接他人电话时，态度一定要诚恳，不可以冷冷地说一句"他不在"。最好把所找之人不在的情况告诉对方，让打电话的人明白当事人不接他电话的具体原因。

2. 区别情况

发话人所找之人不在的原因，可区分为以下三种：一是正在忙于他事，不能立即接听电话。二是不在现场，不过一会儿有可能回来。三是因事外出，一段时间之内不可能返回。代接电话时，接听者应详尽地向发话人说明其所找之人不能接听电话的具体原因，以便对方了解情况。此刻，仅仅说一句"你找的人不在"，不仅过于生硬，有时难免还会引起误会。

3. 主动帮助

在发话人同意的前提下，代接电话者可在力所能及的范围之内为发话人或其所找之人代劳。具体的做法是在告知发话人其所找之人不能亲自接听电话的原因，并表明本人的身份后，可诚恳地告知对方："需要的话，我可以帮助你，或者方便的话，我可以代为转达。"假如对方对此予以拒绝，则不必勉强。

4. 认真记录

在代接别人电话时，我们一定要保证准确无误地转达别人的意图，不要张冠李戴，以免给双方当事人带来不必要的麻烦。

一般来说，为保证不耽误工作，代替他人接听电话时，接听者最好做笔录。笔录的基本内容，按惯例应为5W1H。所谓5W，指的是何人(Who)、何事(What)、何因(Why)、何时(When)、何地(Where)；所谓1H，则是指如何做(How to do)。进行笔录时应一丝不苟，对上述要点要一一记录清楚，不应遗漏。对一些关键性的内容，诸如数据、金额、人数、姓名、时间等，则应认真与对方核实。

5. 不使久候

倘若发话人所找之人不在现场，但可能就在附近时，征得对方同意后，代接电话者可立刻替对方去找人。不过如果把握不大，或者可能要走较远时，最好先请发话人挂断电话，过一会儿再打过来，或由受话方稍后打过去。千万不要让对方拿着话筒一等再等。在任何情况下，都不应该让对方所等的时间超过两分钟。

6. 第一时间转达到位

一般而言，对方请人代为转达的事情都是比较紧急的。让别人代为转达，极有可能是因为此事不能延误，必须让当事人尽快地知晓。换句话说，这些事情大多具有一定的时效性。如果拖得太久，轻则使转达的内容失去意义，重则可能给当事人或者公司带来某种损失。因此需要接话人亲自转达的事情，要及时转达，需要自己代办的，要认真办理。

7. 尊重他人的隐私

在代接别人电话时，一定要尊重他人的隐私。因其本人不在，若有人打电话找并询问隐私，接话人不要轻易回答。所接电话非本人亲自处理不可时，可以先和本人取得联系，再让其和对方联系，这样才不会造成无谓的困扰。记住，职场上许多事情都存在着各种各样的利益纠葛。不论对方让接听者转告的事是公事还是私事，接听者都有为打电话的人和被转告人保守秘密的义务。接电话常见用语见表 8.1 所示。

【阅读材料】常用情境中的不当用语和礼貌用语

表 8.1 接电话常见用语

情　境	不当用语	礼貌用语
(1) 问好	喂！	您好！/你好！
(2) 自报家门	我是某某公司。	这里是某某公司。
(3) 问对方的身份	你是谁啊？	请问您是……？
(4) 问对方姓名/姓氏	你叫什么名字？/你姓什么？	能告诉我您的姓名吗？/请问您贵姓？
(5) 要别人的电话	你电话是多少？	能留下您的联系方式吗？
(6) 要找某人	给我找一下某某	请您帮我找一下某某，好吗？谢谢！
(7) 问找某人/问有某事	你找谁啊？/你有什么事情？	请问您找哪一位？/请问您有什么事情？
(8) 人不在	他不在。/他现在不在这里。	不好意思，他在另一处办公，请您直接给他打电话，电话号码是……/对不起，他现在不在，如果您有急事，我能否代为转告？
(9) 叫别人等待	你等着！	请您稍等一会儿！
(10) 待会儿再打	你待会儿再打！	请您过一会儿再来电话，好吗？

续表

情　境	不当用语	礼貌用语
(11) 结束谈话	你说完了吗？	您还有其他事情吗？
(12) 做不到	那样可不行。	很抱歉，没有照您希望的办。/不好意思，这个我们可能办不到。
(13) 不会忘记	我忘不了的。	请放心，我一定……
(14) 没听清楚	什么？再说一遍。	对不起，这边太吵了，请您再说一遍，好吗？

(资料来源：http://www.360doc.com/content/14/1116/23/8219544_425653063.shtml.)

四、手机使用礼仪

手机礼仪是指平常使用手机时应该注意的一些小细节。无论是在社交场所还是工作场合放肆地使用手机，已经成为礼仪的最大威胁之一，手机礼仪越来越受到关注。在国外，如澳大利亚电讯的各营业厅就采取了向顾客提供"手机礼节"宣传册的方式，宣传手机礼仪(见图 8.3)。

图 8.3　手机使用礼仪

1. 手机放置的常规位置

在一切公共场合，手机在没有使用时，都要放在合乎礼仪的常规位置。不要在没使用的时候放在手里或是挂在上衣口袋外。

放手机的常规位置：一是随身携带的公文包里，这种位置最正规；二是上衣的内袋里。也可以放在不起眼的地方，如手边、背后、手袋里，但不要放在桌子上，特别是不要对着对面正在聊天的客户。

2. 注意场合

(1) 不要充当声音污染源，在公共场合接电话时要注意控制自己的音量，避免影响到周围的人，例如大声通话，开着喇叭玩游戏或看电影。在要求"保持安静"的公共场所，如音乐厅、美术馆、影剧院等处参观展览或观看演出时，应关闭手机，或将手机设置为静音状态。

(2) 排队办理业务时长时间接电话，会影响业务人员的工作效率和其他排队的客户。

(3) 在艺术展或其他展览会场不要拍摄、标记和分享未取得他人同意的照片及影片。

(4) 会客、会议或聚会等社交场合沉溺于翻看手机，很可能给别人留下用心不专、不懂礼貌的坏形象。

(5) 给别人去电注意时间，中午休息时间、晚上 10 点以后勿给他人打电话，以免影响他人休息。

3. 安全使用手机

(1) 行车或行走时，不要使用手机通话或查看信息，以免分散注意力，造成交通事故。

(2) 使用手机时，会产生电磁波，不要在加油站、面粉厂、油库等处使用手机，免得手机所发出的电磁波引起火灾、爆炸。

(3) 不要在病房内使用手机，以免手机信号干扰医疗仪器的正常运行，或者影响病人休息。

(4) 不要边走路边打电话或发短信、看手机资讯。

(5) 不要在飞机飞行期间使用手机，以免给航班带来危险。

(6) 最好不要在手机中谈论商业秘密或国家安全事项等机密事件，因为手机容易出现信息外漏，产生不良后果。

(7) 特别注意周围有无禁止无线电发射的标志。

4. 注意通话环境

在人员较多的场合，如地铁、公交车等。切忌旁若无人地面对众人大声通话。正确的做法是应该侧身通话，或找个僻静的场所交谈。在大街或其他公共场合通话时，最好不要边走边谈。

5. 选择适合的铃声

由于网络技术的发展，彩铃变化多样，有些彩铃很搞笑或很怪异，与千篇一律的铃声比较起来，确实有独特之处。但是彩铃是给打电话的人听的，如果你需要经常用手机联系业务，最好不要用怪异或格调低下的彩铃，以免影响正常工作。

6. 尊重他人隐私

手机是个人隐私的重要组成部分，为了尊重他人，体现自己的涵养，不要翻看他人手机中的任何信息，包括通讯录、短信、通话记录等。一般情况下，不要借用他人的手机打电话，万不得已需要借用他人手机打电话时，请不要走出机主的视线，并且尽量做到长话短说，用毕要表示感谢。

五、使用手机短信的礼仪规范

除了通话，发短信是手机的另一项主要功能。有时候，手机短信也是商务人士在联络业务、交际活动中进行沟通的一种方式。但是很多人忽视了手机短信的使用礼仪。很多时候，如果不分场合、不分时间地狂发短信，不但影响自己也会耽误别人的工作。

商务人士在使用短信进行沟通时，一定要注意以下几项礼仪要求。

1. 发短信一定要署名

短信署名既是对对方的尊重，也是达到目的的必要手段。不署名的信息让人搞不懂对方是谁，发了等于没发。如果是正事，不署名更会耽误事。

2. 短信祝福一来一往足矣

现在每逢节日，人们都会发短信祝福。来而不往非礼也，所以别人发来短信，自己就要回一个短信。接到对方短信回复后，一般就不要再发致谢之类的短信，因为对方一看，又得回过来。就祝福短信来说，一来一往足矣，二来二往就多了，三来三往就成了繁文缛节。

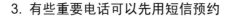

3. 有些重要电话可以先用短信预约

有时要给身份高或重要的人打电话，知道对方很忙，可以先发短信"有事找，是否方便给您打电话？"如果对方没有回短信，一定不是很方便，可以在较久的时间以后再拨打电话。

4. 上班时间不要没完没了发短信

上班时间每个人都在忙着工作，即使不忙，也不能没完没了地发短信。否则就会打扰对方工作，甚至可能让对方违纪。如果对方正在主持会议或者正在商谈重要事项，闲聊天式的短信更会让对方心中不悦。

5. 发短信不能太晚

有些人觉得晚上 10 点以后不方便给对方打电话了，发个短信告知就行。短信虽然更加简便，但如果太晚，也一样会影响对方休息。

6. 提醒对方最好用短信

如果事先已经与对方约好参加某个会议或活动，为了怕对方忘记，最好事先再提醒一下。提醒时适宜用短信而不要直接打电话。打电话似乎有不信任对方之嫌。短信就显得亲切得多。短信提醒时语气应当委婉，不可生硬。

7. 发送短信要讲公德

发送短信最主要的是要讲公德。频繁地给对方发毫无意义甚至涉及黄色的短信，把短信当成自己打发时间、放松情绪的方式，这既不尊重对方，有时候还会给对方家庭造成误会。不顾对方是否繁忙、时间是否恰当，就发短信催促对方或者非要跟人家商量事儿，也是干扰他人。所以发短信前一定要换位思考。

【案例分析】短信广告搅了美梦

一天早上 7 点多，刘先生的手机突然响起，来短信了。刘先生上夜班，同事朋友上午一般都不给他打电话。这会儿睡得正香的刘先生不愿意起来看短信。但他的手机有未接提示，如果不阅读，每隔几分钟就会发出提示音，没办法，刘先生只得爬出热被窝。一看，刘先生真要气歪了，原来是京城一家洋超市发来的促销广告，而刘先生很少去这家超市购物，也不知道超市是怎么得到的电话。就因为这一个短信，刘先生的觉泡汤了。

(资料来源: https://www.docin.com/p-2149958337.html.)

六、传真礼仪

传真机是远程通信方面的重要工具，如图 8.4 所示，因其方便快捷，在商务活动中使用越来越多，可部分取代邮递服务。起草传真时应做到简明扼要，文明有礼。

(1) 在发传真之前，商务人员应先打电话通知对方。

(2) 在收到他人的传真后，商务人员应当在第一时间采用适当的方式告知对方。需要办理或者转交、转送他人发送的传真时切不可拖

图 8.4　传真机

延时间，耽误对方的要事。

(3) 书写传真件时，在语气和行文格式上，应做到清楚、简洁，且有礼貌。传真信件时必须用写信的礼仪，如称呼、签字、敬语等均不可缺少，尤其是信尾签字不可忽略，这不仅是礼貌问题，而且只有签字才代表这封信函是发信者同意的。

收发传真的礼仪有下述几项。

1. 传真的完整性

在发送传真时，应检查是否已注明本公司的名称、发送人姓名、发送时间以及自己的联络电话。同样地，应为对方写明收传真人的姓名、所在公司、部门等信息。所有的注释均应写在传真内容的上方，可以参考规范格式。

2. 传真的清晰度

发送传真时应尽量使用清晰的原件，避免发送后出现内容看不清楚的问题。

3. 传真内容的限制

传真一般不适用于页数较多的文件。页数较多的文件不仅成本较高，而且占用传真机时间过长也会影响其他工作人员使用。

4. 传真的使用时间

如果没有得到对方的允许，不要将发送时间设定在下班后，这是非常不礼貌的行为。

5. 关于回复问题

如果传真机设定在自动接收的状态，发送方应尽快通过其他方式与收件人取得联系，确认其是否收到传真。收到传真的一方也应给予及时回复，避免因任何的疏漏造成传真丢失。在重要的商务沟通中，任何信息丢失都可能造成时间的延误甚至影响到合作业务的达成，这样的细节不可轻视。

第二节　电子邮件礼仪

8.2.mp4

在职场中，电子邮件目前已经是人们经常使用的一种交流方式，在商界更得到越来越广泛的使用。在职场中很多时候汇报工作都是通过电子邮件的方式进行，如果一个职场中人电子邮件写得不好，那么领导、同事就需要花更多的时间去了解邮件中的具体内容。学会职场中的电子邮件礼仪可以帮助我们解决这些问题，减少无用电子邮件的数量，促进交流和合作，提高工作效率，并减少由于该媒介的滥用而产生的挫败感。

【案例分析】

小张在公司负责电子邮件的收发工作。刚开始，电子邮件还比较少，小张便一封一封地查看，然后耐心地回复，对邮件中提出的问题做出解释和解答。随着业务的增多，电子邮件也逐渐多起来，到了业务繁忙时期，邮件简直如同雪片一般向他飞来。面对大量的电子邮件，小张也不像原来那样一封封细致耐心地查看了，只是挑着查看，回复也不及时了，有的看完甚至不回复。他发现，有不少电子邮件的发件人都是来索求一些产品信息的，于是他就把公司的产品信息说明像发广告单似的发了出去，每人一份，一点"群发"就完事，至于里面客户提出的具体问题根本连看也不看。不久，客户纷纷反映，他们通过电子邮件提出的问题并未得到答复，收到的产品信息说明还真的以为是广告宣传单。

电子邮件图省事，就会误了商务上的大事。快速方便的特点固然赢得了时间，但也应确保高效、认真，真正地达到沟通的目的，这样才能获得客户的信赖。

对于初涉职场的新人来讲，更是需要注意礼仪问题。现如今，作为一名职业人士，很少没有邮箱的，有的甚至还拥有使用公司域名的邮箱。职业人士利用公司邮箱发送邮件与私人信件有着很大区别，存在着职场邮件礼仪方面的新问题。

（资料来源：https://wenku.baidu.com/view/0527635c804d2b160b4ec016.html.）

一、职场电子邮件内容编辑礼仪

(一)关于主题

主题是接收者了解邮件的第一信息，因此要提纲挈领，使用有意义的主题，这样可以让收件人迅速了解邮件内容并判断其重要性。

(1) 标题一定不要空白，且标题要简短。

(2) 标题要能真正反映文章的内容和重要性。

(3) 一封信尽可能只针对一个主题，不在一封信内谈及多件事情，以便于日后整理。

(4) 可适当用使用特殊字符来突出标题，引起收件人注意。

(5) 回复对方邮件时，可以根据回复内容需要更改标题。

(二)关于称呼与问候

1. 恰当地称呼收件者，掌握分寸

邮件的开头要称呼收件人。这既显得礼貌，也可明确提醒某收件人，此邮件是面向他的，要求其给出必要的回应；在多个收件人的情况下可以称呼大家。

如果对方有职务，应按职务尊称对方，如"×经理"；如果不清楚职务，则应按通常的"×先生""×小姐"称呼，但要把性别先搞清楚。

不熟悉的人不宜直接称呼英文名，对级别高于自己的人也不宜称呼英文名。称呼全名也是不礼貌的，不要逮谁都用"Dear×××"，显得很熟络。

2. Email 开头结尾最好要有问候语

最简单的开头写一个"HI"，中文的开头写个"你好"；英文的结尾常见的写个 Best Regards，中文的结尾写个"祝您顺利"之类的也就可以了。俗话说得好，"礼多人不怪"，礼貌一些，总是好的，即便邮件中有些地方不妥，对方也能平静地看待。

(三)Email 正文

Email 正文应简明扼要地说清楚内容；如果具体内容确实很多，正文应只作摘要介绍，

然后单独写份文件作为附件进行详细描述。

正文行文应通顺，多用简单词汇和短句，准确清晰地表达，不要使用让人晦涩难懂的语句，最好不要让人家拉滚动条才能看完邮件。

1. Email 语气

根据收件人与自己的熟络程度、等级关系；邮件是对内还是对外性质的不同，选择恰当的语气进行论述，以免引起对方不满。尊重对方，请、谢谢之类的语句要经常出现。

电子邮件可轻易地转给他人，因此对别人意见的评论必须谨慎而客观。

2. Email 正文多用列表

如果事情复杂，最好1、2、3、4列几个段落进行清晰明确的说明。保持每个段落简短，不冗长，没人有时间仔细看没分段的长篇大论。

电子邮件发送的基本界面如图8.5所示。

图 8.5　电子邮件发送的基本界面

(四)一封邮件交代完整信息

最好在一次邮件中把相关信息全部说清楚、说准确，不要过两分钟之后再发一封什么"补充"或者"更正"之类的邮件，这会让人产生反感心理。

(五)合理提示重要信息

不要动不动就用大写字母、粗体斜体、颜色字体、加大字号等手段对一些信息进行提示。合理的提示是必要的，但过多的提示则会让人抓不住重点，影响阅读。

(六)合理利用图片、表格等形式来辅助阐述

对于很多带有技术介绍或讨论性质的邮件，单纯以文字形式很难描述清楚。如果配合图表加以阐述，收件人一定会表扬你的体贴。

(七)不要动不动使用笑脸之类的字符

在商务信函中轻易使用笑脸之类的字符，显得比较轻佻。Business Email 不是情人之间的情书，所以微笑、调皮之类的表情最好慎用。

(八)关于附件

(1) 如果邮件带有附件，应在正文提示收件人查看附件，附件文件应按有意义的名字命名。

(2) 正文中应对附件内容做简要说明，特别是带有多个附件时，附件数目不宜超过 4 个，数目较多时应打包压缩成一份文件。

(3) 如果附件是特殊格式文件，应在正文中说明打开方式，以免影响使用，如果附件过大(不宜超过 2MB)，应分割成几份小文件分别发送。

(九)语言的选择和汉字编码

1. 只在必要的时候才使用英文邮件

英文邮件只是交流的工具，而不是用来炫耀和锻炼英文水平的。如果收件人中有外籍人士，应该使用英文邮件交流；如果收件人是其他国家和地区的华人，也应采用英文交流，由于存在中文编码的问题，所以中文邮件在其他地区可能会被认为是乱码。

2. 尊重对方的习惯，不主动发送英文邮件

如果对方与你的邮件往来采用中文，请不要自作聪明地发送英文邮件给他；如果对方发英文邮件给你，也不要老用中文回复。

3. 对于一些信息量丰富或重要的邮件，建议使用中文

在很难保证英文表达能够被充分理解或者收件人的英文理解水平有限等情形下，理想的解决办法是使用中文来处理邮件。

4. 选择便于阅读的字号和字体

中文用宋体或新宋体，英文就用 Verdana 或 Arial 字型，字号用 5 号或 10 号字即可。这是经研究证明最适合在线阅读的字号和字体。不要用稀奇古怪的字体或斜体，最好不用背景信纸，特别是公务邮件。

(十)结尾签名

每封邮件在结尾都应签名，这样对方可以清楚地知道发件人信息。

1. 签名信息不宜过多

电子邮件末尾加上签名档是必要的。签名档可包括姓名、职务、公司、电话、传真、地址等信息，但信息不宜行数过多，一般不超过 4 行。你只需将一些必要的信息放在上面，对方如果需要更详细的信息，自然会与你联系。

引用一个短语作为签名的一部分是可行的，比如座右铭，或公司的宣传口号。但是要分清收件人对象与场合，切记一定要得体。

2. 不要只用一个签名档

对内、对私、对熟悉的客户等群体的邮件往来，签名档应该进行简化。过于正式的签

名档会让对方觉得疏远。可以在 OUTLOOK 中设置多个签名档，灵活调用。

签名档文字应选择与正文文字匹配的简体、繁体或英文，以免出现乱码。字号一般应选择比正文字体小一些的字体。

二、电子邮件的收发礼仪

1. 确认邮件发送成功与否

发信后要检查"已发送"邮件箱，或在几分钟后检查个人邮箱中有无系统退信邮件。由于网络或邮件服务系统等原因，已经发出的邮件实际上并没有发送成功，这种现象还是存在的，所以，一定要自己确认邮件是否发送成功。

2. 重要邮件发送后要通知收件人查收

收件人出差不在或者计算机发生故障时，有可能影响电子邮件的及时处理。还有一些人根本就没有打开电子邮箱的习惯。所以如果是发送比较重要的商务邮件，一旦发送成功后，一定要打电话确认收件人是否收到并阅读了电子邮件，以免耽误重要的事宜。

3. 收件人、抄送和密送

"收件人"地址应该是直接的收阅邮件的人，负有回复邮件的责任。

"抄送"地址应该是间接收件人。邮件发给间接收件人只是要他们知道邮件涉及的内容、供他们参考，他们并没有回复邮件的责任。当然，当他们对邮件内容持有异议的时候，也可以相应地进行回复讨论。

"密送"和"抄送"差不多，唯一的区别是：在同样一封邮件中，"收件人"和"抄送"的收件人看不到"密抄"的邮箱地址。

如果使用"抄送"功能的同时向多人发送商务邮件，则每个收件人都能够看到其他收件人的邮件地址，这样就有可能导致他人的邮箱地址被泄露，从而引起商务伙伴的不满。所以在向多个人同时发送邮件时，如果有些人的邮件地址不便公开，那么最好使用"密抄"功能来发送邮件。

4. 及时回复

收到他人的电子邮件后，回复对方往往是必不可少的，这是对他人的尊重。理想的回复时间是两个小时内，特别是对于一些紧急重要的邮件。对每一份邮件都要立即处理是很占用时间的，对于一些优先级别较低的邮件可以集中在特定时间处理，但一般不要超过 24 小时。及时通知对方，不要让对方苦苦等待。

第三节　商务信函礼仪

商务信函常常不被人们所关注。原因是相比其他的商务文书，商务信函往往被视为过于简单、随意，好像任何人都可以一挥而就。殊不知，很多成千万的大额生意往往都是从这些看似"貌不惊人"的商务信函发起的。俗话说：麻雀虽小，五脏俱全。商务信函看似短小、简便，实则包含玄机，如图 8.6 所示。

一、商务信函的写作要求

(一)完整

在写信时，为了避免传递错误信息，书信的基本内容必须清晰明了、完整无缺。

例如，商务信函写作时，无论在正文或在末尾落款时，都不可一笔带过，而应准确到具体日期。一般要求写明何月何日，必要时还须写明何年何月何日何时。

在书写信封时，双方的邮编不可缺少。另外，在书写收信人及发信人地址时，要力求完整，而不宜采用简称。唯有如此，方能确保书信被及时送达，或是因故被退还时不至于丢失。

图 8.6　商务信函

(二)清楚

书写信函时，字迹必须清晰可辨。要做到这一点，必须注意以下四个问题。

(1) 字迹要清楚，切勿潦草、乱涂乱改。

(2) 要选择耐折、耐磨、吸墨、不洇、不残、不破的信纸、信封，切勿不加选择，随意乱用。

(3) 要选用字迹清楚的笔具与墨水。在任何时候，都不要用铅笔、圆珠笔、水彩笔写信，红色、紫色、绿色、纯蓝等色彩的墨水也最好别用。

(4) 在书信里叙事表意时，要层次明、条理清，有头有尾，切忌天马行空、云山雾罩，令人疑惑丛生，不知所云。这是写商务信函要特别注意的一点。

(三)简洁

写信如同作文一样，同样讲究言简意赅、适可而止。在一般情况下，写信应当"有事言事，言罢即止"，切勿洋洋洒洒、无休无止。

当然应当避免为使书信简洁而矫枉过正，走向另一个极端，过分地惜墨如金，而使书信通篇冰冷乏味。

(四)正确

在写信时，不论是称呼、叙事，还是遣词造句，都必须正确无误。

行文不能出现错字、别字、漏字、代用字或自造字，也不要为了省事，而用汉语拼音或外文替代不会写的字。

在书写收信人姓名、地址、职务及尊称时，不允许出现任何差错。

书写信封时，在收信人姓名之后书写的称呼如"同志""先生""小姐"等，是专供邮递员或带信人使用的，而并非是发信人对收信人所用的称呼，因此像"大人""爱妻""小弟"之类的私人称呼，是不宜使用的。

(五)礼貌

写信人在写信时，要像真正面对收信人一样，必须讲究礼貌，向对方表达自己的恭敬之意。其中的一个重要做法，就是要尽量多使用谦词与敬语。

例如，在信文前段称呼收信人时，可使用诸如"尊敬的""敬爱的"一类提称词。对对方的问候必不可少，对对方亲友也应依礼致意。在信文后段，还应使用规范的祝福语，等等。

二、各种商务信函的格式

在商务交往中所用的书信即信函。在特定的场合，有专门书信。一般而言，专门书信内容单一，具有公开性质，用于商务领域的专用书信主要有介绍信、证明信、邀请信、聘书等。

【阅读材料】

礼仪文书写作是一门学问

刘玉是某大学管理类专业毕业生，毕业后应聘到某电力公司担任办公室科员。分公司的印章、介绍信都归他管理，分公司里的一些礼仪性文书的撰写工作也是他的岗位职责。而刘玉对于商务礼仪中的礼仪文书都包括哪些？各类礼仪文书撰写的格式和要求分别是什么都一无所知，因此赶紧把相关书籍翻出来了。

(资料来源：https://www.docin.com/p-85180952.html 改编.)

(一)介绍信

介绍信是介绍本单位派出人员前往有关单位、部门联系公务时使用的一种专用书信。在工作中具有介绍、证明、沟通的作用。接洽单位或个人依据介绍信的内容，可以了解来人的有关情况和需要办理的事项。

1. 介绍信种类

介绍信从形式上分，有普通式介绍信与印刷式介绍信两种。

1) 普通式介绍信

普通式介绍信的结构包括标题、称谓、正文、结语、署名与日期、有效期六个要素。

(1) 标题："介绍信"三个字第一行居中，适当拉大字距排列。

(2) 称谓：单位名称或单位负责人名称后加冒号，在第二行顶格写。

(3) 正文：介绍信的内容，用"兹""今""现"字领起，写介绍人的姓名、身份、人数，以及需要商洽、联系的事项和希望、要求。

有时为联系工作的需要，还要写明被介绍人的政治面貌、年龄、职务等。在第三行左空两格开始。

(4) 结语：紧接正文内容以"请接洽为荷""请接洽并协助办理为盼"等祈请语作结。

(5) 署名与日期：写发信单位全称(加盖公章)及开出介绍信的日期。

(6) 有效期：介绍信的有效期限，在署名与日期的左下方用小括号大写注明有效天数。

2) 印刷式介绍信

印刷式介绍信是按较规范的内容格式，事先印制好的留有存根的专用空白介绍信。

这种介绍信有两联，一联是介绍信正文，一联是存根。

(1) 印刷式介绍信的正文。标题"介绍信"三个字首行居中，适当拉大字距排列。字号在标题"介绍信"三字下一行的右端写"××字第××号"，"××字"是单位的代字，"××号"是开出介绍信的顺序号，称谓：用"××单位"称呼，后加冒号，××为空白项。在第三行顶格写。正文：介绍信的内容，用"兹""今""现"字领起，写介绍人的姓名、身份、人数以及需要商洽、联系的事项和希望、要求。有时为联系工作的需要，还要写明被介绍人的政治面貌、年龄、职务等。结语紧接正文内容以"请接洽为荷""请接洽并协助办理为盼"等祈请语作结。署名、日期写发信单位全称(加盖公章)及开出介绍信的日期。有效期，介绍信的有效期限，在署名与日期的左下方用小括号大写注明有效天数。

(2) 印刷式介绍信的存根。标题"介绍信"三个字首行居中，后加"存根"两字，并加括号。字号在标题"介绍信"三字下一行的右端写"××字第××××号"，"××字"是单位的代字，"××××号"是开出介绍信的顺序号。正文，介绍信的内容，直接写介绍人的姓名、身份、人数以及需要商洽、联系的事项与前往单位名称。结语与正文相同。经手人——开具介绍信的人。日期——开出介绍信的时间。有效期——介绍信的有效期限，在日期的左下方用小括号大写注明有效天数。印刷式介绍信的正文与存根之间用一条虚线隔开，虚线中间写"××字第××××号"字样，号码要大写，并加盖公章。

2. 介绍信的写作要点

(1) 要写明持介绍信人的真实姓名、身份、不得冒名顶替。

(2) 要用一句话言简意赅地概括出商洽和联系事务项。

(3) 要书写工整，不得任意涂改，如有涂改要加盖公章。

(4) 一份介绍信只能用于一个单位。

3. 介绍信范文

介绍信

××单位：

现介绍我公司员工×××，身份证号：120××××××××××××××××，前往贵处办理××××有限公司对外贸易经营者备案登记表事宜。请接洽为荷。

××××有限公司(盖章)
(有效期×天)2021 年××月××日

(二)证明信

证明信是用于党政机关、社会团体、企事业单位或个人证明有关人员的身份、经历、表现、学历、突发事件或其他事项的真实性时所写的一种专用书信。

证明信具有凭据作用。

1. 证明信种类

证明信从证明事项上分，有身份证明信、毕业证明信、事件真相证明信等种类。这些证明不同事项的证明信又可分为组织证明信、个人证明信与随身携带证明信三类。

1) 组织证明信

组织证明信是指以组织名义写的，用来证明在本单位或曾在本单位工作的职工的政治、工作表现、身世、经历、学历等有关情况或本单位其他事项的证明信。

2) 个人证明信

个人证明信是指以个人名义写的，用来证明某人或某事真实情况的证明信。

3) 随身携带证明信

该证明信是指一种带有证件作用的证明信，由被证明者随身携带，以保证被证明者工作、生活、旅行等正常进行。

这种证明信常用作出差、旅行时证明身份用，一般都有一定的有效期，过期即自动失效。

2. 证明信的结构及写法

结构由标题、称谓、正文、结语、署名、日期几项构成，具体写法如下所述。

(1) 标题。写"证明信"或"证明"；也可用公文式标题，如《关于××同志××问题的证明》。标题的位置在第一行，居中，稍拉大字距排列。

(2) 称谓。称谓写需要证明信单位的名称，后加冒号。位置在第二行顶格书写。

(3) 正文。根据对方要证明的事项，实事求是地写清被证明的事实。正文内容依被证明事实的具体情况而定。如证明某人的历史问题，应写清姓名、时间、地点及在所经历的事件中的表现；如证明某人的学历，应写清姓名、性别、年龄、籍贯、何年何月考入何校何专业、何年何月毕业。

如证明某一事件，应写清参加者的姓名、身份、在事件中的表现和作用及事件本身的前因后果等。

正文的位置在称谓下一行，左空两格写起。

(4) 结语。写"特此证明"，位置在正文下一行，左空两格写起。

(5) 署名。写证明单位的全称或签署证明人姓名，并加盖单位公章或证明人私章。位置在结语下一行的右端标注。

(6) 日期。开具证明信的日期。在署名下一行的正下方标注。

3. 证明信范文

工作证明

兹证明××同志，性别男，身份证号××××，自××年起在我单位工作，现担任××职务。月收入薪金××元(税后所得)。

特此证明。

部门联系人：　　　　　　　　　　联系电话：

　　　　　　　　　　　　　　　　××单位(公章)

　　　　　　　　　　　　　　　　××年××月××日

在读证明

××学校(单位名称):

××同志,性别×,政治面貌××,身份证号××××。于××年××月××日至××年××月××日在我校××学院××专业学习,团结集体,遵纪守法,各方面表现优秀。我单位对本证明真实性负责。

特此证明。

学校名称: (盖章)

年 月 日

(三)邀请信

邀请信(函)是邀请亲朋好友或知名人士、专家等参加某项活动时所发出的请约性书信。它是现实生活中常用的一种日常应用写作文种。在国际交往以及日常的各种社交活动中,这类书信使用也很广泛。在应用写作中邀请函是非常重要的,而商务活动邀请函是邀请函的一个重要分支。商务礼仪活动邀请函的主体内容符合邀请函的一般结构,由标题、称谓、正文、落款组成。但要注意,简洁明了,看懂就行,不需要太多文字。

一般来说,商务礼仪活动邀请函的文本内容包括两部分:邀请函的主体内容和邀请函回执。请看例文:

网聚财富主角——阿里巴巴年终客户答谢会

邀请函

尊敬的××先生/女士:

过往的一年,我们用心搭建平台,您是我们关注和支持的财富主角。

新年即将来临,我们倾情实现网商大家庭的快乐相聚。为了感谢您一年来对阿里巴巴的大力支持,我们特于2021年1月10日14:00在泰州金陵国际大酒店一楼梅兰厅举办2020年度阿里巴巴客户答谢会,届时将有精彩的节目和丰厚的奖品等待着您,期待您的光临!

让我们同叙友谊,共话未来,迎接来年更多的财富,更多的快乐!

阿里巴巴

2021年1月1日

(资料来源: http://www.ruiwen.com/gongwen/yaoqinghan/130078.html 改编.)

1. 标题

标题由礼仪活动名称和文种名组成,还可包括个性化的活动主题标语。如例文,"阿里巴巴年终客户答谢会邀请函"及活动主题标语——"网聚财富主角"。活动主题标语可以体现举办方特有的企业文化特色。例文中的主题标语——"网聚财富主角"独具创意,非常巧妙地将"网"——阿里巴巴网络技术有限公司与"网商"——"财富主角"用一个充满动感的动词"聚"字紧密地联结起来,既表明了阿里巴巴与尊贵的"客户"之间密切的合作关系,也传达了"阿里人"对客户的真诚敬意。若将"聚"和"财"连读,"聚财"又通俗、直率地表达了合作双方的合作愿望，可谓"以言表意""以言传情"，也恰到好处地暗合了双方通过网络平台实现利益共赢的心理。

2. 称谓

邀请函的称谓使用"统称"，并在统称前加敬语。如"尊敬的××先生/女士"或"尊敬的××总经理(局长)"。

3. 正文

邀请函的正文是指商务礼仪活动主办方正式告知被邀请方举办礼仪活动的缘由、目的、事项及要求，写明礼仪活动的日程安排、时间、地点，并对被邀请方发出得体、诚挚的邀请。

正文结尾一般要写常用的邀请惯用语，如"敬请光临""欢迎光临"。

例文中，正文可分为三个自然段。其中第二段写明了"2020 年年终客户答谢会"举办的缘由、时间、地点、活动安排 (看原文)。

第一段开头语——"过往的一年,我们用心搭建平台,您是我们关注和支持的财富主角。"和第三段结束语——"让我们同叙友谊，共话未来，迎接来年更多的财富，更多的快乐!"，既反映了主办方对合作历史的回顾，即与"网商"精诚合作，真诚为客户服务的经营宗旨，又表达了对未来的美好展望，阿里巴巴愿与网商共同迎接财富，共享快乐。

这两句话独立成段，简要精炼，语义连贯，首尾呼应，符合礼仪文书的行文要求，可谓事务与礼仪的完美结合。

4. 落款

落款要写明礼仪活动主办单位的全称和成文日期。

(四)聘书

聘书在这些年来使用较多，招聘制作为现今用人制度的主要形式，为聘请书的使用提供了广阔的市场。聘书在今天人们的生活中起到了重要的作用。

聘书把人才和用人单位很好地联系了起来。一个单位在承担某项任务后，或在开展某项工作的时候，为了请到一些本单位缺乏的人才时，就需要使用聘书。聘书不仅使个人同用人单位联系了起来，同时还加强了不同单位之间的合作，使之可以互通有无、互相支援，聘书就这样起了不可替代的纽带作用。同时应聘者接到聘书也就等于必须为自己所应聘的职务、工作担负责任，尽力做好自己的工作。

一般来讲聘书适用于以下几种招聘事宜。

学校、工矿企业等在需要某方面有特长或有专业技能的人才时，发出聘书。这种情况下，往往是用人单位承担了某项工作，靠自己本单位或现有的人才资源无法顺利完成任务；或者由于企业的发展，事业的扩大，需重新聘用一些有专长，在工作中起重大作用的人。总之，这是一种对专业人才所发的聘书。

社会团体或某些重要的活动为了提高自身的知名度、扩大影响力，常常聘请一些有名望的人加盟或参与，以期更好地开展活动。如聘请名人作顾问，作指导，作为某项比赛的评委等。

聘书一般已按照书信格式印制好，中心内容由发文者填写即可。

完整的聘书一般由以下几部分构成。

1. 标题

聘书往往在正中写上"聘书"或"聘请书"字样，有的聘书也可以不写标题。已印制好的聘书标题常用烫金或大写的"聘书"或"聘请书"字样组成。

2. 称谓

聘请书上被聘者的姓名称呼可以在开头顶格写，然后再加冒号；也可以在正文中写明受聘人的姓名称呼。常见的印制好的聘书则大都在第一行空两格写"兹聘请××……"。

3. 正文

聘书的正文。首先，应交待聘请的原因和应聘者的工作性质，或所要担任的职务。其次，写明聘任期限。如"聘期两年""聘期自200×年2月20日至200×年2月20日"。再次，聘任待遇。聘任待遇可直接写在聘书之上，也可另附详尽的聘约或公函写明具体的待遇，这要视情况而定。

最后，正文还要写上对被聘者的希望。这一点一般可以写在聘书上，但也可以不写，而通过其他途径使受聘人切实明白自己的职责。

4. 结尾

聘书的结尾一般应写上表示敬意和祝颂的结束用语，如"此致——敬礼""此聘"等。

5. 落款

落款要署上发文单位名称或单位领导的姓名、职务，并署上发文日期，同时要加盖公章。

聘书写作的注意事项。

聘书要郑重严肃，对有关招聘的内容要交代清楚。同时聘书的书写要整洁、大方、美观。

聘书一般要短小精悍，不可篇幅太长，语言要简洁明了、准确流畅，态度要谦虚诚恳。

聘书是以单位名义发出的，所以一定要加盖公章，方视为有效。

下面列举三份聘书。

聘请书(一)

为了提高数学质量，本校总部成立了刊授教学研究会。特聘请刘××老师为指导教师，参加教学研究，并关心、指导本校的教学工作。

此致

敬礼

刊授大学(盖章)

××年××月××日

聘请书(二)

兹聘请赵××同志为××家电集团维修部总工程师、主任，聘期自 2021 年 2 月 28 日至 2024 年 2 月 28 日，聘任期间享受集团高级工程师全额工资待遇。

××家电集团(盖章)

××年××月××日

聘请书(三)

为提高我院的科研水平，本院成立了科研项目评估委员会，特聘请××教授为该委员会学术顾问，指导我院的科研工作。

此致
敬礼！

××市社会科学院(盖章)

院长：××(盖章)

××年××月××日

上面列举的三份聘书可以分为两类：一类是由学校团体为扩大影响力及知名度，聘请有名望的人作顾问、作指导的聘书，如范文一。另一类是公司企业聘用专业人才以利于公司企业的发展的聘书，如范文二。在此，我们以范文二为例进行评析。这份聘书是由常见的印制好的聘书格式填写中心内容而形成的。正中"聘请书"字样为标题，正文是聘书的核心内容，交代受聘者担任的职务，其次写明了聘任期限，如"聘期自××年××月××日至××年××月××日"；最后写明聘任待遇，如"聘任期间享受集团高级工程师全额工资待遇。"落款署上发文单位名称及加盖公章，落款日期。到此这张有效聘书便完成了。

第四节 实 践 演 练

实践项目一：拨打和接听电话礼仪

训练物品：手机、纸笔。

训练方法：

(1) 利用学生个人的手机，2 人一组，自主设定商务情境和内容，进行打电话和接电话实训。实训内容应涉及拨打电话和接听电话的各个环节，现场点评电话礼仪是否符合规范。

(2) 将学生分为训练小组。每组设计办公场景和商务情境，现场演示拨打电话、接听电话的礼仪规范。实训过程中，要充分体现出商务通信的语言礼仪，并注意伴随恰当的身体姿态和面部表情。学生可以相互评价，教师最后总结点评操作中的共性和个性问题。

实践项目二：模拟办公室上班时拨打及接听电话

学生以某公司王总经理秘书的身份模拟拨打接听电话。

(1) 通知部门经理开会的电话。

(2) 对方要找王总经理，秘书告知对方王总经理不在的电话情境。

(3) 对方打错了电话，秘书的应对。

(4) 对方咨询本公司的产品时，秘书需要查阅相关资料使对方等候的电话。

本 章 小 结

拨打电话要语调热情、大方自然、声量适中、表达清楚、简明扼要、文明礼貌。电话沟通既要做到节约他人的时间，又不耽误自己的日常计划和安排，电话沟通的艺术在于在有限的时间内表达清楚自己的意愿，解决需要解决的问题。电子邮件、商务信函等书面沟通工具更加强调规范性和礼仪的细节，真正体现"快速"和"有效"的特点。

练习与思考

一、单选题

1. 在商务交往中，往往需要用电话联系。如果在业务洽谈中电话突然断线，那么应该(　　)。

 A. 接电话的那一方打回来

 B. 打电话的那一方重拨

 C. 谁先拨打都可以

2. 接电话时，如果自己不是受话人，(　　)。

 A. 应该马上把电话放下

 B. 听筒未放下，就应大声喊受话人来听电话

 C. 要告诉对方：请您稍等一下，我马上把他找来

3. 电子邮件应用已相当普遍，那么下列做法正确的是(　　)。

 A. 非常重要的邮件要在 24 小时内回复

 B. 因电子邮件是不用纸的，所以不需要注意写作技巧

 C. 因为要资源共享，所以不需要对内容保密

4. 若去电时对方不能接电话或是收不到信息时，有些电话会自动转至语音信箱，因此语音信箱的使用也显得十分重要。下面有关语音信箱使用不正确的是(　　)。

 A. 留言时应以简单扼要为原则

 B. 留言时千万不能把来电时间遗漏

 C. 留言时来电事宜可以不用涉及

二、多选题

1. 在下列哪些特定场合必须关掉手机(　　)。
   A. 座谈会上
   B. 飞机上
   C. 大会发言时

2. 双方通电话,应由谁挂断电话(　　)。
   A. 主叫先挂电话
   B. 被叫先挂电话
   C. 尊者先挂电话

3. 以下属于电话形象要素的有(　　)。
   A. 通话内容:语言、信息等内容
   B. 通话时机,时机不对会影响工作效率、影响双方关系
   C. 公务性问题

三、判断题(正确的在括号内打"√",错误的打"×")

1. 一位公司的接待员在接听电话时,由于他的工作很忙,所以他的口头禅是"请稍等"。　　　　　　　　　　　　　　　　　　　　　　　　　　　(　　)

2. 用计算机写的感谢信字迹工整,看得舒服,所以是最好的写作方式。　(　　)

3. 非常重要的邮件在 48 小时之内答复。　　　　　　　　　　　　　(　　)

4. 写信时如果不知道对方是男是女可以统称其职务。　　　　　　　(　　)

5. 电话中断应由接电话的人来打。　　　　　　　　　　　　　　　(　　)

6. 在正式的商业信函中,月份的书写不能用数字代替。　　　　　　(　　)

7. 如果必须在吃饭时用手机给别人打电话,就要解释一下原因,并说声抱歉的话。　　　　　　　　　　　　　　　　　　　　　　　　　　　(　　)

8. 因为电子商务礼仪是无纸化交易,所以,传统的商业应用文的写作技巧就没有那么重要了。　　　　　　　　　　　　　　　　　　　　　　　　　(　　)

9. 在发电子邮件时,如果是多址同步传递(以同一封信传给不同的朋友),且需要保密时,请以秘密附件方式传递,如此接信的人只会看见信的内容,而不会知道其他收件人是谁,他们的电子信箱又是什么代号等。　　　　　　　　　　　　　(　　)

10. 在电子商务的运作过程中,最让客户讨厌的是利用网页大肆做广告。　(　　)

四、简答题

1. 结合日常生活实际,说明人们在使用电话过程中经常出现的失礼行为及纠正的方法。

2. 收发电子邮件应该注意哪些礼仪?

【案例分析】

电话里的女高音的故事

某杂技团计划于下月赴美国演出,该团团长刘明就此事向市文化局请示,于是他拨通了文化局局长办公室的电话。

可是电话响了足足有半分多钟时间，不见有人接听。刘明正纳闷着，突然电话那端传来一个不耐烦的女高音："什么事啊？"刘明一愣，以为自己拨错了电话："请问是文化局吗？""废话，你不知道自己往哪儿打的电话啊？""哦，您好，我是市歌舞团的，请问王局长在吗？""你是谁啊？"对方没好气地盘问。刘明心里直犯嘀咕："我叫刘明，是杂技团的团长。"刘明？你跟我们局长什么关系？"

"关系？"刘明更是丈二和尚摸不着头脑。

"我和王局长没有私人关系，我只想请示一下我们团出国演出的事。""出国演出？王局长不在，你改天再来电话吧。"没等刘明再说什么，对方就"啪"地挂断了电话。刘明感觉像是被人戏弄了一番，拿着电话半天没回过神来。

（资料来源：https://wenku.baidu.com/view/a5b773a6a8ea998fcc22bcd126fff705cc175cbe.html.）

第九章　办公室礼仪

【学习目的与要求】

- 了解办公室基本礼仪规范和基本技巧以及办公室谈吐的禁忌。
- 了解公共办公使用设备的礼仪。
- 了解与同事交往的礼仪。
- 掌握与上级和下属相处的方式。

【关键概念】

办公室礼仪；办公设备；同事；上司；下属

【案例导入】

焦先生刚刚调入某局一个月，一个月来，由于他处处小心做事，每天笑脸相迎，所以同事们对他的态度也颇为友善，不曾遇到他所担心的任何麻烦。一天全科室的人决定一块儿去餐厅聚餐以度周末，也邀了焦先生。席间大家有说有笑，无所不谈，其中有一名同事与焦先生最谈得来，几乎把局里的种种问题，以及科里每位同事的性格、缺点都尽诉无遗。焦先生一时受宠若惊，加之对局里的人事一无所知，确实很珍惜这样一位"知无不言，言无不尽"的同事，彼此显得相当投机，于是开始放松自己的防卫，便将一个月来看到的不顺眼，不服气的人和事通通向这位同事倾诉而后快，甚至还批评了科里一两个同事的不是之处，借以发泄心中的闷气。

不料由于对这位同事了解甚少，这位同事竟是个翻云覆雨之人，不出几日便将这些"恶言"转达给了其他同事，立刻令焦先生狼狈至极，也孤立至极，几乎在科里没了立足之地，这时焦先生才如梦初醒，悔不该一时激动没管好自己的嘴巴，忘记了"来说是非者，便是是非人"这样一个浅显的道理。

（资料来源：https://www.doc88.com/p-331732291291.html.）

思考：

1. 焦先生为什么刚入职场就会失去立足之地？
2. 这个案例给大家带来了哪些启示？

由此看来，初到新的环境，必须学会与同事保持一段距离，学习做个聆听者，"人不犯我，我不犯人"，公平对待每一位同事，避免建立任何小圈子，对谣言一笑置之，深藏不露，只有如此才能尽快适应新环境，打开新局面，成为办公室中的生存者，而非受害者。

第一节　办公室基本礼仪规范

9.1-1.mp4　9.1-2.mp4

办公室是一个处理公司公务的场所，办公室的礼仪不仅是对同事的尊重也是对公司文化的认同，更重要的是每个人为人处世、礼貌待人的直接体现。

一、树立职业形象

办公室的职业形象即个人形象。职业形象既要恰当得体，又要讲究分寸，与办公场所的气氛、环境以及所从事的工作性质相协调。

(一)仪表要端庄、得体、大方

办公室既是工作场所也是公共场合，职场中的人都要注意个人卫生，仪表要保持整洁。如果单位有统一服装，那么无论男女，上班时间应尽量身着工作服。如果没有统一着装，宜选择较为保守的服装，男士以西装为主；女士着装要端庄、大方，不要过于夺目和暴露，不要浓妆艳抹，可以化职业淡妆。男士应当注意拖鞋、短裤、背心、休闲装、运动装等不宜出现在办公室。

(二)举止要庄重、文雅、自爱

主要保持良好的坐姿和站姿，不要斜身倚靠办公桌，更不能坐在办公桌上面。不要在办公室里面吃东西，尤其不要吃瓜子等有响声的食品。不要大声嚷嚷、指手画脚，谈话时注意身体与对方距离为1m左右，过近(尤其异性)会令对方不自在，也不要过分亲昵地拍肩搂背。

(三)谈话要文明、谨慎、有分寸

1. 不议论是非

在办工场合不议论领导、同事，也别议论公司里的是非长短。不要总是闲聊，不谈论格调不高的话题，尤其是小道消息。对于需要保密或暂不公开的消息，更不能猜测传播。

2. 不聊私人生活

在办工场合不谈私人的一切问题。同事就是同事，同事不是知己。心理学家调查发现，只有1%的人能够严守秘密。所以，当你生活上出现危机，如失恋、婚变等，最好不要在办公室随便找人倾诉；当你在工作上出现危机，对老板、同事有意见和看法时，也不要在办公室抱怨、发牢骚。不轻易让人涉足自己的私生活是非常明智的自我保护措施。

3. 不谈论薪水问题

同工不同酬是企业老板常用的手段，但如果用不好，就容易引起员工之间的矛盾，而且会最终把矛头直接指向老板，所以发放薪水时老板有意单线联系，不公开数额，并叮嘱不让他人知道。如果你碰上喜欢打听薪水的同事，当他把话题往工资上引时，应以公司有纪律不准谈薪水打消其念头。

4. 不讲野心勃勃的话

你公开自己的进取心，就等于公开向公司里的同僚挑战，或被认为年少轻狂，或被同事及上司看成威胁。你的价值体现在做多少事情上，在该表现时表现，不该表现时就要姿态低一点，能人能在做大事上，而不在说大话上。

5. 不当众炫耀

不要谈涉及家庭财产之类的话题，无论露富还是哭穷，在办公室里都显得做作。有些快乐，分享的圈子越小越好，没必要拿到办公室来炫耀，容易被人嫉妒，让人算计。

6. 不逞强好辩

与人相处要友善，有话好好说，说话态度和气，让人觉得亲切，即使有了一定的级别，也不要命令别人、指手画脚，更不能恶语伤人。虽然有时会意见不统一，但对于原则性不强的问题，可以不去计较；牵扯到原则的问题，可以摆事实、讲道理，以理服人。如果一味好辩逞强，只会让人敬而远之，时间长了，就会成为不受欢迎的人。

7. 不情绪激动

在办公室要保持情绪平稳，不把各种不良情绪带到办公室里来，尤其不要带着情绪处理公事，否则，极有可能在接电话、接待客户时，缺乏耐心、理智，控制不住情绪与别人发生冲突，影响到商务效果和职业形象。在办公室要保持适度的音量，办公时间不能大声讲话，不能穿带有铁掌的皮鞋，打电话也不能旁若无人。

二、职场工作规范

(一)熟悉企业文化，执行企业制度

每个企业都有自己的企业文化，每家公司都有自己成文或不成文的制度和规则。要想顺利开展工作，首先要了解这些文化和制度，知道要做什么，哪些可以做，哪些不可以做，要做到什么标准，这样工作起来才能够得心应手。在此基础上，还要增强对企业文化的认同感和责任感，自觉在工作中遵守并执行。

(二)严格遵守上、下班时间

要按照与公司签订的劳动合同和公司《工作纪律守则》的要求，遵守工作纪律。

(1) 上班不迟到，至少提前5分钟到岗。上班迟到的习惯会使你显得缺乏敬业精神。即使上司对你的迟到没有多说，那也不表示他对此毫不在意。作为一个尽职的下属，你至少应该比你的上司提前几分钟到达办公室才合理。

(2) 工作中要坚守岗位，不可随意空岗、串岗。

(3) 上班期间临时离开，要和同事、领导打好招呼，报告去向，确保有事可以随时找到。

(4) 迟到要直率道歉并说明原因，事前知道或突发事由缺勤都要请假说明并将工作安排好或委托给别人，假满记得销假。

(5) 不得提前下班。到了下班时间，如果已经做完工作，可以向周围同事打个招呼，然后离开；如果同事还在忙，问他是否需要帮忙。下班前，应将办公室整理干净，椅子放回原位。

(三)工作积极主动

每位上司都希望下属能干事，干成事。工作业绩是一个人能力最好的证明。不管是职

场新人，还是有工作经历的人，都要始终注意：工作态度积极主动，热情乐观，工作作风踏实认真，工作能力不断提高，虚心求教，提高效率，高质量完成任务。

(四)团队合作，透明竞争

现在许多企业看重团队合作，强调凝聚力，到一个单位工作之前，要有积极的工作态度，与同事和平共处，树立"团队精神"和"合作精神"，同时各司其职，不插手他人分管的工作，但要配合别人的工作，乐于帮助他人；工作中坦荡做事，公平竞争，在良性竞争中共同发展。

(五)请示上司，不得越位

每个单位都有自己的工作程序，处理公事应该按照级别和程序请示。如果遇到需要请示的事情，首先要找直接主管的上司，切勿越级请示。即使对上司有意见，也要先获得他的同意，才可以向更高级别的领导请示。

(六)公私分明、遵守公德

在办公场所要公私分明，私人之事私人场所处理，不要把私事带到办公室来。不要在办公室干私活，不在办公期间化妆、玩游戏、上网聊天；报销外勤、出差费用时，要严守规定，不能弄虚作假、虚报金额。办公室的传真机、信纸、纸杯等办公用品只用于办公接待，不可用于家庭和个人。另外还要注意节约用纸、用电、用水。

三、办公环境礼仪

如果办公室里杂乱无章，办公桌椅随意摆放，桌面上文件成堆，报纸胡乱地摆放在沙发上等，这样的办公室会让人望而却步，对办公室人员的素质和专业程度也会深表怀疑，所以办公场所的整洁十分重要。

(一)保持办公桌清洁

办公桌是办公的集中点，是进入办公室办理商务的人最为注意的地方。办公桌摆放好了，办公环境就整洁了一半。办公桌要向阳摆放，让光线从左方射入，以合乎用眼卫生。案头不能摆放太多的东西，只摆放需要当天或当时处理的公文，其他书籍、报纸不能放在桌上，应归入书架或报架；除特殊情况，办公桌上不放水杯或茶具。招待客人的水杯、茶具应放到专门饮水的地方，有条件的应放在会客室；文具要放在桌面上，为使用便利，可准备多种笔具，如毛笔、自来水笔、圆珠笔、铅笔等，笔应放进笔筒而不是零散地放在桌上。

(二)合理摆放书架

书架应靠墙摆放，这样比较安全。如果办公室里有沙发，最好远离办公桌，以免谈话时干扰别人办公。茶几上可以适当摆放装饰物，例如盆花等。临时的谈话可在这里进行，较长时间的谈话或谈判，应在专门的会议室。

(三)保持办公室清洁

办公室因办公人员比较多，可不特别进行修饰，但要保持清洁。窗玻璃应该经常擦洗，书架的玻璃门要保持洁净、透明；地面保持清洁，定期清扫擦洗；不得吸烟或高声喧哗，经常开窗换气；开门关门轻手轻脚；堆积物定时清理，时刻保持办公室整洁。

(四)讲究电话清洁

电话是办公室的必备用品，但同时也是办公室的饰物。办公电话一般摆放在专用电话桌上或办公桌的角上。电话机要经常用专用消毒液进行清理，一个办公室是否清洁，电话机是一个重要指标。接电话时声音要小，不能高声喊叫，以免影响他人。

(五)保持环境清新素雅

有些人总喜欢把自己的办公室装饰得个性十足。事实上在公司里，一切都是以工作为中心展开的，办公环境应该最大限度地有利于工作，如果把办公室装扮得过于时尚，变成了自己的"私家领地"，就不太庄重了。

【例9-1】小花在某会计师事务所工作，上级给她专门安排了一个靠近墙角的办公桌，办公桌的周围都有屏风与其他同事隔开。对于这个相对独立的位置，小花十分满意。上班第二天，她就精心地把自己的办公环境打扮了一番，除了在周围的屏风上贴了不少的艺术照之外，在身边墙上的显著位置，小花还贴了一些崇拜的明星照片，可谓性感十足、魅力四射！

结果不到两天时间，小花就被部门经理喊去谈话。经理毫不客气地告诉她："会计师的职业特点就是严肃认真，在这样的环境下很不适合贴明星照和艺术照。如果你喜欢的话，可以回家贴到卧室里面，而不是贴在这里！"小花一听脸顿时红了。

(资料来源：https://www.bzw315.com/zx/all/467755.html.)

(六)适当进行绿化

要想工作好，办公环境很重要。在办公室内适当摆放些花花草草，不但能让人心情愉悦，也能提高工作效率。德国弗劳恩霍夫研究所的最新调查发现，适度的办公室绿化能将员工的惬意程度提高15%，迟到早退率也会降低。适当摆放花草，不仅可以美化环境，改善空气质量，更可以调节光线，吸收电脑辐射，缓解疲劳，调节心情，释放压力。如图9.1所示为办公室环境。

图9.1 办公室环境

(七)办公室禁烟

人的健康永远是第一位的，而在办公室办公或接待来访者时，有的人喜欢在室内吸烟，使办公室烟味浓重，空气浑浊，直接影响人的身体健康，而且这种行为极易影响他人，应当引起重视。

(八)注意办公用餐卫生

现代工作节奏很快，单位职工或公司员工，不可避免地会在办公室用餐。在办公室与同事一起进餐是件愉快的事，但也应注意一些小节，以免破坏了自己在同事中树立的良好形象。

1. 合理控制用餐时间

在办公室只能在用餐时间才可吃东西，可别利用就餐时间忙杂事，直到上班时间才用餐。所以，每天要按照工作的任务量合理把握好用餐时间。

2. 将餐具清理干净

(1) 及时将餐具洗干净，用完餐把一次性餐具立刻扔掉，不要长时间摆在桌子或茶几上。如有急事耽搁，也记得礼貌地请同事代劳。

(2) 注意餐后环境卫生，桌面要擦拭干净，不许在桌子上到处摆放脏杯子和碟子等。应该吃完后将所有垃圾扔掉，最好扔进单独的或有封盖的垃圾桶，而不是身边的纸篓或桌子上。

(3) 容易被忽略的是饮料罐，只要是开了口的，长时间摆在桌上有损办公室雅观。如果不想马上扔掉，或者想等会儿再喝。应把它藏在不被人注意的地方。

(4) 食物掉在地上，要马上捡起扔掉。餐后将桌面和地板打扫干净。

3. 遵守用餐礼仪规范

(1) 嘴里含有食物时，不要贸然讲话。他人嘴含食物时，最好等他咽完再对他讲话。为防止大笑喷饭，每口含食物不宜太多。

(2) 弄得乱溅以及吃起来声音很响的食物，会影响他人，最好不吃，吃时也要尽量注意。

(3) 有强烈味道的食品，尽量不要带到办公室，会引起他人厌恶，甚至损害办公环境和公司形象。

(4) 准备好餐巾纸，不要用手擦拭油腻的嘴，应该用餐巾纸擦拭。

(5) 离用餐完毕时间不久，恰有顾客来访时，应事先用点空气清新剂，别让客人一进门就闻到食物的气味。

(6) 尽量不要在同事吃饭时打扰他们，或要求他们工作。

(7) 如果必须在桌子上吃东西，应将门关好。如果桌子在公共地点，应在周围的人都出去的时候吃饭。

第二节　使用公共办公设备礼仪

一、计算机使用要得当

1. 定期为计算机除尘

计算机是公司的重要资产，因此我们一定要悉心爱护。平时要经常擦拭，不要把白色的计算机用成了黑色。

在许多公司里，计算机的显示器和机箱几个月都不擦一次，键盘、鼠标的缝隙里面落满厚厚的灰尘。众所周知，灰尘对于计算机的寿命有着很大的影响。因此，我们最好请专业人士定期为计算机内部除尘。

在擦拭显示屏时，不可用湿抹布一擦了之，这样容易损害屏幕。对于显示屏上的一些顽固污渍，应该先喷一些专业的清洁液，然后再清理。

与此同时，要尽量为计算机提供一个干净的工作环境。办公室的地面要经常清扫、擦洗，地毯要定期吸尘，以免大量的灰尘吸入机箱，减少计算机的寿命。

2. 安全使用计算机

除非临时断电，一般情况下都应该按照正常程序关机。如果需要离开，要让计算机处于待机状态，人走机停，节约用电。

为了保障计算机系统的安全，要安装正版的杀毒软件，并养成定期杀毒的习惯。平时不要下载或安装一些来历不明的软件，以免计算机中毒。

当外接硬件时，一定要按照程序规范退出，切忌直接拔出，以免发生数据丢失或者系统崩溃等故障。

在工作中，还要随时注意文件的保密，重要的文件要单独设立密码。同时，要尊重别人的隐私和权利，不要偷看别人的计算机，不要占用他人的存储空间。避免今天将个人资料复制在公司的计算机上，明天又将公司资料拷贝到个人计算机上。

3. 工作时不要上网闲聊

在当前，许多人对网络产生了一种强烈的依赖感，即人们常说的"网瘾"。上网聊天已经是每个人的自由，这本无可厚非，但如果在公司里还是这样，那就不应该了。

公司开通网络，是为了方便查找与工作相关的内容和资料。况且公司为员工的工作时间支付了工资，员工理应为公司付出劳动，而不是自娱自乐，凭兴趣查看自己的东西。因此，在公司浏览与工作无关的网页是对工作的一种亵渎。

因此，在绝大多数公司里，都是禁止员工在计算机上打游戏、聊天的。然而，仍有不少人在领导不在时私自偷玩，或者用公司的内部网络挂网游，从网站上下载图片、电影，这些都是缺乏职业素养的行为。如图9.2所示为办公室计算机的使用。

图9.2 办公室计算机使用

二、礼貌借用公司用具

1. 有借有还

假如同事顺道替你买外卖，请先付所需费用，或在他回来后及时把钱交还对方。若你刚好钱不够，也要在翌日还清，因为没有人喜欢厚着脸皮向人追讨金钱。同样，虽然公司内的用具并非私人物品，但亦须有借有还，否则可能妨碍别人的工作。

2. 严守条规

无论你的公司如何宽松，也别过分从中取利。可能没有人会因为你早下班 15 分钟而责备你，但是，大模大样地离开只会令人觉得你对这份工作不投入、不专业，那些需超时工作的同事反倒觉得自己多余。此外，也别滥用公司给你应酬用的金钱作私人用途，如打长途电话。

三、礼貌借阅公司书籍

(1) 需借阅公司书籍时，应先向书籍保管员申请，填写借阅登记表。

(2) 使用书籍时应尽量保护书籍完好，不批画、涂改、污损书籍，更不允许撕扯、割页。

(3) 使用完毕，应立即还到书籍保管处，以免丢失。

(4) 不得擅自把公司书籍携带出公司外，私自将图书带回家，违者按偷窃处理。

四、使用复印机也应绅士

1. 注意使用的先后顺序

复印机是公司里使用频率较高的公共设备，同事之间容易在使用时间上发生冲突。一般来说，应遵循先来后到的原则，当你有一大沓文件需复印，而轮候在你之后的同事只想复印一份时，应让他先用。当先来的人已花费了不少时间做准备工作，那后来者就等一会儿再来。

2. 在公司里不要复印私人资料

私人的资料一定不要带到办公室使用公共复印机去复印，被同事看见会产生公私不分、爱占小便宜的印象。

3. 碰到故障要及时处理或报告

如果碰到需要更换碳粉或处理卡纸等问题，不知道如何处理，就请别人来帮忙，不要悄悄走掉，把问题留给下一个同事，让人觉得你不为别人着想，遇到困难和责任不敢承担。

4. 要对复印的公司资料保密

使用完毕后，不要忘记将你的原件拿走，否则容易丢失原稿，或走漏信息，给你自己带来不便。使用完后，要将复印机设定在节能待机状态。

第三节 与同事相处的礼仪

9.3.mp4

同事是与自己一起工作的人，与同事相处得如何，直接关系到自己的工作、事业的进步与发展，如图 9.3 所示。如果同事之间关系融洽、和谐，人们就会感到心情愉快，有利于工作的顺利进行，从而促进事业的发展；反之，同事关系紧张，相互拆台，经常发生摩擦，就会影响正常的工作和生活，阻碍事业的发展。

处理好同事关系，在礼仪方面要注意下述几点。

一、同事之间要相互尊重

"同事相处的秘诀，其实很简单。"无论是和谁相处，都应该懂得尊重他人，多沟通，也不要在别人背后传播谣言。

尤其是初入职场的新人，要认识到大家同在一间办公室里工作，和睦相处营造一个和谐一致、心情舒畅的工作环境是非常重要的，否则办公室的正常工作可能都要受到干扰，作为职场中人，要有和同事和睦相处的能力。

和任何人相处都要尊重对方，只有尊重别人，别人才会尊重你。在职场中应真诚地对待他人，有分歧时要多沟通，不在背后传播谣言。要谦虚谨慎，若自己刚入职场比较年轻，资历浅、工作经验少，要本着请教学习

图9.3　与同事相处礼仪

的态度和同事交流，不恃才傲物，要善于发现别人的优点，主动承担繁重的工作任务，有成绩不要自我夸耀，不计较个人的得失，有忍让精神，等等。

【例9-2】KX工程公司业务员王小雷是出了名的牛皮大王，工作之余总是爱拉住同事侃大山、忆当年，自诩个人业绩高居公司第一。同事们都戏称其吹牛不脸红，久而久之王小雷落了个"红牛"的绰号。最近"红牛"的烦心事可真不少，业务上客户跟进太慢，个人工作业绩相比之前也下滑不少，还总被同组人员于小宝抢业务资源。

销售经理李丽见这势头，立马找王小雷谈话，肯定了他多年吃苦耐劳的工作表现，也尝试分析近期业绩下滑的原因。王小雷不假思索地指出是小宝不热情的态度吓跑客户。李丽听后满脸不悦，并随即终止了谈话，"红牛"却丈二和尚摸不着头脑。

谈话没几天，王小雷因人际关系问题被调到客服部门。"红牛"纳闷地问起原因，于小宝红眉毛绿眼睛地回了一句："这就是小人的下场。"之后，同事们也疏远他，甚至私底下议论："红牛就一个会吹牛的嘴，有功劳都是他的，有错误都是别人的，这样的人离他远点。"

要处理好同事关系，我们就必须遵循其中的相处原则。首先，在与同事交往过程中，我们千万不能浮夸，自我标榜，张扬个人业绩。同时，也不要为彰显自己的能力，逞强答应自己做不到的事情，当同事有事相托时，我们应量力而行，做不到的就直言相告，切勿不了解实情而一口答应，等到事情无法收拾又再找理由搪塞同事，最终"搬起石头砸自己的脚"。

（资料来源：https://www.docin.com/p-1808131204.html.)

此外，在工作之余职场人士还要经常自我反省。不仅要反省自己的言语，还要反省自己的举止，比如，言语中是否带有侮辱性的词汇，举止上有没有彰显自己成绩的行为，有没有因为自己的成绩而引起竞争同事的不满。如果发生诸如此类的事件，一定要及时修补。多利用业余时间，主动关心同事的生活、适时邀请同事一起参加娱乐活动，如郊游、唱歌

等，协助同事完成重要工作等。

二、工作中努力赢得同事的合作

同事关系就工作而言是一种协作关系，就个人利益而言是一种竞争关系。竞争与合作的关系像手心手背一样，是同一体中的两个方面。同事坐在一起时可以谈天说地、欢声笑语，可往往就在这亲密、融洽的关系中隐藏着密布的阴霾。尤其是站在一条起跑线上的同事，当个人利益受到伤害时，就会变成笑里藏刀的对手。"同行是冤家，同事是对手"，这被奉为同事关系的真经，让同事们成了"熟悉的陌生人"。"一个和尚挑水喝，两个和尚抬水喝，三个和尚没水喝"的故事，虽然传了一代又一代，但我们仍没有从可怕的内耗中走出来。

而在现代社会，协作关系越来越密切，失去同事的合作，一叶孤舟是难以远航的。因此，赢得同事的合作是非常重要的。

有很多人较少考虑自己的行为对其他同事是否有影响，很少考虑为人处世的方式方法。不论在家庭还是在单位，他们往往以自我为中心，不能与同事和平共处，有意无意中常常对同事使性子、拉脸子，甚至出言不逊，不懂得人与人之间是一种平等的相互依存的关系。时间长了，同事对他避而远之，他自己也就成了真正不受欢迎的孤家寡人。与同事交往不是变戏法或耍心眼，只要你无私地善待别人，大多时候别人也会以同样的方式回报你。尤其是现代的交际网络，那是平等主义的天下。

如果每个人都能把建立良好同事关系当成生活中的一种追求，每个人都希望自己能在单位这个大集体中创造出和谐友好的同事关系，把维护良好同事关系当成一种责任，把平等作为一种义务，在与同事交往时自觉注意自己的言行，求大同存小异，充分尊重别人的兴趣和爱好，容得下别人的一些细枝末节，对同事不求全责备，就能与不同性格的同事平等相待。

三、正确地看待同事之间的关系

与同事相处得如何，直接关系到事业的进步与发展。如果同事之间关系融洽、和谐，人们在工作中就会感到心情愉快，有利于工作的顺利进行；反之，同事关系紧张、相互拆台，经常发生摩擦，就会阻碍事业的正常发展。处理好同事关系，在礼仪方面应注意以下几点。

1. 尊重同事

相互尊重是处理任何一种人际关系的基础，同事关系也不例外。同事关系不同于亲友关系，亲友之间一时失礼，可以用亲情来弥补，而同事之间的关系是以工作为纽带的，一旦失礼，创伤难以愈合。所以，处理好同事之间的关系，最重要的是尊重对方，包括尊重同事的人格、物品及工作。如见面时，应主动打招呼，最简单的方式就是微笑点头，同时道声"早""你好"之类的问候语等；再如，同事不在，或未经允许，不翻动同事桌上的文件资料、计算机以及传真机上与自己无关的资料。

2. 帮同事解决困难

同事遇到困难时，通常会选择亲朋帮助，但作为同事，应主动问讯。对力所能及的事应尽力帮忙，这样，会增进双方之间的感情，使关系更加融洽。

3. 与同事物质往来要一清二楚

同事之间可能有相互借钱、借物或馈赠礼品等物质上的往来，切忌马虎，每一项都应记得清楚明白，即使是小额的款项，也应记在备忘录上，以提醒自己及时归还。向同事借钱、借物，应主动给对方打张借条，以增进同事对自己的信任。如果所借钱物不能及时归还，应每隔一段时间向对方说明一下原因。在物质利益方面，无论有意或无意占对方便宜，都会给对方带来不快，从而降低自己在对方心目中的人格。

4. 不在背后议论同事的隐私

每个人都有隐私，隐私与个人的名誉密切相关，背后议论他人的隐私，会损害他人的名誉，导致双方关系的紧张甚至恶化，因而是一种不光彩的、有害的行为。

5. 宽容理解，以和为贵

同事之间相处，要树立"容纳意识"，就是要有宽容的美德。一个懂得宽容的人是会赢得他人的理解和好感的，如当你的同事取得成功，获奖或升迁时，应表示衷心的祝贺；而当与同事合作出现问题时，应敢于面对自己的错误，不要把责任推给他人，主动向对方道歉，取得对方谅解；当双方有误会时，应主动向对方说明，不可小肚鸡肠，耿耿于怀。

四、积极化解与同事的矛盾

当你在工作中非常需要另一个人的帮助，而这个人曾与你有某种不和的时候，放弃并不是好办法，虽然这个不费吹灰之力便可做到，但会使你失去一个得力伙伴。你应该做的是如何化敌为友，使之成为你的朋友。以下几个做法可帮你达到这一目的。

1. 勇于承认自己的不对之处

不要总害怕承认自己的不对，以为这样别人就会看不起自己。其实，真正有能力的人是敢于承认自己的不对之处的。

但是，这并不意味着每当有过分好斗的人向你发起攻击时，你都要举手投降。你首先应该考虑的是对方所说的话中包含的信息，而不是说话的人。而且你应该力求客观地对待你得到的意见，即使这种意见不是用一种特别客观的方式表达的。而且，有个小秘密要记在心里：承认你错了，常常能够带来让对方闭嘴的好处。这是一种让对方沉默的经典方法。

2. 让对方知道你非常需要他

这一点是很重要的，它能在很大程度上调动对方的积极性。当然，你是否真的需要，那是另外一回事。我们的想法是利用这样的一种接纳，提高对方的自尊，对方一高兴，就可以避免把矛盾激化，尽可能地减少或消除对方的敌对怨恨。你可以告诉对方，自己工作中的两三个方面，需要你的同事提供意见或指导。如果你要把这些方面进一步加以确定，你的同事大概也不会太反对。

五、升职后要继续获得同事的好感

你被提拔，有的人总觉得是踩着他的肩膀上去的。你坦诚相待，他以为你软弱可欺；你以心换心，他说你虚伪。除此类不识抬举之辈外，你都要用你的真情去换取朋友、同事的信任和好感。

1. 谦虚待人，切莫张扬

你升职以后，同事们都会暗中注意你的一举一动，考察你的一言一行。这时他们显得格外挑剔，好像非要找出毛病来他们心里才能平衡。不用担心，只要你坦坦荡荡，谦虚待人，一定会度过他们的"考验期"。

【例9-3】在石油公司工作的何磊提升为科长以后，立刻在科室里摆出不可一世的样子，说话时声音还大幅度地提高，又装腔作势地打着手势，科室里的同事对他都极其反感。这种"张扬"只会让同事恶心。

（资料来源：https://doc.mbalib.com/view/dbdf6153c599b98454d897ff810fd012.html.）

2. 近君子，远"小人"

升职以后，你可以有选择地同一些同事、朋友来往，做到近君子、远"小人"。这里所说的"小人"，是指在事业上不会对你有任何帮助，只是单纯的玩伴的那种同事。

【例9-4】李志提升为部门经理后，为了显示他没有"升官脸就变"，每天下班后仍是和旧日哥儿们喝酒、玩牌。在单位里，也和那些酒肉同事称兄道弟，亲热异常。李志的做法令上司很不满意，上司认为这样"不思进取"的人是很难再次得到提升的。

（资料来源：http://www.cnrencai.com/zhiyeguihua/5558.html.）

3. 以柔克刚，以心换心

同事中难免会有妒忌你的人，这可是你的隐患，一定要小心翼翼地清除这枚随时可能爆炸的"炸弹"，千万不能让它对你造成伤害。对于妒忌你的同事，最好不要正面交锋，以免触痛他敏感的自尊心。

【例9-5】季婷婷刚提升为科室主任后，平日最要好的朋友马某说话总是对她冷嘲热讽。季婷婷在工作上仍然征询马某的意见，生活中对马某也十分关心。渐渐地，马某感到季婷婷提升以后还是那样热情助人，再也不好意思耍脾气了。

（资料来源：https://wenku.baidu.com/view/0ab7cb894b7302768e9951e79b89680203d86b95.html.）

4. 以理制人，该断则断

你一旦提升，有的人总觉得仿佛就是踩着他的肩膀上去的，对于这种人，不要客气，跟他割断情义。

六、同事之间要保持适度距离

与同事相处,太远了当然不好,人家会认为你不合群、孤僻、不易交往;太近了也不好,容易让别人说闲话,而且也容易令上司误解,认定你是在搞小圈子。所以说,不即不离、不远不近的同事关系,才是最难得和最理想的。

只有和同事保持合适距离,才能成为一个真正受欢迎的人。你应当学会体谅别人。不论职位高低,每个人都有自己的工作范围和责任,所以在权力上,切莫喧宾夺主。不过记着永不说"这不是我分内事"之类的话,过于泾渭分明,只会搞坏同事间的关系。

永远不要在背后说人长短。比较小气和好奇心重的人,聚在一起就难免说东家长西家短。成熟的你切忌加入他们一伙,偶尔批评或调笑一些公司以外的人如艺人等,倒是无伤大雅,但对同事的弱点或私事,保持缄默才是聪明的做法。

记住,搞小圈子,有害无益。公私分明亦是重要的一点。同事众多,总有一两个跟你特别投缘,私底下成了好朋友也说不定。但无论你职位比他高或低,都不能因为关系好而偏袒对方。一个公私不分的人,是做不了大事的,更何况,老板对这类人最讨厌,认为不能信赖。除此之外,同事之间在经济上要一清二楚。

【阅读材料】面对不同类型的同事的相处之道!

1. 应付口蜜腹剑的人

面对这种人,如果他是你的老板,你要装得有一些痴呆的样子,他让你做任何事情,你都唯唯诺诺满口答应。他和气,你要比他更客气。他笑着和你谈事情,你笑着猛点头。万一你感觉到,他要你做的事情实在太损了,你也不能当面拒绝或翻脸,你只能笑着推诿,誓死不接受。

如果他是你的同事,最简单的应付方式是装作不认识他。每天上班见面,如果他要亲近你,你就找理由马上闪开。能不做同一件工作,尽量避开不要和他一起做,万一避不开,就要学着写日记,每天检讨自己,留下工作记录。

如果他是你的部下,只要注意三点:其一把独立的工作或独立工作位置给他;其二不能让他有任何机会接近上面的主管;其三对他表情保持严肃,不带笑容。

2. 应付吹牛拍马的人

如果你碰到这一类的主管,要和他搞好关系,他吹牛拍马对你无害。当此类人是你的同事时,你就得小心了。不可与他为敌,没有必要得罪他。平时见面还是笑脸相迎,和和气气,如果你有意孤立他,或者招惹他,他就可能把你当作往上爬的垫脚石。

如果他是你的部下,要冷静对待他的阿谀逢迎,看看他是何居心。

3. 应付尖酸刻薄的人

尖酸刻薄型的人,是在公司内较不受人欢迎的。他的特征是和别人争执时往往挖人隐私不留余地,同时冷嘲热讽无所不至,让对方自尊心受损颜面尽失。

这种人平常也以取笑同事、挖苦老板为乐事。你被老板批评了,他会说:这是老天有眼,罪有应得。你和同事吵架了,他会说:狗咬狗两嘴毛,两个都不是好东西。你去纠正部下的缺点,被他知道了,他也会说:有人恶霸,有人天生贱骨头,这是什么世界?

尖酸刻薄型的人,天生伶牙俐齿得理不饶人。由于他的行为离谱,因此在公司内也没有什么朋友。他之所以能够生存，是因为别人怕他，不想理他。但如果有一天惹起众怒，他也会被治得很惨。

4. 应付挑拨离间的人

同样是一张嘴巴，有人用来吹牛拍马，有人用来讽刺损人，有人用来挑拨是非离间同人。吹牛拍马是不损人利己；尖酸刻薄是损人利己；挑拨离间是将公司弄得乱七八糟人心惶惶，变文明为野蛮，人人自危，人人争斗。

这种类型的人，给公司带来的杀伤力非常之大且迅速，只要一不注意或处理不当，便可能使公司灰飞烟灭，处处残迹。应付这种类型的人，没有什么好的办法，只能防微杜渐，不让这类人进来，或一发现就予以制止或清除。否则，后果不堪设想。

挑拨离间型的人做了你的老板，你首先要注意的是谨言慎行，和他保持距离，在公司内建立个人信誉。万一有一天，有什么是非发生，你应尽量化解，虚心忍耐，同时要保持着"能做就做，不能做就走"的宽广心胸。

这种人做了你的同事，你除谨言慎行及和他保持距离外，最重要的是你得联络其他同事，建立联防及同盟关系，将他孤立起来。如果他向任何人挑拨或离间，都要不为之所动和不受其影响。

如果他是你的部下，那你就要想办法弄走他，孤立他。如果下不了手，那他就会孤立你，弄走你。

5. 应付雄才大略的人

这一类型的人，胸怀大志，眼界开阔，而不计较一些小的得失。他在工作时，不忘掉充实自己及广结善缘。除了完成自己的工作外，他也会帮助别人和指导同事。

每到一个地方，不论他是否已待很久，或已成为组织中的正式主管，他都能在极自然的状况下，影响别人，控制群体的行为。俗语所说的"虎行天下吃肉"，指的大概就是这种人。

雄才大略的人，见识往往异于常人，思维逻辑方式也有其个人特色。他在时机不成熟时，可以忍耐，不论是卧薪尝胆或是从你的胯下爬过，他都能接受。但是，时机成熟，他就会奋袂而起，如鹰冲天，没有人能与之争锋。

不是每一个雄才大略的人，都是成大功立大业的，但是，做人处事自有风格，不卑不亢、不急不躁是他的本色。

有雄才大略的老板，你是跟对人了。必须亦步亦趋，片刻不可相离，他晋升你也跟着晋升，碰到这种老板，你要虚心地向他学习。因为天下没有不散的筵席，当曲终人散时，别人都受益匪浅，而你不要两手空空。

有雄才大略的同事，如果大家利害一致，大可共创一番轰轰烈烈的事业。如果一山不能容二虎，也可一创合纵挂六国相印，一相秦皇以连横合并天下，各取所需，各享盛名，而得其利。如果以上都行不通的话，你就全心全意地帮他成功，自己多少也留下识才的美名。

有了这种部下，你应有自知之明，知道他终非池中之物，有朝一日定会超过你，虚心地接纳他，给他实质上的帮助及肯定。在会计学上称之为投资，到时候一定是有利润的。

6. 应付翻脸无情的人

这种类型的人最大的特征就是翻脸如翻书。说翻就翻，一翻就是好几页。在他翻脸时，你不要问他理由，你不必述说从前对他的恩情和助益，他一个字都听不进去。

翻脸无情的人，就像患了一种"忘恩记仇病"。你对他的百般呵护，只是小事一桩，一旦不顺他的心，就全盘翻覆。这犹如野心狼子，你养育越久，对自己的危险就越大。这种情形，在国内的连续剧剧情中最常见。三十集中，让他横行二十九集半，最后还是编剧应观众的要求，将他在银幕内正法。

翻脸无情的人发现，他利用这种方式来处理他的人际关系，简直无往不胜，处处占便宜。他知道每次他利用完别人，又找到新的利用对象时，此时就可翻脸。反正每次翻的都是不同的人，别人不但记不住也无可奈何，只能自认倒霉！

如果你的老板是这种翻脸无情的人，你在他手下做事时，千万要记住"留一手"。任何事情做完了，你都要小心被炒鱿鱼。怎么样化被动为主动，当他要翻脸的那一刹那，你告诉他："我等你好久了，为什么你今天才要翻！少来这一套，你这种手段我看多了。"

对于这种同事，你倒是大可不必和他一般见识，反正没有利害关系，各干各的活，要翻不翻随他便！

有这种部下最令人伤脑筋，也没有什么好的办法。最重要的是不能因为他常翻脸，而特别将就他，别的部下会以为你是欺善怕恶，这就划不来了。

7. 应付愤世嫉俗的人

这一类型的人，对社会上的一些现象非常看不惯，认为社会变了，世风不古，人心越来越险恶，快活不下去了。

和愤世嫉俗的人共事，说不上好还是不好。只要他所气愤的事不是公司的福利制度，对你来说这只是其个人行为，没有什么好说的。当有一天他对公司的制度、福利有意见时，你就有福了。他往往会牺牲自己，为别人去谋一些好处。

对愤世嫉俗的部下，要劝他多吸收新的知识。告诉他现在社会进步了，风气开放了，他的那一套理论已经过时了，要收拾起来，否则，会跟不上时代。骂不得要领，你会被见笑，我也失面子。

8. 应付敬业乐群的人

这一类型的人，由于工作态度和做事方法正确，颇受公司领导的肯定和同事的爱戴。凡是他所在的单位及群体，都会有着不错的生产力和业绩。这一类型的人，会感染其他的工作同仁，让组织朝着正面的方向发展，给员工带来一个合作而和谐的工作环境。

当公司顺利时，大家共同努力，共享成果；当公司不顺利时，大家咬紧牙关，奋发图强，再创生机。平时没事的当儿，他会主动地训练新手，培养团体实力；工作忙碌的刹那，他又能影响同仁，相互支援，共渡难关。这一类型的人，不论是你的主管、同事和部下，在和他一起工作时，你都要学着和他一样地敬业乐群。只要你表现出不是那个样子的话，你就会被他比下去。

9. 应付踌躇满志的人

踌躇满志的人，对任何事物都有他自己的见解。他之所以会踌躇满志，是因为一直处在一种极顺的状况下，使他不曾尝过失败的苦头，因此也不怕失败。上帝既然对他如此眷顾，只要上帝不死，他自然会一直被眷顾下去。

他没有办法接受别人的意见，如果别人够聪明的话，也不用和他争辩。因为一个长久不曾失败过的人，是因为他的智慧，而不是他的运气。朋友，相信"智慧"这两个字，虽然很好写，但不容易理解。

如果他是你的老板，在他的面前不要乱出点子。尽量按照他的意思去做，他会把他的意思讲得很清楚。因为他怕你笨，所以他会多讲一遍。最后，再问你一次，懂了吗？等你回答懂了，他才放心。有时，他会礼貌性地问你一下，对他的做法，有没有意见？此时你应立即肯定他的做法。此时你若稍有犹豫或再多问两句，都会被他嗤之以鼻。

和这类人做同事，不能太顺着他，只有让他尝到一些失败的苦果，才能真正地改变及帮助他。

对这种部下，将一些难度较高的工作给他做。做成功了，也不赞许；做失败了，交给别人做。让别人做成功，让他知道人外有人，天外有天的道理。不用训练他和告诉他做事的方法，他听不进去。多花一些精力在别人身上，对他绝对是有益的。

（资料来源：https://www.ijxjj.com/article/article_14458.html.）

第四节　与上司及下属相处的礼仪

一、与上司相处的礼仪

(一)熟悉上司的心理特征，进行正常的心理沟通

9.4.mp4

与上级交往同与其他人交往一样，都需要进行心理沟通。上级也是人，同样也有七情六欲，不熟悉上级的心理特征，就不能进行良好的情感交流，达不到情感的一致性。

上级与下级的工作关系，不能完全抛开情感关系。上下级之间双方心理上接近与相互帮促，会减少互相之间的摩擦和冲突，反之，情感差异很大，就免不了要发生心理碰撞，影响工作关系，如图 9.4 所示。

图 9.4　与上司沟通

【例 9-6】《战国策》中《触龙说赵太后》一般能很好地说明这个问题。赵太后刚刚当政时，秦国发兵进犯，形势危急。赵国向齐国求救，而齐国却要赵太后最疼爱的小儿子长安君作人质才肯出兵。太后舍不得让长安君去，大臣们纷纷劝太后以国事为重，结果君臣关系闹翻了。太后说："有复言令长安君为质者，老妇必唾其面!"君臣关系形成了僵局。

（资料来源：https://www.zhuna.cn/zhishi/2075046.html.）

这时候，左师触龙求见，他避而不谈长安君之事，先从饮食起居等有关老年人健康的问题谈起，以缓解紧张气氛，即托太后关心一下他的小儿子舒祺，引起太后感情上的共鸣。太后不仅应允，而且破颜为笑，主动谈起了怜子问题，君臣关系变得和谐、融洽起来。

这时，触龙因势利导，指出君侯的子孙如果"位尊而无功，奉厚而无劳"是很危险的，太后如果真疼爱长安君，应该让他到齐国作人质，以解赵国之危，为国立功，只有这样，日后长安君才能在赵国自立。这番入情入理的劝导使太后幡然醒悟，终于同意长安君赴齐国作人质。

领导者的工作需要得到上级的支持和帮助，为了组织的共同目标对上级有时要提出建

议和进行规划，这些离开良好的心理沟通是无法奏效的。社会心理学研究认为，交往频率对建立人际关系具有重要作用。对上级不交往，采取回避态度，很难和上级的认识取得一致，没有一致的认识，相互之间的支持、协调、配合都将大受影响。

(二)服从上司的领导，不要对上司采取抗拒、排斥态度

下级服从上级是起码的组织原则。一般情况下，上级领导的决策、计划不可能全是错误的，即使有时上级从全局考虑出发，与小单位利益发生了矛盾，也应服从大局需要，不应抗拒不办。更何况有的人因为与上级产生了矛盾，明知上级是对的，也采取抗拒、排斥态度，那更是不应该的。

感情不能代替理智，领导者处理工作关系，不仅有情感因素，还要求理智地处理问题。顶牛、抗拒、排斥不是改善上下级关系的有效途径。

【例9-7】杰克在一家国际贸易公司上班，他很不满意自己目前的工作，经常愤愤不平地对朋友说："我的老板一点也不把我放在眼里，改天我要对他拍桌子，然后辞职不干。"

"你对公司业务完全弄清楚了吗？对于他们做国际贸易的窍门都搞通了吗？"他的朋友反问。

"没有！"

"君子报仇三年不晚，我建议你好好地把公司的贸易技巧、商业文书和公司运营完全搞通，甚至如何修理复印机的小故障都学会，然后辞职不干。"朋友说，"你用他们的公司，做免费学习的地方，什么东西都会了之后，再一走了之，不是既有收获又出了气吗？"

杰克听从了朋友的建议，从此默记偷学，下班之后，还留在办公室研究商业文书。

一年后，朋友问他："你现在许多东西都学会了，可以准备拍桌子不干了吧？"

"可是我发现近半年来，老板对我刮目相看，最近更是不断委以重任，又升官、又加薪，我现在是公司的红人了！"

"这是我早就料到的！"他的朋友笑着说："当初老板不重视你，是因为你的能力不足，却又不努力学习；而后你痛下苦功，能力不断提高，老板当然会对你刮目相看。"

(资料来源：https://www.ppkao.com/tiku/shiti/31e05567182c41aba54c8f67c862eb03.html.)

下级与上级产生矛盾后，最好能找上级进行沟通，就是上级的工作有失误，也不要抓住上级的缺点不放。及时地进行心理沟通，会增加心理相容，采取谅解、支持和友谊的态度。

(三)敢于给上司提建议，但不一定用逆耳之言

在工作中给领导提建议时，一定要考虑场合，注意维护领导的威信。提建议一般应注意两个问题。不要急于否定领导的想法，而应先肯定领导的大部分想法，然后有理有据地阐述自己的见解；要根据领导的个性特点确定具体的方法。

【例9-8】有一次，单位的领导与员工一起出去旅游、参观。在一个文物展览会上，领导发现一些文物有毁坏和破损之处，就询问解说员。解说员解释说，这是由于文物保护部门缺乏足够的经费，不能使文物保存在一种恒温状况下所致。如果有一定的制冷设备，如空调，这些文物可能会保存得更加完善。

领导听后，不禁有些感慨。此时，站在一旁的机房负责人老王乘机对领导低语："刘局长，机房里装空调也是这个道理呀！"刘局长看了他一眼，沉思片刻，然后说："回去再打个报告上来。"后来，这位领导果真批准了机房的要求，为他们装上了空调。

(资料来源：http://www.360doc.com/content/14/0623/16/213037_389118168.shtml.)

从这个例子可以看出，正是由于老王能够不失时机地将眼前的情景同自己所要提出的建议联系起来，使领导产生由此及彼的类比和联想，从而很好地启发了领导，使他能够接受老王的意见，使问题得以解决。在平常生活中的寥寥数语竟胜过郑重其事的据理力争，这不能不引起领导的深思，更值得我们加以借鉴。

(四)要设身处地从上司角度想问题，不要强人所难

上级要关心、帮助、支持下级，这是不言而喻的。但是在人际交往中，特别是与上级交往时，下级经常会发生非感情移入心理障碍，即不设身处地考虑上级在实际工作中遇到的问题，脱离现实主客观条件对上级提出要求，如果达不到目的，就向上级"发难"。

【例9-9】一个女孩出身于知识分子家庭，年轻、漂亮、单纯、书卷气息浓厚、富有爱心，毕业后到一家金融机构总经理办公室做文秘工作。她工作努力，人缘也不错，总经理也常常夸奖她。"六一儿童节"，公司发起为失学儿童捐款活动。她是教师子女，对失学儿童非常同情，以前也经常将自己菲薄的零花钱和生活费贡献出去，现在参加工作了，更觉得责无旁贷，所以她毫不犹豫地捐献了500元，仅次于总经理、几个副总和部门负责人，她因此受到公司表扬。

不久，全国多处暴发了罕见大洪水，公司响应有关部门的倡议，为水灾地区灾民募捐。在募捐之前，办公室组织大家看了受灾地区的电视录像资料，画面上那些灾民的苦难深深地打动了这位女孩，她差点哭晕过去。她捐出了当月的全部工资2000元。第二天，公司大厅门口，张贴起了"献爱心红榜"，她的大名居然和总经理并列第一，比几个副总整整多了1000元，而那些普通员工大多都是20元到100元。在电梯和走廊里她听见有人在相互打听："这人是谁呀，怎么那么慷慨？"她听了颇有一种自豪感。在早晨例会上，总经理热情洋溢地表扬了她，几个副总则不痛不痒地说了几句，其他人都酸溜溜地表示要像她学习，一个职员嘀咕了一句："别人境界高啦，我们是心有余而力不足的啦！"另外一人甚至嘀咕了一句："谁让人家是秘书呢？"从那以后，她总觉得自己周围的同事们看自己就像看一个外星人一样，伤心的她哭了好几个晚上。

(资料来源：https://www.docin.com/p-2423513189.html.)

(五)合理面对上司的批评

作为一个领导，特别是一个有责任心、讲原则、肯于对组织负责也对下属负责的领导，在下属出现错误时，应该及时地给予批评，而不是对其姑息迁就、放任自流。只有那些极其不负责任的领导才会这样去做。对下属的批评也是一个敢于负责任的领导对下属负责的表现，也是对下属关怀的体现。

作为员工，特别是在工作中出现错误或出现过错误的员工，我们一定要正确对待领导

的批评，虚心接受领导的意见，同时还应正确对待自己在工作中的缺点和错误。在犯了错误之后，则要本着"有则改之，无则加勉"的态度去对待领导的批评，要有承认错误的勇气，千万不要因怕受批评、丢面子而不敢承认错误，推卸责任，甚至捏造事实编造假象，用大错误去掩盖小错误，使自己的大好前程就这样断送在本来是很小的事情上。

(六)养成定期向上级汇报工作的习惯

向上司汇报工作，在许多人看来很简单，似乎没有必要给予更多的关注。然而，最容易忽视的，也往往是最不应该忽视的。

很多人都不喜欢向自己的上司汇报工作，要么只顾埋头工作，不知道汇报的重要性，甚至不清楚自己应当汇报什么，以及如何汇报，这会让上司对下属的工作不放心，对下属的工作不放心就是对下属本人不放心。

(七)上司面前忌忘记自己的身份

显规则告诉我们人和人之间是平等的，职场潜规则却说，老板就是老板，打工者就是打工者，有时候一点都不能犯糊涂。

【例9-10】爱丽娜刚从大学毕业，分配在一个离家较远的公司上班。每天清晨7时，公司的专车会准时等候在一个地方接送她和她的同事们。一个骤然寒冷的清晨，当爱丽娜匆忙中奔到专车等候的地点时，时间已是7点05分。班车开走了。站在空荡荡的马路边，她茫然若失，一种无助和受挫的感觉第一次向她袭来。就在她懊悔沮丧的时候，突然看到公司的那辆蓝色轿车停在不远处的一幢大楼前。她想起了曾有同事指给她看过那是上司的车，她想：真是天无绝人之路。爱丽娜向那车跑去，在稍稍犹豫一下后，她打开车门，悄悄地坐了进去，并为自己的幸运而得意。

为上司开车的是一位温和的老司机。他从反光镜里看了她一会儿。然后，转过头来对她说："小姐，你不应该坐这车。""可是，我今天的运气好。"她如释重负地说。这时，上司拿着公文包飞快地走来。待他在前面习惯的位置上坐定后，才发现车里多了一个人，显然他很意外。她赶忙解释说："班车开走了，我想搭您的车。"她以为这一切合情合理，因此说话的语气充满了轻松随意。上司愣了一下。但很快明白了，他坚决地说："不行，你没有资格坐这车。"然后用无可辩驳的语气命令道："请你下去。"爱丽娜一下子愣住了——这不仅是因为从小到大还没有谁对她这样严厉过，还因为在这之前，她没有想过坐这车是需要一定身份的。

可是那一刻，她想起了迟到在公司的制度里将对她意味着什么，而且她那时非常看中这份工作。于是，一向聪明伶俐但缺乏生活经验的她变得异常无助。她用近乎乞求的语气对上司说："不然，我会迟到的。所以，需要您的帮助。""迟到是你自己的事。"上司冷淡的语气没有一丝一毫的回旋余地。她把求助的目光投向司机。可是老司机看着前方一言不发。委屈的泪水终于在她的眼眶里开始打转。

自己犯下的错误应想方设法自己去弥补，不要把希望寄托在别人身上，别人没有理由和责任为你分担。人和人之间并不是平等的，在任何时候，都不能忘记自己的身份，也不能忽视别人的身份。

(资料来源：https://wenku.baidu.com/view/48e525ae59fb770bf78a6529647d27284a733767.html.)

(八)忌苛求百分之百的公平

显规则告诉我们要在公平公正的原则下做事，潜规则却说不能苛求上司一碗水端平，尤其是老板更有特权。

【例 9-11】孙小明刚进公司做计划部主管时，除了工资，就没享受过另类待遇。一个偶然的机会她得知行政主管赵平的手机费竟实报实销，这让她很不服气！想那赵平天天坐在公司里，从没听她用手机联系工作，凭什么就能报通信费？不行，她也要向老板争取！于是孙小明借汇报工作之机向老板提出申请，老板听了很惊讶，说后勤人员不是都没有通信费吗？"可是赵平就有呀！她的费用实报实销，据说还不低呢。"老板听了沉吟道："是吗？我了解一下再说。"这一了解就是两个月，按说上司不回复也就算了，而且孙小明每月才一百多块钱的话费，争来争去也没啥意思。可是偏偏她就和赵平较上劲了，见老板没动静，她又生气又愤恨，终于忍不住和同事抱怨，却被人家一语道破天机："你知道赵平的手机费是怎么回事？那是老板家属的电话，只不过借了一下赵平的名字。就你傻，竟然想用这事和老板论高低，不是找死吗？" 孙小明吓出一身冷汗，暗暗自责不懂高低深浅！怪不得老板见了自己总皱眉头！从此她再也不敢提手机费的事了，看赵平的时候也不眼红了。

(资料来源：https://wenku.baidu.com/view/1f467fa43169a4517723a3ad.html.)

有时候，你所知道的表象，不一定能成为申诉的证据或理由，对此你不必愤愤不平，你需要深入了解公司的运作文化，慢慢熟悉老板的行事风格。

二、与下属相处的礼仪

(一)冷面掌权，铁腕立威

领导立威并不简单，因为领导过程本身是复杂而多变的，在一个急需建立秩序却又久已形成拖沓、散漫痼疾的组织中，有时需要领导者以冷面掌权，利用严厉的态度来强调个人的权力。的确，有许多领导者以不敬的言行及粗鲁的举止来证明他们有足够的权力去侮辱那些必须听命于他们的人。事实上，这就像某人所说的，"我知道你不喜欢这种言辞，但你无法加以反对。实际上我正是用它来向你表示我毫不在乎你的想法。"不敬还有一层含义，它是一种威胁或是强制别人服从权力的行为。

冷面掌权如能有节制地使用，可以立即树立起领导者个人的领导权威。但其作用是有限的，也有缺点，它降低了整个组织的和谐氛围。

虽然冷面掌权不是一种有希望的领导立威途径，但如使用恰当，事实上却是一种有效的武器。一个因严厉、易怒及敏感而出名的领导者通常可以迅速地使组织中形成一种必须服从的风气，可以让领导者的各种指令毫无困难地被落实和执行，可以让领导者的权威在短期内急剧上升。历史上很多以严厉、冷面出名的领导者如孙武、巴顿等，不仅个人威信极高，而且所领导的部下与团队常常在这样的领导者统率下，攻无不克、战无不胜。当然，在现代组织中，或是在长期的领导过程中，单凭冷面和严厉来树立领导威信还是远远不够的。

(二)尊重下属

有些领导总是抱怨下属不听话，动不动就把下属臭骂一顿。其实，一个领导者要想成功，必须有下属的得力支持。一个聪明的领导者始终都会把"人的因素"看作是影响他飞黄腾达的关键，并绝对深谙"水可载舟，亦可覆舟"的道理。因此聪明的领导都极力收揽自己的下属。他们只有得到下属的拥护与合作，才能生存与发展。

【例9-12】百事公司派史坦芬·艾勒到加拿大分公司任总经理，当他正要离开纽约总部时，副总裁维克把一个很强壮的助手推荐给他。到任后，此人办事又老练，又谨慎，时间一长，史坦芬·艾勒很看重他，把他当作最信任的人使用。

史坦芬·艾勒任期届满准备回到总部。这个助手却不想跟他一起回去，反而要求辞职离开百事公司。史坦芬·艾勒非常奇怪，问他为什么要这样做，那人回答："我是维克先生身边的助手，跟了他多年，我知道他的为人，他叫我跟着你，是把你视为最好的人。你几年来在加拿大一直为公司忙着，并没有出现什么大差错。我辞职后去老总们面前说你的好话，也就不会让他们怀疑，我是想以后还在你手下工作。"

史坦芬·艾勒听后吓坏了，好多天一想到这件事就心神不宁。幸亏自己的确在工作上不敢丝毫松懈，否则，这样公正无私的助手把我在加拿大的所作所为都如实汇报给总裁，我就完蛋了，多吓人啊！可能职位就难保住了。

(资料来源: https://max.book118.com/html/2018/0824/5103041102001311.shtm.)

这个例子告诉我们，不可轻视身边的下属，在他们面前表现好非常重要。这些人平时不显山露水，但是到了关键时刻，说不定就会成为左右大局、决定生死的"重磅炸弹"。

当然，这是一家公司的一个事例，但在当今众多办公室，确实有不少人被下级认真地监督着，若不知他们的厉害，不把他们放在眼里，或者以为下属只会保护自己，那就错了，并往往因此导致自己职位不保。所以在日常工作和生活中，重视下属，讲究和他们说话的策略，是与下属保持良好关系的重要手段。

【例9-13】在某一家公司，一个部门的正副经理都是博士毕业生，年龄相仿，经历差不多，都可谓极富才华。不同的是，一位经理为人和善，善于和员工交流。他在日常工作中，对下属恩威并施，分寸得当。在业务上严格要求，从不放松，但偶尔出了什么差错，他却总能为下属着想，为下属担担子；出差回来，总是不忘带点小礼物、小玩意，向每一个下属表一份爱心。而另一位经理对下属严厉有余，温情不足，有时甚至很不通情达理，缺少人情味。例如，一位平时从不误事的下属因为父亲急病而迟到了5分钟，这位经理还是对他进行了严厉的批评，并处以罚款若干。不久，公司内部人事调整，前一位经理不但工作颇有业绩，而且口碑甚佳，更符合一个高层领导的素质要求，被提拔为公司副总经理。而另一位经理尽管工作也干得不错，但领导认为他有失人情味的管理方式不利于笼络人心，不利于留住人才，于是取消了原打算提携他的计划。

可见，"小角色"的力量汇在了一起，足以推翻任何一个"大角色"。所以作为办公室领导不要轻易得罪下属，不要与员工发生正面冲突，以免留下后患。要学会与下属合作，充分尊重下属。所以应记住：你平时花在说服员工身上的精力、时间都是具有长远效益和潜在优势的。在不远的一天，也许就在明天，你将得到加倍的回报。

(三)一定要得到下属支持

历史上很多成功的人士并没有多么突出的才能。比如刘邦，他其实只是一个小小的亭长，不识几个字，但却能够打败贵族出身、受过正规教育的项羽而一统天下。他认为自己能够战胜项羽主要是因为：一、他在"做策略规划""运补给""战胜攻取"时分别重用了张良、萧何和韩信三人；二、他有效地利用了他们三个人的才能。

而历史上很多成功的人士中，不乏具有很突出的才能的人，最典型的就是李世民，但是他的成功也是建立在那些拥有杰出才能的下属的不懈支持的基础上的。没有秦琼等武将的支持，他不可能取得玄武门之变的胜利，也就没有可能成为一个皇帝；没有魏征等文臣的不断鞭策，他也不太可能取得"贞观之治"的伟大成就。

可见，无论一个领导者是否拥有杰出的才能，他要想成功，都需要下属的得力支持。一个聪明的领导者始终都会把"人的因素"看作是影响他飞黄腾达的关键因素，并绝对深谙"水可载舟，亦可覆舟"的道理。因此，聪明的领导都极力收揽自己的下属。他们只有得到下属的拥护与合作，才能生存与发展。如果失去了下属的拥护和支持，也就失去了力量的源泉。

一名好的领导，首先必须把当领导当作责任而不是地位和特权。在出现差错时，他一般先责备自己；在必要的时候，他应当乐于为下属承担责任。因为，在很多的情况下，下属的过失和错误，正反映出他在管理上的漏洞和问题。要得到下属的爱戴与尊敬不是一天两天的事情，需要领导者长期的坚持与努力。

(四)树立沉稳的领导形象

东方的企业经营大师松下幸之助曾说："组织以和为贵。"他所谓的和，就是上司与下属彼此之间有好感。以好感为基础，领导和下属才能顺畅地工作或相互配合，如果上司与下属之间存在着对立关系，工作是无法顺利进行的。在这层意义上，好感是企业内人际关系活泼化的基础。正面的人际关系，可以促进活动，让任务顺利进行，而负面的人际关系会使活动停滞。

在心理学理论中，对于厌烦、厌恶等心理有专门的案例。比如，人对讨厌的人所说的话，首先会表现出拒绝或抗拒反感的反应，而不会主动积极地做出任何行动。如果是上司的命令，即使很讨厌该上司，表面上也会表示遵从，但内心却是无动于衷。所以，领导者一旦被讨厌的话，领导下属就变得很困难，没有途径寻找借口。因此，领导只有在下属面前树立一个亲和、值得信赖的形象，才能得到下属的尊重和支持。

(五)善于听取下属的意见和建议

俗话说："良药苦口利于病，忠言逆耳利于行"。只有虚心听取别人的意见，自己才能进步，因为仅仅相信自己，也是不够的，还应当相信别人，多听取他人的意见。毕竟，金无足赤，人无完人。人生之路如此漫长，没有谁能保证自己不犯错误，而改正错误光靠自信是远远不够的，必须多听取别人的意见，汲取别人的经验教训，这样才能更好地克服重重困难。一切有成就的领导者都是善于听取别人意见的人。

【例9-14】1881年，乔治·伊士曼创建了柯达公司。他深知没有员工的支持，任何企业都无法做大的道理。因此他常常思考一个问题：如何让员工们行动起来，与企业共同进步。

1889年的一天，伊士曼收到一个工人写给他的建议书。这份建议书内容不多，字迹也不优美，却让他眼睛一亮——这个工人建议生产部门将玻璃擦干净。对于这样的问题，在伊士曼看来，是小得不能再小的一件事了。然而，这次伊士曼却看出了其中的意义——这正是员工积极性的表现。

乔治·伊士曼立即召开表彰大会，发给这名工人丰厚的奖金，"柯达建议制度"也就应运而生。

在柯达公司的走廊里，每个员工都能随手取到建议表。投入任何一个信箱，建议表都能送到专职的"建议秘书"那里。专职秘书负责及时将建议送到有关部门审议，并做出评价。公司里设有专门委员会，负责建议的审核、批准以及发奖。此外，建议者还可以随时拨打电话询问建议的下落。

100多年过去了，柯达公司员工提出的建议近200万条，其中被公司采纳的超过60万条。现在，柯达公司员工因提出建议而得到的奖金，每年都在150万美元以上。

"柯达建议制度"在降低新产品成本核算、提高产品质量、改进制造方法和保障生产安全等方面起了很大的作用，而且员工提出建议，即使未被采纳，也会达到两个目的：一是使管理人员了解到员工在想什么；二是当建议者得知自己的建议得到重视时，会产生满足感，工作会更加努力。

现在柯达员工已有数万人，公司业务遍及世界各地，专业人士评价说："没有'柯达建议制度'，就没有今天的柯达。"

虚心地听取下属的意见，有利于避免决策的失误。下属向领导请示工作时，领导要先听取他们的意见，下属提出自己的解决办法，领导要从中择优选择。特别是对自己不熟悉的问题，要虚心求教，从而少走弯路，更好地走向成功。

（资料来源：http://blog.sina.com.cn/s/blog_ea1b01e601030blo.html.）

(六)对待下属要一视同仁

凡事"不患寡而患不均"，这是下级与上级产生离心力最多的环节。这就要求上级在处理与下级的关系时做到：一视同仁，不搞"圈子""带子"，避免资历、关系、感情产生的负效应；赏罚公平，当赏则赏，当罚则罚，避免有功不赏，有过不罚。使下级处于一种公平的工作竞争环境中。

公正，是公平和正义的合称，公正是领导工作的题内之义，是领导工作的永恒主题，是组织路线的具体规范，是领导干部的职业操守。笔者认为公正是领导干部的品质之源、立身之本、为人之要、处事之基。众人心理平衡、平顺，全靠领导者能持之以公；而天下太平、平安，也靠领导者能秉公办事。

企业领导人是资源分配者，而公正是最基本的游戏规则，不公正的领导人必定丧失威信。公正的领导人会一碗水端平，成功的领导者是公平处事者。出于公心，一视同仁，才能赢得别人的认同。《吕氏春秋》中说："阴阳气候，甘露时雨，不择物而变，不私物而降，这才是公的气象。"解释说："治天下必先公正、公平、公开，公则使老百姓高兴。公则天下太平，太平来自公。成事在公平，失事在偏私。"

损害领导者形象的行为，莫过于私心莅事，私心断事，私心处事。平常人可以有私心，他的私心只局限在一人一身而已；领导者不能有私心，有私心就失去了公心。理天下大事的人，要以大公无私来应付天下。澄清己心来审理，平静己心来论事，公正己心来待人，宽大己心来应物，镇定己心来处变，这是领导人物的无上心术。

【阅读材料】不受老板欢迎的13种职场角色

国外一位著名的企业老板，针对白领阶层的职场礼仪成熟度，分别以一种动物或物体做比喻。对比看一看，你是其中一种吗？

1. 没有创意的鹦鹉：只会做机械性的工作，不停地模仿他人，不追求自我创新，自我突破，认为多做多错，少做少错。

2. 无法与人合作的荒野之狼：丝毫没有团队精神，不愿与别人配合工作，不愿与他人分享自己的劳动成果，也无视他人的意见，自顾自地工作，离群索居。

3. 缺乏适应力的恐龙：对环境无法适应，对市场变化经常无所适从或不知所措，只知请示领导，也不能接受职位调动或轮调等工作改变。

4. 浪费金钱的流水：成本意识很差，常常无限制地任意申报交际费、交通费等，不注重生产效率。

5. 不愿沟通的贝类：有了问题不愿意直接沟通或羞于讲出来，总是闭着嘴巴，任由事情坏下去，没有诚意。

6. 不注重资讯汇集的白纸：对外界信息反应不敏锐，不肯思考、判断、分析，也不愿收集、记忆有关信息，懒得理会"知己知彼，百战百胜"这句名言。

7. 没有礼貌的海盗：不守时，常常迟到早退，服装不整，说话带刺，不尊重他人，做事或散漫或刚愎自用，根本不在乎他人的感受。

8. 缺少人缘的孤猿：嫉妒他人，只对别人的成就飞短流长而不愿意向他人学习，以致在需要帮助时没人肯伸手援助。

9. 没有知识的小孩：事事仍然需要别人的照顾，生活自理能力极差，对工作也需要一点一滴交代才十分清楚，否则就干不好。对社会问题及趋势也从不关心，不肯充实专业知识，很少阅读专业书籍及参加各种活动。

10. 不重视健康的幽灵：不注重休闲活动，只知道一天到晚地工作，常常闷闷不乐，工作情绪低落，自觉压力太大，并将这些压力影响别人。

11. 过于慎重、消极的岩石：不会主动工作，因此很难掌握机会，对事情没有做之前先发出悲观论调，列出一大堆不可能，同时对周围事物也不关心。

12. 摇摆不定的墙头草：从没有自己的观点，永远只是附和别人的意见。更加重要的是一遇到公司纷争，哪边势力大就倒向哪一边，并煽风点火，一旦这方失势，又马上倒向另一方。

13. 自我设限的家畜：不肯追求成长、突破自己，不肯主动挑起力所能及的担子，抱着"努力也没用，薪水够用就好"的心态，人家给什么就接受什么。

（资料来源：https://xw.qq.com/cmsid/20201210A05WCM00.）

第五节 实践演练

实践项目一：办公室礼仪测试

尊重同事包括见到同事要热情地打招呼；记住同事的姓名及基本资料；发表意见时要顾虑到他人的感受；不要忘记说"请""谢谢""对不起"。不能工作忙起来或者有压力不顺心时，就忽略接人待物的礼仪。否则，就会变成一个连自己都不喜欢的人。无论成功或失意都要经常问自己下述几个问题。

(1) 你在办公场所见到认识的人会微笑打招呼吗？

(2) 别人在办公室说话时，你耐心听吗？

(3) 对别人的工作方式有意见时，会三思之后私底下再说吗？

(4) 同事在工作中业绩突出，你会诚恳地公开赞美别人吗？

(5) 你有克制自己在办公场所不要提高嗓门、乱发脾气吗？

(6) 在工作中得到他人帮助该说"谢谢"时你都说吗？

(7) 你能够叫得出每一个同事完整的姓名吗？

(8) 你随时会注意到自己的仪容整洁吗？

实践项目二：职场关系礼仪

(1) 假如你正在兴致勃勃地和同事谈论着上司的缺点，上司出现了，而且他是一个业务能力比你强很多的领导，你该怎么做？

(2) 你被提拔后：①同事对你十分热情，言听计从；②同事反应冷漠，不言不语；③同事冷言冷语。你如何处理与这三种人的关系？

(3) "刺猬理论"认为，冬天刺猬彼此将身上的针状刺靠拢防寒，刺与刺之间保持一定的距离，距离太小就会伤到对方，距离太大就起不到防寒的作用。这形象地说明了上下级之间的交往，必须把握好一定的"度"。你认为应该如何把握好这个"度"？

本 章 小 结

职场人士应有明确的角色定位，无论是从仪表上还是思想上，都应该迅速转型，以适应职场环境的需要。职场人士在办公室要以团结、和谐为宗旨，人人皆应有团体意识，以大局利益为重，不搞特殊化，不作他人眼中的"另类"，同事是最难得的搭档，是你成功路上的得力助手和良师益友，所以应与同事和谐相处，争取尽快地融入同事中间。既要营造积极的工作氛围，又不失快乐和活力。同样的，职场上的领导就是权威，要绝对服从。每位员工都是企业大厦的一个基石，是领导的"贤内助"，只有他们获得尊重，能够满足需求，并被公平对待，才可能使企业获得最大的效益和成就。

练习与思考

一、单选题

1. 办公室礼仪中打招呼显得尤为重要，在职员对上司的称呼上，应注意(　　)。
   A. 称其头衔以示尊重，即使上司表示可以用名字、昵称相称呼，也只能局限于私人场合
   B. 如果上司表示可以用姓名、昵称相称呼，就可以这样做以显得亲切
   C. 随便称呼什么都可以

2. 在办公信息化的进程中，越来越多的办公室内配备了计算机，在对使用公用计算机上，应该注意(　　)。
   A. 学会保养计算机，有时间对计算机做杀毒处理
   B. 多看同事的文件来帮助自己学习，不管是否涉及有关隐私问题
   C. 工作期间为调节情绪可用计算机适当玩会游戏

3. 现在有些员工有中午睡午觉的习惯，因此中午也有许多环节值得我们去注意。当你有急事必须进出门时，你应该(　　)。
   A. 开门后将门半开或虚掩，避免因开关门惊扰休息的员工
   B. 每次进出门都要轻轻关上门，养成随手关门的好习惯
   C. 如果有多次进出，只需最后一次关上门，其他时间可让门保持开放状态

4. 在办公室里，如果你和一位同事产生了一些小摩擦，那么你应该(　　)。
   A. 当面装作风平浪静，私下四处说人不是，一吐为快
   B. 私下与之面谈商量，争取双方关系正常化，以和为贵
   C. 不理不睬，见面也不说话打招呼，形如陌路

5. 作为女毕业生，在处理与同一个办公室的男同事的关系上应该(　　)。
   A. 刚来的时候一定要少与之交谈，以免让人产生轻浮之感
   B. 对同事都要友好，显得彼此间无所不谈，千方百计搞好同事关系
   C. 保持空间距离，交谈时要注意用语，保持随和，不要过于随便

6. 办公室里要注意的礼节很多，下面哪种行为不必忌讳(　　)。
   A. 在办公的时候打扮自己
   B. 借用同事的办公物品
   C. 向同事谈论自己的功绩经历

7. 在使用公用复印机上，当你需要使用时发现机器出现故障，你应该(　　)。
   A. 悄悄走开，不能让别人误解是你所为
   B. 赶紧请专业工作人员来进行修理
   C. 只和自己亲近的人说，其他人一概不予理睬

8. 在办公室工作难免会借用他人的设备，在借的时候你应该注意的是(　　)。
   A. 直接拿来使用，既然都是同事，他不会介意的
   B. 如果主人不在，可以先拿着用，反正都是要还的

C. 征求对方的同意后可以使用，而且要做到及时归还

二、多选题

1. 下面叙述符合规范礼仪的是(　　)。
   A. 非常重要的邮件要在 48 小时内答复
   B. 用计算机写感谢信字迹工整，看得舒服，所以是较好的写作方式
   C. 写信时如果不知道对方是男是女可以统称其职务
2. 办公室礼仪包括(　　)。
   A. 讲究卫生，符合习惯
   B. 互相尊重，注意小节
   C. 相互协调，相互支持

三、判断题(正确的在括号内打"√"，错误的打"×")

1. 当上司一年有余，但很难记住每一员工的姓名和每一次见面的情景，文员应把有关员工资料输入计算机，作为提示文件。　　　　　　　　　　　　　　(　　)
2. 不要在酒宴上评论或附和别人对某人的议论，也不可评论菜肴的优劣。　(　　)
3. 要发问或有意见时，应该等上司把话说完再问，可以提出自己的看法。如果上司不加采用，应说服上司。　　　　　　　　　　　　　　　　　　　(　　)
4. 文员第一次做一项工作应该快一些，如果错误可以再做一遍。　　　　(　　)

四、简答题

1. 如何处理与同事之间产生的矛盾？
2. 最近由于忙着结婚，导致手头上一些工作被延误，影响了企业的绩效，顶头上司将你批评了一顿，你该如何接受上司的批评才合理。

【案例分析一】

职场中的聚与距

进公司的第一天，部门经理带我和同事们认识。每人都对我微笑、握手，空气暖融融，让我小激动了一把。

可没想到经理一走，办公室立刻露"狰容"。经理让小李当我师傅带我熟悉业务，可他只顾埋头写计划书，对手足无措的我根本不理睬。

我天性内向，朋友不多，非常渴望能在集体中找到归属感，获得关注。于是我下决心改变自己，可越变越崩溃。比如我看了很多星座书，然后专找星座相同的同事聊天，觉得彼此有缘。"徐姐你好年轻啊，看起来像三十多岁的人。"结果人家脸一黑，"我就是三十多岁啊！"我臊个大红脸。

我非常沮丧，觉得职场人际关系的水好深啊。

我有个亲戚在单位是中层领导，在职场上经历过大风大浪。她说我每天跟同事在一起的时间远超过家人，如果不能和大家和睦相处，我的日子会过得很灰暗，对事业影响很大。

她说在职场上保持自我个性，不要强行改变自己，不必学交往技巧，那会给人圆滑的感觉。"在职场中真诚最重要"。她建议我说话要讲究分寸，让对方感觉舒服；要学会补

台，不要拆台；有成绩时说"我们"，犯错误时说"我"；同事聊天插不上话就微笑倾听，"因为倾听也是一种参与"。

我从小住校，一直不会做饭，但心里非常渴望做大厨。后来我发现和女同事聊烹饪，是和她们亲近的一条有效途径。只要我咨询红烧肉和各式炒菜，年长的女同事就两眼发光，侃侃而谈她的厨艺和营养观，给我出谋划策，好像是我妈。我暗爽，终于在办公室找到家一样的温暖了。

年底联欢会，我为每一位上台唱歌的同事鼓掌。不是刻意拍马屁而是我五音不全，我觉得每个能唱到调上的都是人才，好羡慕他们。没想到这个友善的举动让大家非常感动，有时我工作中出错了，同事都愿意替我兜着，不向上司汇报。

对不好相处的同事，我会在 MSN、QQ 和邮件上说事或发个短信，事儿就解决了。既没争执，还不用看他的臭脸，办事效率颇高。

（资料来源：http://blog.sina.com.cn/s/blog_51f7c0cf0100gq8f.html.）

思考：职场交往要注意哪些事项？

【案例分析二】

<h3 style="text-align:center">瞧不起同事吞苦果</h3>

原以为外企公司的人各个精明强干，谁知过关斩将的魏莹拿到门票进来一看，哈哈！不过如此：前台秘书整天忙着搞时装秀，销售部的小张天天晚来早走，3 个月了也没见他拿回一个单子，还有统计员秀秀，整个一个吃闲饭的，每天的工作只有一件：统计全厂 203 个员工的午餐成本。天！魏莹惊叹：没想到进入了 E 时代，竟还有如此的闲云野鹤。那天去行政部找阿玲领文具，小张陪着秀秀也来领，最后就剩了一个文件夹，魏莹笑着抢过说先来先得。秀秀可不高兴了，她说你刚来哪有那么多的文件要放？魏莹不服气，"你有？每天做一张报表就啥也不干了，你又有什么文件？"一听这话秀秀立即拉长了脸，阿玲连忙打圆场，从魏莹怀里抢过文件夹递给了秀秀。魏莹气哼哼地回到座位上，小张端着一杯茶悠闲地进来："怎么了 MEIMEI，有什么不服气的？我要是告诉你秀秀她小姨每年给咱们公司 500 万的生意……"然后打着呵欠走了。下午，阿玲给魏莹送来一个新的文件夹，一个劲儿向魏莹道歉，她说她得罪不起秀秀，那是老总眼里的红人，也不敢得罪小张，因为他有广泛的社会关系，不少部门都得请他帮忙呢，况且人家每年都能拿回一两个大单。魏莹说那你就得罪我呗，阿玲吓得连连摆手：不敢不敢，在这里我谁也得罪不起呀。魏莹听了，半天说不出话来。

（资料来源：https://wenku.baidu.com/view/ff6b5fd784254b35eefd346e.html.）

第十章　求职面试礼仪

【学习目的与要求】

● 掌握求职面试时见面、自我介绍、应答和告别的礼仪。
● 掌握自我介绍和应答时的禁忌。
● 了解面试后的礼仪。

【关键概念】

求职面试；简历；自荐信

【案例导入】

诚信建立，实话实说

王同学一心想进入国际性的咨询公司，在遭到拒绝后，转而将目标锁定于国际会计师事务所。最后，只有安永向她发出面试邀请。原本此机会已弥足珍贵，但面试中，考官问到她还投递了哪些单位时，王同学将她投递过的单位如数家珍般一股脑儿兜出，表现了极强的兴趣。但她就是没有表现出对安永的兴趣。此情此景下，考官也只能寒心地将她拒之门外。

张同学在面试毕马威时，一心向主考官强调她特别想进入该公司。在解释原因时，她指出毕马威的良好背景有利于她以后再次跳槽。最后，毕马威还是没有给她这个可以再次跳槽的机会。事后，张同学懊恼地表示她当时头脑发晕，但可以发晕的时候很多，面试时是决不可以的。

(资料来源：https://wenku.baidu.com/view/9e386e8eee3a87c24028915f804d2b160b4e8611.html.)

案例点评：

上面的例子讲的是保持诚信和不讲大实话是不矛盾的。如果王同学在真实说出自己还投了哪些单位后，能够用足够的理由表明在这些选择之间她对安永情有独钟，那么王同学今天很可能已经是安永的一员了。张同学如果在面试时能保持头脑清醒，可能不会说出跳槽之类的话，面试的效果应该会更好些。

现代社会对每个人提出种种挑战的同时，也提供了各种各样难得的机遇，如何在竞争激烈的人才市场中，力挫群雄，一举应聘成功，在具备良好的专业素养的前提下，掌握必要的惯例与技巧也不容忽视，尤其是求职中的礼仪礼节，它往往还起着举足轻重的作用。

第一节　做好心理准备

无论是刚从学校毕业的新人，还是等待谋求新职的人，都必须面临求职面试这一关。每一个求职的人，都希望在面试时留给主考官一个好印象，从而增大录取的可能性。所以，事先了解面试时的一些必要的礼节，是非常重要的。可以说，这是求职者迈向成功的第一步。

　　中国有句古话："知己知彼，百战不殆。"面试就如同一场试探性的战斗，战斗的双方就是面试单位的主考官和参加面试的你自己。

一、研究主考官

　　招聘主考官看好什么样的面试者呢？请看下面这个小例子，这是一位主考官谈到的一件事：面试从你接到电话通知的那一刻就已经开始了。也许是等待就业的心情比较迫切吧，我在通知有资格参加下一轮面试的面试者时，一般从电话另一头听到的都是一些浮躁的声音，这里摘了一点我们的对话。

【例 10-1】

　　"喂，您好，请问是×××先生吗？"

　　"你是谁啊？"(当时，我的心里已经不高兴了，但是不会表露出来)"我是××公司的，请问您参加了我们公司的招聘吗？"

　　"哪个公司？"(肯定是撒大网了)"我们把您的面试时间安排在了明天的×××，地点在×××。"

　　"我记一下，你们是什么公司？"(OH，MY GOD!)……

　　这样我就会把我的看法写在他(她)的简历上，供明天面试的时候参考，影响可想而知！

　　由此可知，主考官对应聘者的考察是全面而具体的。

　　应聘者"研究主考官"，这里所说的"研究"是要试想一下主考官会从哪些方面来考察、评价面试者。综合起来，有以下几个方面。

　　主考官可能会先评价一个应聘者的衣着、外表、仪态和行为举止。

　　主考官会对应聘者的专业知识、口才、谈话技巧做整体的考核。

　　主考官可能会从面谈中来了解应聘者的性格和人际关系，并从谈话过程中了解应聘者的情绪状态以及人格成熟的程度。

　　主考官会在面试时，观察应聘者对工作的热情程度和责任心，了解应聘者的人生理想、抱负和上进心。

（资料来源：http://tongxiehui.net/by/5f8ac89e982fe.html.）

二、研究自己

　　研究自己包括以下几个方面。

　　认识自己，了解自己的长处、兴趣、人生目标、就业倾向等。许多学校都会为毕业生就业求职开设一些辅导课程，帮助毕业生分析个人的专业和志向，作为毕业生，可以充分利用这个机会，为求职预先做好准备。听取家人和有社会经验的亲友的意见和建议，修正个人的志愿，也是很有必要的。

　　收集招聘公司的相关资料，了解该公司目前的经营状况、企业文化、未来的发展趋势等信息，这项工作可以使你更能把握现有情况，增强面试时的信心。

准备一份清楚详尽的履历表(个人简历)。履历表要写得忠实而又能给人留下深刻的印象。

事前的演练可以帮你发现问题,放松紧张的精神。

参加面试一定要抱着谨慎的态度,不浪费每一次机会,并把每一次面试当作重要的经验积累起来,在面试之前多多少少要了解一些礼仪,千万不要有随便或侥幸的心理。人与人的作用是相互的,你若是郑重其事,对方也自然会重视你。

准备一套适合面试的服装。对于一个大学毕业生来说,毕业工作意味着社会角色的转变,求职是参加工作的第一步,你的穿着一定要符合你的新社会角色。

【例 10-2】

凯恩集团正在招聘职员,小林马上就要毕业了,对此她信心百倍,因为她专业对口,而且其他条件也非常符合。面试当天,小林为了给招聘单位留下好印象,决定好好打扮一下自己。在寝室忙了半天,她最后选中了一条大花的连衣裙,穿上高跟凉鞋、戴上项链、耳环、手链、还化了现在最流行的闪亮妆,她想这样一定能在外形上取得优势。面试当天,小林与其他面试者一起在办公室外等候。当拿到发下来的题目后,小林更觉得胜券在握。她松松垮垮地站在门口准备上场,回头看见有一排沙发,便坐在沙发上,跷起二郎腿,悠闲地拿出化妆包开始补妆。面试后,结果可想而知。

男士可以穿西装,以毛料的深蓝色西装为宜,全身颜色最好不要超过三种,可以配一双黑色皮鞋、一双深色袜子和一条领带。西装要平整、清洁、有裤线;西装口袋不放任何东西;必须拆除西装商标。面试前应理发、修指甲、刮胡子、去鼻毛,务必处理好这些细节。另外,面试当天记得洗两次脸,稍稍用些护发、护肤品,适当喷些香水。无论是护发、护肤品,还是香水务必保持气味一致。

女士可以穿正规套装、套裙,也应遵守三色原则。套裙最好不要高过膝盖 3cm,穿丝袜,配一双系带皮鞋,不宜穿高跟鞋。可以配一个小巧耳环或胸针,切忌有太多的饰物。做到大方、得体。发型文雅、庄重、梳理整齐,长发最好用发夹夹好,不能染鲜艳的颜色。化淡妆,不留长指甲,最好涂自然色的指甲油。

(资料来源: https://www.docin.com/p-1313302800.html.)

第二节　面试前的准备事项

10.2-1.mp4

面试前的准备事项是面试能否成功的一个基本条件,面试前的准备包括个人的应聘资料准备、对应聘单位的信息收集、个人的修饰打扮、个人的心理调节、对面试问题的准备等多个方面。可以说,面试前准备充分不一定代表面试就能成功,但面试前准备不充分,则很可能不会成功。因为即便是一些细节上的疏忽都往往会给你带来机会的丧失。下文将介绍求职面试前的有关准备工作和注意事项。

10.2-2.mp4

一、个人的应聘资料准备

呈送应聘资料的目的是为了得到面试的机会,它必须在有限的篇幅内突出个人的特点,以赢得招聘者的关注。因此，一份好的应聘材料无疑是求职时一块重要的敲门砖。

(一)毕业生就业推荐表

毕业生就业推荐表是反映毕业生综合情况并附有学校书面意见的推荐表。毕业生就业推荐表一般包括毕业生基本资料、照片、学历、社会工作、获奖情况、科研情况、个人兴趣特长等，一般还附有教务部门出具的成绩单。其中，该表的综合评定及推荐意见部分是由最了解毕业生全面情况的辅导员填写的，并且是以组织负责的形式向用人单位推荐，具有较大的权威性和可靠性，所以大部分用人单位历来把该表作为接收毕业生的主要依据。毕业生就业推荐表正式表只有一份，必须用正式表签订就业协议。

(二)个人简历

1. 个人简历的主要内容

简历主要是针对想应聘的工作，将相关经验、业绩、能力、性格简要地列举出来，以达到推荐自己的目的，如图10.1所示。虽然不一定所有的毕业生都必须撰写简历，但受毕业生推荐表栏目及空间限制，多数毕业生更希望有一份个性突出、设计精美、能给用人单位留下深刻印象的简历。

毕业生推荐表正式表只有一份，而简历可复印多份，最好由计算机打印出来，这样可以在参加人才市场、面试、走访招聘公司、恳请教师推荐、拜托朋友帮忙时，增加一个书面介绍自己的机会，从而获得"普遍开花，重点结果"的效果。

一份能吸引读者注意力的简历能创造面试的机会及增加录取的概率，所以必须使它兼备简洁、有序、有个性且不失重点等特色，千万不可失于烦琐冗杂。

图 10.1 个人简历

简历并没有固定的格式，对于社会经历较少的大学毕业生，一般包括个人基本资料、学历、社会工作及课外活动、兴趣爱好等。其主要内容和要求大体如下所述。

(1) 个人基本资料。主要指姓名、性别、民族、出生年月、家庭住址等。一般书写在简历最前面，另外也可加上政治面貌、身高、身体状况等。

(2) 学历。用人单位主要通过学历来了解应聘者的智力及专业能力水平，所以学历一般应写在前面。习惯上书写学历的顺序是从过去写到现在，但实际上用人单位更重视的是现在的学历，所以最好从现在开始往回写，写到中学即可。书写学历的目的是展示毕业生的专业特长，故学校名称后要加上专业名称，如辅修课程与希望应聘的职位密切相关，也可写在主修课程之后，但需注明。

学习成绩优秀，获得奖学金或其他荣誉称号是学生生活中的闪光点，也应一一列出来，以加大分量。和工作经历丰富的应聘者相比，应届毕业生的学历比经历重要得多，为了强调专业特长，尤其是特殊专业，也可把与应聘工作相关的课程集中起来，附在专业后面。如果入学前有较多工作经验，也可有选择地列出与应聘职业有关的经历。

(3) 生产实习和毕业论文及发表的文章、成果。生产实习提供了学生理论联系实际的机会，增加了阅历，积累了工作经验，应尽可能写详细，并可强调收获。毕业论文可以展示应聘者的专业能力和学术水平，如果在应聘前完成，也可写进简历，如果大学期间有已发表的文章、论文、成果，将是简历表中一个有力的参考内容，不要忘记注明发表时间、刊物名称及文章标题。

(4) 社会活动和课外活动。近几年来，越来越多的用人单位渴望招聘到具备一定应变能力、能够从事各种不同性质工作的大学毕业生，特别是外商办事处、商贸性公司、国家机关等，学生干部和具备一定实际工作能力、管理能力的毕业生颇受用人单位青睐。在这些社会活动中，你的责任心、协调能力、社交能力、人格修养及专业能力得以充分展示，所以社会实践活动和课外活动，对于仍在求学，尚无社会经历的毕业生来说，是应聘时一个相当重要的内容。书写的内容可包括职务、职责以及业绩。

(5) 勤工助学经历。即使勤工助学的经历与应聘职业无直接关系，但打工赚学费可显示你的意志，并给人留下吃苦、勤奋、负责、积极的好印象。书写内容可以包括在何处、担任什么工作、从中完成什么或得到什么经验等。

(6) 特长。对于毕业生，特长是指你拥有的技能，特别是指中文写作、外语及计算机能力，如果通过国家等级考试，应一一罗列出来。

(7) 兴趣爱好与性格。如果社会工作经历较少，为表现你的个性，可加写兴趣，以展示你的品德、修养或社交能力及与人合作的精神，但注意最好写一些你有所研究并具有个性的爱好。如没有兴趣爱好也可不写，可直接描述你的性格特点。性格特点与工作性质关系密切，所以用词要贴切。

(8) 最后，联系地址、电话、邮政编码千万不要忘记写，以免用人单位因联系不到你，而失去选择的机会。

2. 制作个人简历的要求

(1) 简历的修饰。不要为了省钱而使用低廉质粗的纸张。检查一下是否有排版、语法错误，甚至水、咖啡渍。在使用文字处理软件时，可以使用拼写检查项并请你的朋友来检查你可能忽略的错误。

(2) 字符大小。如果你需要用两页纸来完成简历，应清楚、完整地把你的经历和取得的成绩表现出来。不要压缩版面，不要把字体缩小到别人难以阅读的程度。

(3) 内容真实。不要虚构日期或职务名称来蒙蔽你曾经失去工作的事实，或频繁更换工作的事实或从事较低职务的事实。如果你未来的雇主去做背景调查发现你在撒谎，那你就和你的工作说"再见"吧！

(4) 陈述你的才能。如果你缺少所找工作的工作经验，不要在简历中使用时间表达法。应采用功能表达法或技术表达法，优先来陈述你与之相关的工作经验和技术。

(5) 推出你的长处。不要简单地抄写公司人事手册中关于工作性质描写的术语。为了显示你比其他竞争者更有优势，你需要的不是简单地列出你的工作职责，而应列出你所做出的特殊贡献，增长百分比，客户增加数，赢取的奖励等。

(6) 不要用任何借口。不要把你离开每个所从事工作的理由写上你的简历，例如"公司被售出""老板是个白痴"或"谋求高薪"。

(7) 你最近在干什么？不要简单地陈列你所从事过的每个职位。人事部经理们最感兴趣的是你近 10 年来的经历，所以应把重点置于最近和最相关的工作经历上。

(8) 确定目标。不要按照星期日报纸上的公司招聘广告把你的简历一一寄出，不要投递简历，如果你的条件与工作要求相去甚远，应仔细阅读广告，决定你是否有合适的资历后再去投递。

(9) 采用倒叙写法。很多人在写简历时，喜欢从过去讲到现在。建议最好采用倒叙法来写，即直接从最接近的时间入手，让简历筛选者更容易获得你近期重要的信息。必要时，一些重要的信息可以重点处理，但千万不能写得太过于花哨，便于阅读是简历设计最主要的原则。

(10) 不要寄附件。寄简历时，不要把学习成绩单复印件、推荐信或奖励证明复印件一并寄出，除非你被特别要求这样做。但是，如果你获得面试机会后，你可带上这些材料。

3. 个人简历制作时应注意的问题

(1) 首先要突出过去的成就。过去的成就是你能力的最有力的证据。详细把它们写出来，会有说服力。

(2) 简历表切忌过长，应尽量浓缩在 3 页之内。最重要的是要有实质性的东西给用人单位看。

(3) 简历表上的资料必须是客观而实在的，千万不要吹牛，因为谎话一定会被识破。要本着诚实的态度，有多少写多少。

(4) 和写求职信一样，简历资料不要密密麻麻地堆在一起，项目与项目之间应有一定的空位相隔。

(5) 切记在简历上不要写对申请职位无用的东西。

(6) 简历上不要出现薪金的历史记录和待遇要求。如果要求您提供这些信息，应写在附信上(简历一定要有附信)。

(7) 除非有特殊要求，应用计算机打印，可以用激光的，也可以用喷墨的。纸张一般用白色、浅灰色或米色的 A4 纸，有了原件，可以复印，不必全部打印(你是用文字写简历，而不是用纸)。

(三)自荐信

自荐信，即求职信。其基本内容应该包括下述几点。

(1) 写明用人信息的来源及自己所希望从事的工作岗位，否则，用人单位将无法回答。

(2) 愿望动机。这是自荐信的核心内容，说明自己要求竞争所招聘的职业的理由和今后的目标。

(3) 所学专业与特长。将大学所学的重要专业课程写入，但不要面面俱到，以免使主要的专业课程"淹没"在文字之中。对自己熟悉的、有兴趣的，特别是与招聘单位所需人才职业关系紧密的，可多写一些。

(4) 兴趣和特长，要写得具体真实。

(5) 最后应提醒用人单位留意你附带的简历，请求给予同意等。

信函求职在毕业生求职过程中，是最常用、最主要的方式。求职信由开头、正文、结尾和落款组成。在开头，要有正确的称呼和格式，在第一行顶格书写，如："尊敬的人事处负责同志""尊敬的张教授"等，加一句问候语"您好"以示尊敬和礼貌。正文部分主要是个人基本情况即个人所具备的条件。求职信的核心部分要从专业知识、社会实践能力、专业技能、性格特长等方面使用人单位确信，他们所需要的正是你所能胜任的。结尾部分可提醒用人单位回答消息，并且给予用人单位更为肯定的确认："您给我一个机会，我会带给你无数个惊喜！"结束语后面，写表示敬意的话，如"此致""敬礼"。落款部分署名并附日期。如果有附件，可在信的左下角注明。

求职信的信封、信纸最好选用署有本学校名称的信封、信纸，忌讳选用带有外单位名字的信封、信纸。字迹清晰工整。如果写一手漂亮的书法，最好手写，因为更多的人相信"字如其人"。如果字写得不好看，就不如用计算机打出来，篇幅要适中，不宜过长，1000字左右较为合适。求职信是个人与单位的第一次接触。所以，文笔要流畅，可以有鲜明的个人风格，不可过高地评价自己，也不可过于谦虚。要给用人单位留下较为深刻的印象。最后，要留下自己的联系方法。

在毕业就业推荐表、简历和自荐信后，还应附有成绩单及各式证书、已发表的文章复印件、论文说明、成果证明等。如果本专业比较特殊，还应附一份本专业介绍。

二、对应聘单位的信息收集

古人云："知己知彼，百战不殆"。面试之前，一定要广泛收集应聘单位各方面的资料与信息，以做到有的放矢。

(一)收集应聘单位和目标岗位的资料

尽管不少人都知道各行各业的职业性质，但不同的单位无论是工作环境还是工作任务都会有很大的差异。所以了解清楚招聘单位的背景、性质、规模、特色、组织结构、发展前景等情况，准确把握其主要职能还是很重要的。同时要了解你所应聘的职位是干什么的？主要职责是什么？该职位需要什么类型的人员，对人员素质有什么样的需求？这个职位主要应用的专业知识和专业技能是什么？若事先对这些情况一无所知或知之甚少，则在面试时易处于被动境地，也易使用人单位形成"你不关心该单位"的印象，从而影响面试结果。如果再深入一些考虑，你还需要对照职位的要求，寻求自己的优势和需要进一步提高的地方。由此可见，这些资料的收集不仅对于你的面试应答会有帮助，而且有利于使你提前反思自己的情况，为日后更好地适应工作做好心理上的准备。

那么上述资料信息从何处获得呢？你可以向父母、朋友、同学或亲戚打听，也可以向在该用人单位工作的熟人咨询，还可以通过电话、网络、新闻报道、广告、杂志、企业名录以及其他书籍来寻求这些信息。

一个对招聘单位一无所知的求职者，面试时是很可能会失败的。例如，几年前某市一位学市场营销专业的男性本科毕业生,满怀信心去应试美国在广州投资兴办的"雅芳"(Avon)公司的销售人员，他原以为"雅芳"仅仅是这家公司美丽的名称而已，根本不知道"雅芳"是女性化妆品的注册商标。因此，在面试中当美方主考官问及他为何应聘该公司时，他不假思索地回答说："我喜欢'雅芳'"。结果弄得严肃的主考官忍俊不禁。该毕业生就因这么一句不恰当的话而败北。试想一下也可以理解，一个对其产品一无所知的人，几乎不可能被录用为推销员。

(二)收集主考官的有关情况

大多数面试的考官为用人部门的领导，应聘者倒不一定要打听主考官的姓名，但应尽可能了解用人部门的领导一般是一些什么样的人，包括其可能的教育背景、工作作风以及兴趣爱好等等。然后你还可以考虑他们需要或喜欢录用什么类型的人员，等等。只有对主考官的情况有一定的了解，你才能在面试时易守易攻，自始至终立于不败之地。从另一方面来说，这些人可能成为你未来的主管，增进对他们的了解，对于日后你更好、更快地适应新环境的工作也是大有裨益的。

(三)充分准备好个人资料

有些单位在外语、身高、能力各方面都有比较严格的限制，所以事先要核查一下自己的资格是否符合条件，千万不要存在碰运气的念头。如果你觉得自己符合应聘条件，还得确定自己可以胜任哪种职位。然后要准备好自己的专业资格任职证书、获奖证书等材料。去面试时，应把这些资料有条不紊地放在一个公文包里随身带去，以便主考官随时查看。准备一个井然有序的公文包会使你看上去办事得体有方，值得信赖。公文包里除了放置上述个人资料外，还可以装一些有关工作或有助于谈话的资料，说不定这些资料会对你的面试产生启发。

另外，你还可以准备一本书或杂志放在公文包里。通常面试前总有一段时间要等候，如果应试人数较多，而你又被安排在后面，那么你等待的时间就较长。等候使人心情烦躁，无端生些猜测，打乱早已准备好的步骤。遇到此种情况，你便可以把书或杂志拿出来看。看书可以让人安静镇定。如果主考官迟到了，你手上有书或杂志，正好可以全神贯注地看，显出丝毫没注意的样子。如果主考官有意晾晒你，让你久等，以便显示威风，你正好可以借着看书，表示你视若无睹，这样就避免了和主考官的正面冲突。和主考官发生哪怕是细微的不愉快的冲突，对你的录用总是不利的。

三、个人的修饰打扮

曾有人说，当你想通过电话给对方留个好印象时，你最好整整齐齐地穿戴起来。为什么呢？因为当你外表良好时感觉也良好。你心里踏实，充满了自信，说话也就有底气，而这种感觉可以通过电缆传到了几里甚至几千里之外的另一头。日常生活中，我们也会遇到这样的情形：在某些场合，突然感到自己的穿着很别扭，与周围的人或环境格格不入，于是乎举手投足，不无窘态，只盼着早早散会离去。在面试的时候，你的心情免不了紧张，对类似的心理障碍更应防患于未然。尽管面试主要考察应考者的内在素质，但实践证明，面试者以什么样的形象亮相往往会带来不同的效果。再者，在人际交往中，仪态端庄，衣冠整洁体现了对他人对社会的尊重，表现出一个人的精神状态和文明程度，在面试时当然也成为衡量人品的标准之一。所以，在面试之前务必要注重个人的修饰打扮。

(一)须发

面试是很正规的场合，千万不要将你的头发弄得古里古怪的。只要保持头发整齐、干净、自然，能够显露出整个脸庞就可以了。对男同学来说，既不可油光锃亮，擦了许多摩丝，像奶油小生，毫无阳刚之气；也不可烫发或染成其他颜色；头发更不能太长。对于女同学来说，披肩发不可放任自流，应稍微卷束一下，发型也可以专门做一下，但应大众化，切忌太多的头饰和过分的装束，在面试这样的场合，应以大方自然为原则，也不要弄什么"新潮发型"，发型要符合学生身份。也许你会说做到这些都没问题，但那还不够。当你到达面试地点时，也许头发会有些散乱。所以，别忘了在口袋里装上一把小梳子和一面小镜子。

无论是男士还是女士，如果你觉得在面试前应该去一次理发室，最好不要从理发店直奔考场，衣领上沾着没有刷净的短发，头上散发出定型水的香味，好像你是每逢面试才理一次发似的。

男士在面试前要彻彻底底修一次面。修面时小心不要伤着皮肤。下巴或颈部的伤痕不仅影响面容美观，而且会弄脏衬衫的衣领。

如果你是一个大胡子，那么一定要将胡子刮干净，胡子拉碴会让考官觉得你不礼貌，而且浓密的胡子无意中表示"我需要有点儿孤独，请离我远一些"。如果你是考官，相信你也不会希望有这种感觉。所以，你需要加倍关注你的外观，在公众面前拿出你最英俊，也就是最年轻的脸。但记住，不要在面试候考时掏出你的电动剃须刀。在公共场所整理个人卫生是不合礼仪规范的。

(二)服装

国外有职业咨询专家告诫说，要是你有意垂钓一个薪金相当的好职位，在服装上花本钱是划得来的。招聘单位当然注重你有多少本事，但同样也注重你的外表留给人的印象。虽然许多人都知道第一印象很重要，但在第一印象中要有好的表现则颇不容易。服饰是构成第一印象的重要决定因素之一。一个大方优雅的外表能给考官留下良好的印象，重视自己的衣着，在面试一开始就会让考官对你形成一个良好的评价。

面试是正式场合，穿着应符合适宜于这一场合气氛的衣服。面试的主要目标是争取得到考官对自己的认可。一般来说，用人单位的考官往往有一定的工作经验，工作时间较长，社会阅历丰富，办事严谨，讲话逻辑性强，对传统的价值观念认同较多。他们往往不愿录用有反传统观念的人，而愿意录用较符合他们传统观念的人，因此，为"保险"起见，毕业生应穿着式样较正统、符合大众潮流的服装，千万不可穿着式样十分奇特、图案过于零乱、色彩较为艳丽的服装。至于服装到底传统到什么程度，毕业生应根据用人单位的实际情况而定，可以通过用人单位工作人员的服饰、个人各方面的具体情况等来决定自己服装的传统程度。当然，毕业生也可以请老师或身边的人提一些参考意见。

至于选择何类服装，这也要看具体情况。一般对于男士来说，一套深蓝色或灰色的西服是比较理想的选择。习惯上更正式的是三件套——西装、西装背心和西裤，两件套次之。在衣袋里，不要装进鼓鼓囊囊的票夹，因为那会使你的衣袋变形，从而使做工考究的西服全都走样。你可以从票夹中挑出必须随身携带的零钱和证件，把那些收据、发票、名片和相片等都留在家里。衬衫应该是硬领的，领子要干净、挺括。衣领、袖口都洗毛的旧衬衫或一件还从没有下过水的新衬衫都不合适——前者太拮据，后者太刻意修饰。因此，你的衣柜里要常有几件八九成新的长袖衬衫，以白色为主，也可以是浅蓝或浅灰色的。短袖衬衫在正式场合不宜。衬衫下摆要放入裤腰内。内衣、内裤、衬衣等都不能露出。衣扣都要扣整齐。相比之下，女士的服装比较灵活。可供参考的法则是，要以内在素质取胜，先从严肃的服装入手。不管什么情况，剪裁得体的西装套裙，色彩相宜的衬衫和半截裙使人显得稳重和自信。T恤衫、迷你裙、宽松服等，即便在社会上铺天盖地，也应列为面试的编外服装。但是无论是男装还是女装，对质料要略有讲究。好的面料可以使剪裁合体的服装更加合身、相得益彰。为了一生中的某些重大事件，此时你需要换一换"易洗""免熨""价廉物美"的思路，做出新的选择。

从服装的色彩来看，不同颜色在不同的季节给人以不同的感觉，不同人也应穿着与其性格起互补作用的颜色。冬季服装，应选择暖色，如红、黄、橙等颜色，这可调和天寒地冻的单一色调，而夏季则宜选择给人凉爽的颜色，如青、绿、白、灰、紫等颜色，这可以调节夏日炎热气候所带来的烦闷感。从毕业生的性格来看，性格外向的男同学可以穿西装，性格外向的女同学可穿深色衣服，给人以沉着、稳重、大方的感觉；性格内向的男同学可以穿夹克、休闲服，性格内向的女同学可以穿色彩艳丽一点的服装，这样给人活泼可爱的感觉。总之，应通过服饰，掩盖自己性格的缺陷，尽可能不让考官看出毕业生的性格弱点。另外，服装和所报考的职位有关。如，从事培训工作的女性，若穿着色彩鲜艳、款式新奇的服装，不但易分散学生的注意力，而且还会引起学生的效仿，因此，要求从事此工作的女性应穿着简单，色彩素雅，给人以稳重之感。同样，从事文秘、翻译、技术管理职业的人员，其服装要求也各有不同，应针对具体环境、岗位而设计，切不可"以不变应万变"，不能给人以鲜明的物色之感，这样会达不到预期的效果。此外，面试时服饰上还有几点需格外注意：

(1) 切忌穿着随随便便，所有的运动服、拖鞋、背囊之类的服饰都不适宜。无论天气有多冷，面试室内都不可戴手套、口罩、耳套等；无论天气有多热，西装短裤、背心等等都不适宜。

(2) 尚未穿过的新衣服最好别穿。面试是严肃的场合，若穿一身完全不习惯的衣服，不仅会使应考者自己感觉有些别扭，更让考官感觉别扭。衣服不一定要新、要好，但要整齐、合身、匀称、整洁。

(3) 凡是不符合大众化的衣服最好别穿。尤其是女同学，超短裙、低胸上衣、紧身衣裤等服装都不适宜。

(三)领带

在面试场合，应考者最好要打领带，这样会使你显得更加精神。领带必须干净、平整，别指望马马虎虎的一刷、一拍、一捋就可以使领带给你带来成功男士的魅力。一条价格适中，清洁整齐，色彩和谐的领带，远远胜过历经沧桑的名牌货。领结要打得坚实、端正，不要松松散散，耷拉在一边。在配色方面，要记住"美就是和谐"，不要追求标新立异，以免弄巧成拙。

(四)鞋袜

皮鞋要擦去污痕，然后上油刷亮，鞋带要系牢。男士的袜子颜色一般不要比裤子淡。对于女性来说，中高跟皮鞋使你步履坚定从容，带给你一分职业女性的气质，很适合在求职面试时穿着。相比之下，穿高跟鞋显得步态不稳，穿平跟鞋显得步态拖拉。

如穿中、高筒靴子，裙摆下沿应盖住靴口，以保持形体垂直线条的流畅。同样，裙摆应盖过长筒丝袜袜口。总体说来，全身的饰物不要超过三件，否则会使人觉得太沉重，珠光宝气压倒了你职业女性的气质。你的耳环是否增加了你耳朵和脸蛋的神韵？项链是否使你显得修长而丰满？戒指是否使你的手指显得修长纤细？如果你的饰物达不到增添光彩的目的，那么就没有必要画蛇添足，适得其反。

(五)化妆

化妆对于女同学来讲是必不可少的，但应该以淡妆为主，淡到与人的肤色相接近方可，过浓则易给人以"妖艳"感，眼线、口红都不可过深，否则让人看了很不自在。用粉也不能太多，粉太多会往下掉，让人感觉较差。对男生来讲，化妆可有可无，但是，胡须必须刮净，鼻毛不能长到鼻孔外面。无论男生女生，对香水的使用也应把握一个淡字，让人感觉自然。

对于各种饰物，女生像耳环、耳坠、项链、戒指、手镯等饰品最好不戴，即使戴也只能取其中一两件。男生有人喜欢在胸前挂上玉坠，也有人喜欢戴一个戒指，应都取下来为好。

当你经过刻意修饰之后，来到用人单位，在面试前的几分钟里，不妨再最后检查一遍，力争不出差错。无论是服饰还是仪表的打扮，都应本着一个原则，即不要将自己打扮成一个完全社会上的"久经沙场，老于世故"的形象，而应该保持大学生的那么一种气质，那么一点纯真，让考官感觉出你的学生气息，这一点是非常重要的。曾经有一位女大学生，在面试前为了显示自己漂亮的形象，遂倾其所有，备上一套高档黑色套裙，又在美容厅做了一次美容，整个人越发显得高贵美艳。她的形象确实是很高雅的，但在面试现场，她的这一番用心良苦的打扮反而给自己带来不利。考官在欣赏她的美丽时，心中便开始对她有不好的判断："好高档的衣服，但这是学生模样吗？""太喜欢打扮了，能安稳地工作吗？""看来她的经济条件不错，是不是娇生惯养的大小姐呢？这样能适应本公司清苦的职业吗？"，而更老练的考官一眼便看穿了她刻意打扮的背后内涵"心情很迫切"，"这个样子还不是装出来的"，"还不够成熟，不够稳重啊！"所以在打扮时，要对自己的学生身份有一个清晰的定位，而且要意识到你是在参加应聘面试，而不是去与男朋友约会。

最后，手是人体中活动最多的部位之一，也常常是人们目光的焦点。这并不是说面试前要对手进行化妆，但把你的双手洗得干干净净，指甲修剪得整整齐齐，这是很有必要的。指甲一般与指尖等长，要刷净其中油污。职业女士，一般不宜留长指甲，以免影响正常操作办公室设备。

四、个人的心理准备

谁都希望在面试时留给主考官一个优良而深刻的印象，以增加录取的可能性。因此先了解主考官在主持面谈时的心理状况和注意点，对面试者而言是非常重要的第一步。

(一)抓住主考官的心理

实际上，面试也是供需双方心理上的较量。作为应聘者来说，了解对方的心理特征，做到"明明白白他的心"，就能变被动为主动。因此，适当学习些心理学，掌握面试考官的基本心理特征，有准备、有针对性地参加面试，对提高应聘的成功率是大有好处的。根据笔者了解，面试考官有这么三个基本心理特征应考者应当掌握，即：考官最初印象形成、录用压力下的考官心态、考官对非言语信息的关注。

考官最初印象的形成对应考者的面试结果是至关重要的，国外有学者研究后得出结论，至少有 85%的考官在面试真正开始前，已根据应聘者的应聘资料对其产生了最初的印象。最初印象还包括考官刚见到你时对你形成的印象，这对面试的过程和结果都有着十分重要的作用。如果考官对你的最初印象是消极印象，那么根据心理学的原理，你要改变这种印象将是很困难的，你多倍的努力才可能转变考官印象。了解了考官的这一心理特征，我们就应当认真注意自己的形象和言行举止，尽可能让自己的缺点和不足被优点和特长所掩盖。千万不要因为自己的穿着打扮、面试开始时的一举一动而给考官留下糟糕的印象。

雇佣压力是指考官面临完成招聘任务的压力，在现行的面试中通常是三个应考者录用其中一个，当然也有例外。考官的雇佣压力对应聘者来说是个机会。有人曾做过实验：将人力资源经理分成两组，告诉其中的一组，他们离完成招聘任务的指标还相差很远；而对另一组的人说，他们已快完成招聘任务了。结果，被告之离招聘任务相差甚远的那组，对应聘者面试的评价，要远高于另外一组。当然，应聘者较难知道考官的雇佣压力，但是，在面试中，考官完全可能会无意识地流露出这种情绪。由于急于完成某职位的招聘任务，考官可能会无意识地用暗示来表现这种情绪，甚至主动引导应聘者正确回答问题。比如，他们会说："在外语上，你应该没有什么问题吧"，"根据你的经历，你在组织协调方面可能不成问题吧"等等。在大部分情况下，暗示不会这么赤裸裸，而是会有点隐晦，比如，考官认为你的回答是正确时，他会面露微笑，或轻轻地点头。不失时机地把握考官的雇佣压力，及时地领会暗示，并沿着这条路走下去，你就可能达到目的。

考官对非言语信息的关注不仅是指应聘者的穿着打扮，而更强调的是求职者在应聘时的眼睛、面部表情。有研究表明，那些善于用眼睛、面部表情，甚至简单的小动作来表现自己情绪的应聘者的成功率，远高于那些目不斜视、笑不露齿的人。有一项对 52 名人力资源专家进行的实验：让这些专家通过观看以前进行过的面试录像决定请谁来参加第二轮面试。这些专家被分成两组，一组观看的是一个有许多眼睛交流、显得精力旺盛的应聘者的录像，结果，26 个专家中有 23 人邀请这个应聘者再次参加面试；另一组专家观看的是一个很少有眼睛交流动作，表现得没有多少活力的应聘者的录像，结果 26 个专家中没有一个人请他参加下一轮面试。由此可见，了解考官的心态还是有很大的作用的。

(二)理性认清自己

除了了解主考官的心理之外，应考者还要对自己有个清醒的认识。有人会认为自己对自己是最了解的，其实未必。生活中，我们经常看到一些大学生高傲自大，自以为学习成绩好就什么都行了，这种盲目自信的人其实是没有自知之明，工作和社会生活远比单纯的学习复杂得多，俗语说："强中更有强中手。"你还面临着许许多多的强有力的竞争对手，刚开始谁都不能保证自己一定能够被录用，所以抱有这种心态的人通常是不会给考官留下太多好印象的。与此相反，那些对自己的能力比较自卑、老是担心自己会被淘汰下来的学生，也会影响其在面试现场的发挥。所以，调整自己的认识、更清晰地认识自己也是很关键的。那么如何认识自己呢？首先，了解自己的人生目标、兴趣爱好、就业倾向等方面的情况，一般大专院校都会为毕业生聘请专家学者，辅导社会新人如何在社会上求职，并分析个人专业及志向，因此可充分运用这一渠道，为求职预先做好准备。或者多与家人及有社会经验的亲友沟通并交换意见，听取他们的建议并衡量个人志愿。面试前要反复看个人的推荐材料，使之熟记于心，这样在自我介绍时则可以从容应付，不至于出现推荐材料的内容自己不熟悉的情况。若你仍无把握，可在面试前组织部分同学，做一次面试前的"彩排"或"演习"，这样有助于你进一步掌握有关材料，增强对面试的自信心。其次，对照应聘职位的要求，正确看待自己的长处与差距。最后，在上述分析的基础上，正确把握自己的心态，积极地去应对考官可能提出的问题，既不要目空一切，又无须自抱自怨。

(三)克服几种不良的心理状态

1. 迎合心理

迎合心理，也称逢迎心理。具有这种心理的人特别注意别人对自己的看法，把别人对自己的评价视为高于一切。在和别人打交道时，一味乞求得到别人的好感，甚至不惜放弃自己的原则，轻易改变自己的观点，唯恐招致对方的不满。这种人由于对自己没有一个比较稳定而客观的评价，因而易于使自己受到各种外界因素的影响。

具有较强逢迎心理的人往往极力在各种场合为自己塑造一个人见人爱的形象。但是，他们的资本不是自身的真才实学及良好的仪表风度，而是逢迎的表情和语言。这种人在面试中常常会不失时机地向主考官恭维几句，在回答问题时也往往顺着主考官的弦外之音而进行，希望以此来博得主考官的好评。事实上在大多数情况下，这种做法的结果往往适得其反，它非但不能得到考官的"恩宠"，而且还会减损他们对于应考者真实素质的评价，因而是不可取的。

2. 羞怯心理

每个人都存在不同程度的羞怯心理，只是那些性格较内向、平时不太喜欢社交的人表现得更加明显。但是，较强的羞怯心理往往会对一个人的事业产生一定的影响。在羞怯心理的支配之下，由于心情紧张的缘故，个人呈现出极不自然的面部表情或姿态，说话不能平稳地进行。因而在一定程度上妨碍了自身真实水平的发挥。

羞怯心理产生的实质原因在于信心不足。其中包括对于自身的外部形象、内在的素质及能力缺乏自信，而这又导致优柔寡断的个性。在面试中，羞怯心理较强的应考者往往比较在意自己的一言一行，尽量使之符合以前所学的各种规范和要求，目的是为了给考官留下一个较好的印象。但由于过分专注于自身举止与言语的选择与表现，无法集中精力解答问题，在一定程度上影响自身能力的正常发挥。一旦意识到自己的表现没有达到预期要求，应考者便会产生一种自责心理，与之相伴随的是心情更趋紧张，由此而形成一个恶性循环，最后应考者只能带着诸多遗憾离开考场。因此，对于需要参加面试的人来说，事先有意识地加强社交方面的训练是很有必要的。

3.自卑心理

自卑是一个人性格上较为严重的一种缺陷，指个人由于某种生理或心理的缺陷而产生的轻视自己的心理。主要表现为忧郁、悲观和孤僻。自卑感较强的人往往多愁善感、自惭形秽，觉得自己一无是处，各方面都不如别人。为了不使自己的自尊心受到伤害，往往实行自我封闭，不愿同别人进行较多的接触和交往。

自卑感较强的人一般都无法顺利地通过面试这一关口。在面试过程中，这类人往往会将自己与考官在多方面进行对比，尤其是习惯于拿自己的短处同对方的长处比。因而越比就越没信心，自卑感也就越强。其实，他也希望能给考官留下一个较好的印象，却又相信自己能够做到。于是导致在面试中出现种种窘态和难堪，如脸红、出冷汗、喉头战栗、发音吐字不清等。在这种状况下，应考者的真实水平是无法发挥出来的。

4. 侥幸心理

由于面试、特别是面谈法面试的题目带有较大的偶然性，面试也不像笔试那样有统编教材用作应考准备，所以，有些应考者总是寄希望于侥幸取胜，或希望能抽到好题，或寄希望于考官的网开一面等等。心存侥幸的应考者在面试前一般不作太充分的应考准备，却常常是只作一些猜题押宝工作，聊以自慰。这显然是很难获得好成绩的。

克服不良面试心理的方法一是端正认识。应考者应该正确认识包括面试在内的整个考试的意义，不要把它当成自己的唯一出路，须知"条条大路通罗马"。二是自我评价。应考者既应看到自己的不足和毛病，更应实事求是地评估自己的优点和长处，既不要盲目自卑，又不要妄自尊大。三是情景表演。设计一些面试题目和答案，模拟面试考场，找一个人与你进行情景表演。注意分析、总结模拟经验。

(四)调节自己的情绪

一般来说，应考者走进面试现场面对考官时，心理压力会大大增加。如果不善于进行心理调节，就会出现心理失控，影响正常应对发挥。我们常常看到，有的应考者很有才学，但他们的心理素质太弱，一走进严肃的面试现场心跳就加快，甚至不能自己。为此，调整好自己的情绪确实是很重要的，沉稳的心态、平静的心情、积极自信的态度是你面试成功的重要保证。思想上有太多顾虑不仅不利于在面试中的发挥，反而连正常生活都会受到不良影响。有些人在一些关系到自己命运的大事发生时往往会产生焦虑，面试在有些大学生的心里也是一件大事，所以也会出现焦虑情绪，特别是在邻近面试的那一两天里，这种焦虑会加剧，引起各种生理心理反应，通常表现在以下几个方面：

①　身体方面。头晕、头疼、出汗、口干、呼吸短促、胸部闷痛、脉搏异常、身体虚弱、食欲不振、疲劳、失眠、尿频、呕吐，等等。

②　认知方面。感觉迟钝、注意力不集中、产生幻觉、健忘、妄想、噩梦、白日梦，等等。

③　情感方面。忧虑、心烦、畏惧、焦虑不安、感情脆弱、情绪低落、唉声叹气、容易发怒，等等。

④ 个性方面。急躁、退缩、冷漠、敏感、以自我为中心，等等。

如果出现上述焦虑时的身体及心理不适，可以通过以下方法消除这些焦虑反应：

(1) 通过改变自我认识进行积极的心理暗示

——当感到自己很担心面试中表现会不如别人时，你不妨想想此次面试不理想最多失去这个职业，何必在一棵树上吊死呢？你还可以去做很多选择，车到山前必有路嘛。

——只要自己已经尽到努力了，也就无怨无悔了，仅担心又有什么用呢？何况很多事情本来就不是自己能决定的，"谋事在人，成事在天"。这么来考虑问题时，你反而在心理上放松了，从而更有利于充分发挥自己的聪明才智。

——当你担心自己可能相貌不好时，不妨想想自己的优点，如个性良好、为人诚实、有多种才能，等等；当你担心自己思维反应不是很快时，但你可能比别人表现得更加勤快。人的一生本来就是一场全方位的竞赛，只有发现了自己劣势的人才有机会弥补不足，并最终取得优势。

——我的朋友过去是不是也曾与自己一样充满忧虑，想想看，这样有什么好处？他们从自己的忧虑中获得了什么好处？如果不是如此的话，结果会是怎么样？是不是情况会变得更加糟糕。

(2) 深呼吸法

对于临近面试时的焦虑，可以通过深呼吸法加以调整。做法是：

——首先闭上嘴巴，舌顶上腭，咬紧牙齿；

——然后将空气通过鼻腔慢慢地吸入，想象空气被吸到了肚脐位置；

——屏住呼吸数到三；

——将空气通过鼻腔慢慢地呼出；

——屏住呼吸数到三；

重复上面的方法数次，即可使紧张的情绪得以放松。

(3) 想象法

当自己体验到长时间的焦虑，感到身体和心理都有些疲劳，特别是眼睛感觉到疲劳的时候可以运用这种方法。具体做法是：

首先，闭上眼睛，用手掌将他们捂住，但是不要压迫、按摩、揉搓眼球，使眼睛能够有效地离开光线；然后，头脑中想象一个使自己感到愉快的景象或事件，将眼睛依次顺序地移动到这一景象或事件的各个部位。比如想象自己看到了北京的北海公园，首先想象看到了近处的湖岸，再看到了湖面，湖面上有游船，白塔，然后看湖边的树木，最后看远处的景山。在运用这个方法时，眼睛的移动是十分重要的。大概只需要几分钟，就可以身心放松了，无论什么时候感到焦虑都可以使用这个方法。

以上简单介绍了调节焦虑情绪的三种方法，但要从根本上改变自己的不良情绪状态，还需要从思想认识上下功夫，端正自己对求职面试的认识，摆正自己的位置，以积极的心态去应对。

五、对面试可能提及问题的准备

面试前对可能提及的一些问题要做好准备，这项内容包括两个方面：一是可能要你回答的问题；二是你想提出的问题。由于第二类问题因应聘职位

10.2.5.mp4

而异，所以这里主要讨论第一类问题。

面试前，对面试过程中用人单位可能向你提出的问题作充分的准备，对你的面试答辩肯定是有益的。这些问题可能包括你的自我介绍，工作、学习的成就与经历，兴趣爱好，家族情况，对学校生活的感觉，与朋友、家人的关系等等。对这些问题，毕业生应做一个书面答案，答案要切题，简短，并将答案熟记于心。这样做，会使毕业生在语言表达能力、应变能力方面比一般的同学在面试时思路更加清晰，应答更加自如，恰到好处地回答每一个问题。

面试中应考者的提问也十分重要，因为它能表明你已经知道什么，你在关心什么，让人觉得你真的在关心用人单位的发展情况。对这类问题也应准备，但有一个范围，即只能询问有关用人单位发展与岗位要求方面的事，避免提出那些可能引起对方猜疑和反感的问题，更不能介入到用人单位的矛盾中去。

第三节　求职自荐方法

求职面试的基本方法主要有电话自荐、考试录用、网上应聘等，在各种方法之中也有很多应试技巧，掌握这些技巧有助于求职面试取得成功。

自荐可分为直接自荐和间接自荐两种。直接自荐是指由本人向用人单位做自我介绍、自我评价、自我推销。间接自荐是指借助中介人、中介机构或者相关材料推荐自己，即不亲自出马，只需将自己的想法和条件告诉第三方，或形成材料就能达到推荐自己的目的。综合起来，大学生求职自荐的方式主要大致有下述几种。

一、现场自荐

这种自荐方式，要求求职者必须亲临用人单位或招聘现场。其优点是直接面对用人单位，便于展示自己的风采，容易给人留下深刻印象，如果表现出色，可能会被当场录用。其缺点是涉及面有限，有时受时间、精力和地域的限制。一般来说，用人单位在和毕业生签约之前都会通过各种方式和毕业生见面，所以，无论你以何种方式自荐，都有必要学习和掌握现场自荐的技巧。其实现场自荐详细划分还可以分成以下三种方式。

(一)登门自荐

即带上自荐材料亲自到用人单位推荐自己。

(二)参加人才招聘会自荐

即带上个人自荐材料到人才招聘会的现场推荐自己。

(三)在实习或社会实践过程中自荐

即通过各种实习和社会实践的机会推荐自己。

二、电话自荐

即通过电话推荐自己的一种求职方式。在求职过程中，电话自荐起着"敲门砖"的作用。充分利用电话接通后那短暂的时间，用最简洁明了的语言展示自己，尽可能给对方留下一个清晰、深刻、良好的印象，为面试打下良好的基础。

【例 10-3】毕业生小徐前几天在学校"大学生就业网"上看到了一则烟台市某单位的招聘信息，小徐觉得单位的基本条件不错，为了获得更大的录取机会，小徐决定直接与单位人事部门通一次电话，进行一次电话自荐。小徐在下午 5 点多向用人单位打去了电话，接电话的工作人员告诉他主管领导不在。小徐为了稳妥，第二天 8 点就往单位打去了电话，不巧的是主管领导正在开会，他便向接电话的工作人员介绍了自己的情况。经过 15 分钟的谈话，小徐觉得自己还没有能完整地向单位展示自己，可接电话的工作人员却打断他的谈话，说自己已经清楚了，会向主管领导汇报情况。

小徐觉得自己的电话自荐不太成功，便来到了大学生就业指导中心，寻求老师的指导和帮助。老师根据小徐的电话自荐情况，向小徐分析了他电话求职的过程中有几点不妥之处。

(补充资料来源：https://www.docin.com/p-36195006.html.)

要想在电话中给招聘单位留下良好的第一印象，应做到彬彬有礼、思维敏捷、谈吐得体、表达准确。具体而言，打求职电话要注意以下几点。

(一)研究招聘广告

打求职电话应事先认真看清楚用人单位的招聘广告，如招聘的时间、地点、职位、所需资历等，忌张冠李戴。如果不知道谁主管招聘，要事先打听清楚。如果知道主管的姓名，但不会念或者念不准时，先查查字典，读准后再通话，千万不要叫错主管的姓名。

(二)选择恰当的通话时间

不要在用人单位刚上班和即将下班时打电话，非上班时间就更不要打电话。中午 12 点到下午 2 点之间不要打电话，以免影响受话人的休息。

(三)提前准备通话要点

打电话之前，一定要做好充分的准备工作。在电话中应该说些什么，一次电话该打多久，打电话前应有"腹稿"，如果怕有遗漏，可以事先拟出通话要点，理顺说话的顺序，要根据用人单位的需求情况，结合自己的特长，列出一份简单的提纲，讲究条理并重点突出地介绍自己，还要备齐与通话内容有关的资料。电话拨通后，先问好并表明身份和意图，用简短的话语描述自己的特长和技能，要对自己有一个客观、公正的评价，扼要地介绍自己的经验，并询问对方是否需要"我这样的员工"。打电话的时间宜短不宜长，每次通话一般以 3～5 分钟为宜。

(四)讲究通话的方式

通话中，不仅要用"您好""请""谢谢"等礼貌用语，而且还要控制语气语调。因为电话是声音的传递，你的声音往往代表了自己的形象，所以，在通话时要调整好自己的心态，态度谦虚、声调温和并富有表现力，语言简洁、口齿清晰，努力控制好说话的语音、语调、语速，在短暂的时间里，展现自己积极向上、有理有节的个人良好品质，力争给受话人留下深刻印象。对方说话快要适当简洁自己的语言，对方慢自己也要慢。

(五)注意倾听电话的方式

打电话时要认真倾听对方讲话，重要内容要边听边记。同时，还要礼貌地呼应对方，适度附和、重复对方话语中的要点，不能只是说"是"或"好"，要让对方感到你在认真听他讲话，但也不要轻易打断对方的谈话。结束通话之前，一定要感谢对方与你通话，显示你良好的职业修养。通话完毕要礼貌地说"再见"，并等接电话者道过再见或挂断后，再挂断电话。切不可突然挂断电话。

求职电话打得好，彬彬有礼，思维敏捷，吐字清楚，语言表达能力强，往往能给招聘单位留下良好的第一印象，获得先声夺人的效果。

三、网络自荐

这是近年来借助高科技工具新兴的一种自荐方式。毕业生可将自己的自荐材料甚至照片上传至专门的毕业生就业信息网站或人才招聘网站，也可以直接给用人单位的人事部门发送电子邮件。这种方式受众广泛而且层次较高，供需双方可在网上及时交流、沟通，且成本相对较低。随着信息技术的飞速发展，这种自荐方式今后会被越来越多的毕业生和企业招聘人员所采用。

毕业生利用网络自荐时可以采取以下几种方式。

(一)利用本校就业网站发布自己的择业信息

现在，很多高校都建立了自己的毕业生就业网站，毕业生可以方便地在学校的就业网站发布自己的择业信息。

(二)利用专业的求职网站发布自己的择业信息

很多专业的求职网站每日动态地发布大量工作职位和个人择业信息，而且专门为求职者开辟了求职主页，以方便求职者注册使用。

(三)利用用人单位的招聘网站发布自己的择业信息

现在很多用人单位都建立了自己的网站，用于展示自己的形象、宣传自己的产品、扩大自己的知名度、拓展自己的业务范围等，其中一个重要内容就是招聘人才。毕业生可以直接登录它们的网站，或者在其他网站上查找企业的网站，录入自己的求职信息。

(四)采取网上推介自己的方式——建立个人主页

它能充分发挥个人能力，展现张扬的个性。成功制作一个 Web 页面，并不是一件简单的事，要把握好下述三个原则。

(1) 内容要真实简明。

(2) 页面要清晰明了。避免使用太多文字，没有谁愿意看大篇幅的文字。

(3) 适当使用色彩。图像会激发浏览者的阅读兴趣，并为页面增加专业化色彩。但是，注意不要做得太花哨。

四、间接自荐

(一)学校推荐

这种方式的特点是，学校向毕业生推荐的单位往往是主动向学校提供明确的用人需求，或是与学校有密切关系、相互信任的用人单位。因此，就业信息可靠，用人单位的情况明确，值得依赖。同时在用人单位看来，学校对毕业生的情况是比较了解的，学校对毕业生的推荐可信度高，有权威性。因此，经过学校的推荐，求职者和用人单位往往容易相互认可，成功率较高。

(二)他人推荐

即利用老师、父母、亲友推荐从而达到自我推荐目的的一种自荐方式。有的教师与一些对口用人单位的领导或业务骨干有较为密切的联系，或已在某个行业、学科中具有较高的学术声望。因此，他们的推荐容易引起用人单位的重视和信任。当然，父母、亲友的推荐可帮助毕业生扩大自荐的范围，对自己的成功择业也会助一臂之力。

(三)中介机构推荐

即把自己的择业信息发送到社会就业中介机构，由他们向用人单位推荐的方式。这种方式最大的好处是就业中介机构对外联系广泛，择业面广。但是中介机构只能作为一个客观的中间环节，对于供需双方缺乏深入的了解，而且一些中介机构受到利益驱动，可能会收取一定的中介费用，所以在目前情况下，利用中介机构推荐只能当成扩大就业面的一种选择。

第四节　面试中的礼仪

10.4-1.mp4

面试时首先遇到的就是究竟应何时到达面谈地点较为恰当。由于目前的交通状况不甚良好，令人无法预计准确的车程时间，所以最好提早出门，比原定时间早 5~10 分钟到达面谈地点，所谓"赶早不赶晚"。早到可先熟悉这家公司附近的环境并整理仪容。但如果早到 10 分钟以上，千万别在接待区走来走去。因为这样会打扰公司上班的职员，有损他人对自己的第一印象，

10.4-2.mp4

对后面的面试一点好处也没有。所以此时可向别人询问盥洗室，在那里可再检查一次自己的服装仪容。接下来轮到自己上场面试时，必须掌握以下所述各要点。

一、入座的礼仪

走进面试考场，应尽量放松，表情自然，面带微笑，给人以真诚、亲切的印象。等面试官叫到你的时候一定要大声答"是"然后再进去面试。不论门是开着、关着、半开着，你都应该敲门。敲门时以指节轻扣三声，力度以面试人员能听到为宜。等到回复后再开门进去，开门一定要轻。进去后面向里边轻轻将门带上，向面试人员问好，鞠躬或行点头礼，并清楚地说出自己的名字，并且不要贸然与对方握手，除非他先伸出手来。通常情况下，主考官都会以一句充满感情色彩的客气话，把你引入试题。如"欢迎你应聘我们某某公司，我们期盼你考出好成绩!"这里，你可以微笑着点头致意，也可以说声"谢谢"。

在主考官没有请你就座之前，你不要急于坐下。主考官说过"请坐"之后，你再坐下，挺直身子，目光注视着考官。如果有指定座位，则坐在指定的位子；但如觉得座位不舒适或光线正好直射，可以对主考官说："有较强光线直接照射我的眼睛，令我感觉不舒服，如果主考官不介意，我可否换个位置？"若无指定位置时，可以选择主考官对面的位子坐定，如此方便与主考官面对面交谈。另外，注意坐姿的优美与精神。坐椅子时，最好只坐 2/3，两腿并拢，身体可稍稍前倾。坐时勿弯腰驼背，应避免不雅体态，不要动作太大而发出声响，不要低头，也不要大弯腰，如图 10.2 所示。

图 10.2　面试入座

二、自我介绍的分寸

自我介绍通常是面试过程的第一个环节，找过工作的人对此并不陌生。当主考官要求你作自我介绍时，因为一般情况都已事先附在自传上，所以不要像背书似地发表长篇大论，那样会令主考官觉得冗长无趣。记住将重点挑出稍加说明即可，如姓名、毕业学校名称、主修科目、专长等。如主考官想更深入了解家庭背景及成员，你再简单地加以介绍即可。"时间就是金钱"，通常主考官都是公司的高级主管，时间安排相当紧凑，也因此说明越简洁有力越好，若是说得过于繁杂会显不出重点所在，效果反倒不好。

【例 10-4】在参加某学科专业竞赛时，大三学生小吴听到面试官要求他做自我介绍时，小吴流利地说出自己的姓名、年龄、院校、专业等。这种回答让面试官直摇头。"自我介绍不是照简历上的基本信息背一遍，而是要让我们知道你怎样看待自己。"有着二十几年人力资源工作经验的资深面试官尹某述评。

同样参赛的另外一个学生这么介绍："我是某大学化工学院研二学生丁少杰，我将用 3 个关键词来介绍自己。"丁少杰的这句话，立刻让在场所有面试官抬起头来，坐正身子认真听起来。丁少杰的 3 个关键词是"社团""比赛""实习"，并分别举了几个例子，让面试官们听得频频点头。面试官评价说，3 个关键词证明了她的领导力、沟通力、团队合作能力很强。

自我介绍不是背简历，介绍自己简历时可以从参加工作时讲起，不要拉得太远；经历中重点介绍自己扮演什么角色，有何特长，凡与此无关的都可省略；能够显示自己优势的，可以讲详细些，而且应与招聘内容联系起来。例如，上例中的"社团""比赛""实习"都显示了应聘者的技术水准，可以说正投招聘者之所好。所以介绍自己要不卑不亢，把握分寸。

(资料来源：https://wenku.baidu.com/view/eb8f8a7069ec0975f46527d3240c844768eaa0e2.html.)

三、交谈的礼仪

交谈是求职面试的核心。面试是与面试官交谈和回答问题的过程，在这个过程中要根据自我介绍和交谈内容控制音量的大小，语速的快慢，语调的委婉或坚定，声音的和缓或急促，在抑扬顿挫之中表现出你的坚定和自信。如果装腔作势，会给人一种华而不实，好像演戏的感觉。

从某种意义上来说，面试是考察应聘者素养的第一环节。在短时间内，面试官要通过应聘者的一言一语、一举一动迅速作出判断。因此，在面试应答中，必须做到有理有据、有礼有节。否则的话，一个细微环节的瑕疵都可能使应聘者被淘汰出局。如图10.3所示。

图10.3　面试交谈礼仪

(一)回答问题要简练

对于面试官提出的问题，我们要逐一回答。这时候，我们务必做到思维敏捷、口齿清楚、语言简练，尽量不使用简称、方言、土语，以免使对方产生歧义。除非万不得已，不能打断对方讲话或抢先讲话。问话完毕，听不懂可以要求重复，对考官反复提出的问题要有耐心。

一般情况下，回答面试官的问题要把握以下两个原则。

首先，条理清晰、把握重点。回答问题时，首先应简洁明了地将自己的中心意思表达清楚，然后再做具体的叙述和论证。如果不分轻重地发表长篇大论，结果常常不得要领，让面试官越听越乱。

其次，务实具体、避免抽象。面试官的提问只有一个目的，就是要全方位地了解应聘者的实际情况，因此切不可简单地给出一句答案，而应该视具体情况做出必要的解释和说明。

【例10-5】在一次面试中，考官提出这样一个问题："你是否认为自己拥有独立运作项目的能力？"不少大学生只是简单地回答了"是"或者"不是"，而其中一名女生则进一步列举了一些自己运作的成功案例。这些案例不仅让面试官更加具体地了解了这名学生，而且这名学生的回答也有实例作证，给面试官留下了深刻的印象。最终，这名女生获得了这个职位。

(资料来源：https://wenku.baidu.com/view/102d6d9c773231126edb6f1aff00bed5b8f37326.html.)

再次，在回答问题时切忌答非所问。如果对面试官所提出来的问题一时半会儿摸不到边际、不知从何答起或难以理解对方的意思时，可将问题复述一遍，并先谈谈自己对这一问题的理解，请教对方以确认内容。只有明确了问题的实质，才能够有的放矢，使回答更加精确。

最后，遇到自己不懂或者不会的问题时，一定要如实告知，切不可牵强附会，不懂装懂。回答应诚恳，知之为知之，不知为不知。应随身携带一个笔记本，记录重点，一方面是表示对对方的一种尊重；另一方面可以避免出现上述问题。

(二)控制好语速和声音

许多人天生语速快，一张口就像开机关枪一样一发而不可收，至于对方是否听清楚就不得而知了。这样说话，若是在平时倒也无妨，但如果在面试场合还是如此，就难免要吃大亏了。

【例10-6】某大学大四学生小秦是一个急性子，在一次面试中，他一口气回答了5个问题，几乎每个问题都在1分钟之内答完。其实，他该说的都说了，但因为说得太快，面试者听得不太完整，自然对他的回答似懂非懂，而且由此看出他脾气急躁，很快就将他排除在外。

(资料来源：https://zhidao.baidu.com/question/1372425978624440779.html 改编.)

除此之外，还要注意说话的嗓音和语气。对于一个有经验的面试官来说，通过应聘者的嗓音可以看出他是否具备了良好的应变能力、是否对自己充满了信心等。因此。应聘者最好事先进行一些练习，在进入房间之前先清清嗓子。在面试时，要学会控制自己，保持音调平稳有力，增强声音的感染力。

具体来说，在打招呼时，宜用上语调，加重语气并带拖沓，以引起对方的注意；在做自我介绍时，最好用舒缓的语气，不宜用感叹的语气。

在音量上，也要做到恰如其分。因为声音过大会令人厌烦，声音过小则难以听清。通常情况下，音量的大小要根据面试的现场情况而定。两人面谈且距离较近时不宜声音过大，集体面试而且场地开阔时声音不宜过小。总之，要以面试官能听清自己的讲话为准。

在面试交谈中，还应随时注意面试官的反应。

比如，如果应聘者发现面试官心不在焉，可能是因为他对自己的表达不感兴趣，就应该及时转移话题；如果他总是侧耳倾听，就应该想到是不是自己音量过小使对方难以听清；如果他总是皱眉或摇头，则可能是因为自己的表达有不当之处。根据面试官的反应，应适时地调整自己的声音、语调、语气、音量和表达方式，这样才能取得理想的面试效果。

(三)做一个积极的聆听者

众所周知，那些优秀的推销员并非都是滔滔不绝的演讲家，但一定都是最有耐心的聆听者。

从某种意义上来说，应聘者就是一名推销员。因此，必须在规定的时间内，把最优秀的一面推销给面试官，使其接受自己。但是，许多学生总是迫不及待地介绍自己，甚至抢着说话，或打断对方的讲话。其实，这样做不仅毫无益处，而且很不礼貌，反而会使自己陷入被动的窘境(见图10.4)。

【例 10-7】小鹏在大学时是一名演讲高手。毕业后，他参加了数次招聘会。在他看来，自己对所学的专业很熟，而且各方面的条件都很出色，找个好工作应该不成问题。然而，因为他太爱表现自己、太能说了，以至于很少在意面试官的要求和感受，因此每次都在关键时刻被排除在外。

图 10.4　面试中聆听

几个月下来，身边的同学陆续找到了工作，小鹏的工作却一直没有着落。这位大学时的演讲高手，虽然在面试中一次次地过足了"嘴瘾"，却错过了一个又一个机会。

由此可见，除了清晰流畅的语言表达，应聘者在面试时更要积极地聆听。这不仅是一种基本的礼貌，更是一种必要的技巧。

没有哪位面试官希望未来的合作者像块木头一样对自己的谈话毫无反应、无动于衷。因此，在听面试官说话时，应聘者要时不时地点一下头，表示自己听明白了或一直在听，如图10.4所示。在适当的时候，应聘者还可以简略地提出一些自己感兴趣的问题。

尤其是当面试官主动对应聘者多说话时，说明他对应聘者很感兴趣，愿意与应聘者热情交流。这个时候，应聘者更应该认真聆听，不可随意打断，更不能心不在焉、敷衍了事。

(资料来源：https://baijiahao.baidu.com/s?id=1598814271915325852&wfr=spider&for=pc 改编.)

(四)不该提到的话题不要问

无论对于公司还是对于应聘者而言，面试都是一项非常正规的工作。因此，在这种时刻，什么话该说，什么话不该说，应聘者必须心中有数，千万不可以信口开河，随心所欲。

为了提高自己的身份，有些人喜欢拉虎皮、扯大旗，动不动就拿一些大人物的名号壮胆，这样做也是不太合适的。

【例 10-8】在一次面试中，有位年轻人屡次提到自己的前任老板是个著名的室内设计师，自己曾经协助他装潢某位名人的宅邸。名人的宅邸之豪华程度自然被他说得天花乱坠。但面试官毫不犹豫地将他排除了。在面试官看来，名人的排场和派头并不值得大说特说，即你真的与某些社交名流有过一段交情，也并不能证明你有多少才华。公司是办实事、讲能力的场所，不是摆架子、耍嘴皮的地方。

此外，某些人总喜欢问面试官"你们打算招几个"，这是一种缺乏自信的表现。对公司来说，招1个是招，招10个也是招，问题不在于招几个，而是他们有没有一种"舍我其谁"的自信和竞争实力。

还有人上来就问"你们要不要女的"或者"外地人要不要"之类的问题。这本身就给自己打了一个"折扣"。面对这些已露怯意的应聘者，面试官往往正好顺水推舟，予以回绝。

(资料来源：https://www.docin.com/p-756139798.htm.)

其实，真正的问题是应聘者的能力能否与公司的需求相吻合，让公司觉得有必要接纳。这与性别、户籍等诸如此类的问题毫不相干。

【阅读材料】面试时经常碰到的问题集锦

——你觉得本公司如何？

这个问题总是可能在你应征某个工作，进行到第三、四次面谈时被问及。听起来不是什么问题，但你千万要小心应付。

保守地回答这个问题就要用点计谋。你可以告诉面谈者到目前为止你还没有机会得出一个具体的结论，但从你现在的观察所得，却留下了深刻的印象——这个地方会让你感到非常愉快。

如果你确实发现有些地方需要改革，而且你也能提供建议，把你的意见提出来，倒不失为一个好方法。但当你在说这些话时千万要小心。不管你是一位多强的应征者或公司多么需要你这位人才，如果你表现得像一位"乱世英雄"，那很可能就是在替你自己掘坟墓。

——你服从公司领导吗？

有一则故事说，一公司正进行招聘面试，老总对甲说请把走廊尽头的窗玻璃打碎，甲照做了；老总又对乙说，请把门口的那桶水泼到楼下车库里坐着的那个工人身上，乙照做了；老总又对丙说，请到厨房打厨师一拳，丙立刻回绝道："我不能这样做，因为我的良知不允许。尽管我应该服从您的命令，但我更要服从我的良知。"后来，丙被录用了，可见要服从而非盲从。

——你最感兴趣的是什么？

你也许对什么工作都提不起劲来，但没有人会期望听到你这种答复。面谈者所需要的，就是值得你下功夫的地方。你可以谈谈你非常欣赏公司的行销理念或其他方面，并且解释为什么欣赏它。

——你承担得了压力吗？

别急着回答说："没问题。"也许这个压力确实太重了，也许这个压力根本不必加在你身上。不管怎样，先别做下面的答复，避免说你多么善于面对压力，你可以说压力从未给你带来麻烦，或是你很喜欢压力给工作带来的喜悦感。

——你的长处在哪里？

如果你知道自己的长处是什么，以及他们与这个工作的关系，那么这个问题不难回答。但要记住，一定要有具体例证来支持。切记要强调与工作有关的长处。

——你的缺点是什么？

你不是在参加团体治疗，也不是感情交流，因此回答这个问题时，可以做适度的变化。每个人都有缺点，但并不意味着这些缺点一定会严重地妨碍你做好工作的能力，甚至有些缺点即使提出来或经过适度的转化，也根本不会影响到面谈者对你的评分。

——你能和别人相处得很好吗？

这个问题常出现在一些小公司的面谈会场，通常这家公司是老板独裁而不太好相处，面谈者希望能知道你的反应。因此一个较佳、较安全的回答方式是："我从未碰到不能相处的人。"

——你要求的薪水是多少？

遇到这类问题最好先问面谈者一个问题："我觉得先让我们弄清楚在薪水之中包含了哪些项目，这样谈起来会更有意义。"如果面谈者坚持你先说出你的要求，可以告诉他你现在的薪水，不要欺骗。

——我担心你缺乏……

所缺乏的可能是经验或某些训练。别被这个问题困扰，因为这个问题应该说它是个好征兆，因为只有面谈者已经认为你确实是适合的人才，但还有一些美中不足之外，这个问题才会出现。因此你可以表示对他的关心感到非常感动，同时立刻给面谈者一些有力佐证，以宽他的心。

——空闲时喜欢做什么？

通常这是无关紧要的问题，但有时面谈者想从你的休闲生活中判断你是否适应正常的工作。回答这个问题时，别太得意忘形、长篇大论地谈自己的运动经，除非面谈者对这方面也有浓厚的兴趣。即使你没有嗜好，也别直接说出来，否则会让面谈者感觉你的生活圈子太狭窄了。

——你认为什么样的决定尤为难作？

如果你用他问题中的这些词回答，就只能对自己不利了。要摒弃那些否定性的词汇；"我没有发现什么决定特别"难"作，但确实有时作一些决定要比作另一些决定要多动些脑筋、多分析。也许你把这叫作"难"，但我认为我拿工资就是做这些事情的。"

——你是不是一个冒险家？

这对于警惕性不高的人来说确实是个陷阱。如果你简单地回答说是，对方就会自然地针对你谨慎提问："那么说你有时很草率了？"所以应在给对方造成可乘之机以前，把问题敲定："你认为'冒险'的定义是什么？能不能说个例子。"无论主考是否会深入提问，你已经表明了自己不会作无谓的冒险，你是个三思而后行的人。如果还要把冒险问题探讨下去的话，要记住既不能让对方认为你是个胆小鬼，也不能让他认为你是个莽夫。你看我并不想把自己所在的公司置于冒险的境地。

——顾客不买你的货怎么办？

做生意免不了会遇上这种问题，并不是你推销什么人们就会买什么。重要的是在顾客拒绝买你的商品时不要让他拒绝了你。

——每周你需要花多少个小时完成本职工作？

在高压面试时，这是一个要花招的问题，你如果回答说40个小时左右，那就有坐不住、天天盼下班的嫌疑。但如果你回答说60个小时，那么别人就会认为你慢慢腾腾，工作效率低，容易被压垮，那么如何绕过这个陷阱呢？不要答出具体的数字。

——你觉得什么人在工作中难于相处？

你应学会千方百计避免作否定回答的技巧，那么你很可能简单回答说："我觉得没什么人在工作中难相处。"或"我跟大家都很合得来。"这两种答法都不算坏，但却都不十分可信。你应该利用这个机会表明你是个有集体协作精神的人，"在工作中不容易相处的是那些没有集体协作精神的人，他们不肯干却常抱怨，无论怎样激发他们的工作热情，他们都无动于衷。"

——如果我告诉你在这次面试中表现很差，你会怎么办？

你认为这是严重的挫折或是毁灭性的一击吗？那么，你就忽略了问题中的"如果"。考官并没有真的说你表现得很差，而是在问如果他说你表现很差你怎么办？对待批评的关键在于既不抵抗也不接受，而要从中学习。下面这种回答就比较得体，"那么请指出对我的哪个方面不满意？你认为我存在的问题是什么？通过您的回答我发现你对我有误解，我会尽量解释清楚。如果你认为情况更糟了，我会听取您的建议以便改正错误。当然，我并不愿意听到自己在哪个方面表现糟糕，但毕竟在失败中可以得到珍贵的教训"。

——你并没说服我你可胜任此职。

听到"你没有说服我"这句话，你应该抓住机会一下子说服对方你胜任这个工作。这回你还可借鉴老练推销员的经验。当推销员遭拒绝时，他会以提问的方式寻求突破口。你也应该这样做："你为什么这么说呢？"或"要怎样才能说服你呢？"

——看到我这支笔了吗？推销给我。

这是一类典型的考你现场应变能力的问题，旨在测你的实际反应使用能力，这类问题重在实际反应而不在结果。因此，应这样回答面试官："提问(这种笔的使用者将是什么人群呢？)研究这种笔的特点，明确其价值和益处。如果这确是一个实际的销售行为的话，向面试考官解释你如何取得有关这种笔的市场销路、特点、益处以及价值的全部数据资料。扼要介绍如何利用这些数据制订销售计划。然后形象地勾画出这种笔的未来用户，并以此而选择你事先制订的销售计划。

——如果你只能带三样东西到一座荒岛上的话，带什么呢？

你对这个问题的回答就能让人了解你，也同样能了解你对未来职位的理解。如果这个职位需要极大的创造力和想象力，你随身携带的物品就应该是一本《白鲸》、一个记事簿和一艘回家时可乘的船。如果这一职位需要十分讲究实际的话，就应带水、熟悉孤岛上生活的专家以及一条船。

——你找工作花了多少时间？

这是个看似无关紧要的问题，但是除非你的工作经历中有了一年左右或更长时间的空缺，你的答案最好是："我刚刚开始找工作。"如果你确信面试官已经从某种渠道知道了你找工作所花费的时间，比如说你是通过某个知道你的工作历史的人引荐的，那就准备好向面试考官解释为什么你还没收到或接受任何接收函。

不管对与错，许多面试考官认为，你失业的时间越久，你被录用的可能性就越小，所以你要准备好对付这种偏见。

——你怎样应付变化的情况？

当然，最好的回答是你善于应变。事物总是处于变化之中，要想保持竞争力，就必须适应各种变化，自然界有"物竞天择，智者生存"的规律，社会也一样，技术的革新、人事的变动、领导风格的改变，业务结构的调整，甚至产品的改进等，所有这些都需要我们具有一定的应变能力。

在回答时，你可以找出一个你成功应付变化的案例，并凭此说明不但能够适应和接受变化，而且能够在变化中得到更大的发展。

——在学校里，你都参加了哪些课外活动？你选择参与了哪些活动？这些活动中你最喜欢哪一个？

面试考官通过这个问题是想看看你是否是一个勤奋的、充满激情的年轻人。面试考官对你的学习成绩可能已经在你的简历或应聘材料中看到了，他现在想了解的是你是否是一个"一心只读圣贤书"的书呆子。

但也要记住，你不能拿这个问题开玩笑。如果你说："我有许多爱好，但我最爱的是在周末的晚上抱着吉他在女生宿舍楼下唱歌。"当然，这也可能是实话，但这样的回答很可能会降低考官对你的评价。

——假如时光倒流，你从明天起开始新的大学学习，那你会选择哪些课程？为什么？

没有哪家公司会相信一个刚从大学毕业的学生就会在工作岗位上应付自如。经验积累的培训对提高工作适应性是完全必要的。因此，作为一个经验相对缺乏的应聘者来说，面试考官很有可能会设法考察一下你的"可塑性"。

调整课程的目的在于使自己具有更强的竞争力去应聘职位。因此你可以选择更多市场学方面的课程，或是一门会计课程，或是参加更多统计学的讲座。同时，也要敢于承认在选择适合自己的课程时确实走了一些弯路。然后还应谈谈那些与工作没有直接关系的课程对你自身综合素质的提高也是有帮助的。

——你在哪门课程上得了最低分？为什么？你认为这会对你的工作表现有所影响吗？

对于面试官来讲，在面试你以前，他可能已经看过你的成绩单，但有些人可能并非如此，这时，如果他问起这个问题，你可千万不要自毁前程！如果你学的是计算机专业，那你就没有理由说在计算机上得了最低分，即使你能证明你是"高分低能"的最好反证，那也可能使你的面试分数打折扣。而如果你应聘的职位就是搞计算机的，那就更值得怀疑了，不是吗？

但如果你是学文学的，高等数学得了最低分，这恐怕有情可原，因为你可能为搞懂文学史上的一个悬念而花费了大量的时间和精力。

——你认为工作中哪些方面是最重要的？

对这个问题的错误回答将使你丧失就职机会。这个问题的设计是要考察你的时间分配能力、分辨轻重缓急以及是否有逃避工作任务的倾向。因此在回答时，要结合你要应聘的职位做出比较妥帖的回答。

(资料来源：https://wenku.baidu.com/view/6b5c2430ba4ae45c3b3567ec102de2bd9605defa.html.)

四、面试中的禁忌

(一)忌不良用语

1. 急问待遇

"贵公司的待遇怎么样？"工作还没有干，就先提条件，何况还没有被录用。谈论报酬待遇无可厚非，只不过要看准时机，一般是在双方已有初步意向时，选择恰当的时机再委婉地提出。

2. 报有熟人

"我认识你们单位的某某""我和某某是老同学，关系很不错"，等等。这种话主考官听了会很反感，如果主考官与你所说的那个人关系不怎么好，甚至有矛盾，那么你所说的这话就会起反作用。

3. 不当反问

主考官问："关于工资，你的期望值是多少？"应试者反问："你们打算出多少？"

这样的反问就不礼貌，很容易引起主考官的不快。

4. 不合逻辑

考官问："请你告诉我一次对你印象深刻的失败经历。""我想不起来我曾经失败过。"如果这样说，在逻辑上就讲不通。又如："你有何优缺点？""我可以胜任一切工作。"这也不符合实际。

5. 本末倒置

例如，一次面试快要结束的时候，主考官问应试者："请问你有什么问题要问我们吗？"这位应试者欠了欠身，开始了他的发问："请问你们单位的规模怎么样？招员比例有多少？请问你们在单位担当什么职务？你们会是我的上司吗？"参加面试，一定要把自己的位置摆正，像这位应试者，就是没有把自己的位置摆正，提出的问题已经超出了应当提问的范围，使主考官产生了反感。

(二)忌不良身体语言

面试时，个别面试者由于某些不拘小节的不良习惯，损坏了自己的形象，使面试的效果大打折扣，甚至导致失败。

1. 手乱放

这个部位最易出毛病。如双手总是不安稳，忙个不停，做些玩弄领带、挖鼻孔、抚弄头发、玩弄考官递过来的名片等动作。

2. 脚乱伸

神经质般不停晃动、前伸、翘起等，不仅人为地制造紧张气氛，而且显得心不在焉，相当不礼貌。

3. 眼乱看

或惊慌失措，或躲躲闪闪，该正视时，目光却游移不定，给人缺乏自信或者隐藏着不可告人的秘密的不良印象，容易使考官反感；另外，死盯着考官，又难免给人压迫感，招致不满。

4. 脸冷漠

脸呆滞死板，或毫无生气，如此僵硬的面部表情无法打动人。甚至会让面试官很无语。

总之，在面试过程中，这些坏习惯一定要改掉，并自始至终保持斯文有礼、不卑不亢、大方得体的言谈举止。这不但可以大大提升自身的形象，而且往往可使得成功概率大增。

(三)忌不良习惯

1. 杜绝抽烟或吃东西

在与人说话时，口中有东西会给人不庄重的感觉。而在面试之前吃东西，我们很难在短时间里清除口腔里的异味。尤其是食品会在嘴里留下浓重而难闻的味道，当我们与面试官交谈时，就会给对方留下不好的印象。就算是嚼口香糖，在多数面试官看来，也是一种傲慢的行为。吃食碎屑掉到衣服上也会给考官一种不卫生的感觉。

此外，在面试时不要抽烟，这是最基本的礼仪，即使现场没有明令禁止抽烟，抽烟也是很不礼貌的行为，而大多数场所明令禁止抽烟，所以我们要克服一下烟瘾。

2. 喝水时要注意礼节

面试时，应聘者需要不断地和面试官交谈，尤其是在心情比较紧张的情况下，不少人很快就会感觉口干舌燥。因此，许多面试官会给应聘者准备一杯水。对此，要当面道声"谢谢"。

这时，应聘者要注意到，面试方一般会给应聘者准备塑料杯或纸杯，这些杯子比较轻，而且倒水也比较多，这样就更容易洒。为避免面试时打翻水杯导致手忙脚乱或各种尴尬场面，我们一定要把水杯放远一些。

喝水的时机也要选择恰当，一般可以利用双方交谈的空隙喝一口，润一下喉咙，最好不要在自己说话中间突然停下来喝水，更不能在面试官提问时喝水，否则会被视为心不在焉、缺乏诚意。此外，在面试官接听电话时，也是一个不错的时机，这样既给面试官宽裕的通话时间，又避免了自己等待的尴尬。

在喝水时，有两点需要我们谨记：第一，喝水时最忌讳发出声响，这是极为失礼的行为。第二，在面试结束后，一定要把自己用过的水杯顺手带走。如果水已经喝完，可以直接把杯子扔进垃圾桶。如果水没有喝完，应该把水倒在卫生间里面，再把空水杯扔进垃圾桶。

3. 别乱丢废弃物

在每次招聘会结束之后，现场往往会留下很多废纸乱屑。毫无疑问，是否随意丢弃废弃物这个小小的细节，从另一个侧面反映了应聘者素质的高低。

有这样一个广为流传的面试故事。

一家公司要招聘一名高级经理，许多人前来报名。经过数轮角逐，绝大多数应聘者都被告知"回家等通知"。谁都知道，这只是一个婉拒的借口。

在退出房间的过程中，有一位女士发现地毯上有一个小纸团，于是就弯腰把它捡起来，扔进了垃圾桶。

这个细小的动作被现场的面试官看在眼里，记在心里。后来，这位女士成为这次面试的唯一胜出者。

同样是参加面试，有的人往地上乱扔纸屑，有的人从地上捡起纸屑。这一扔一捡之间，表现的不仅是一种基本的礼仪，更是一个人内心是否具有强烈的责任感。

不论是否能够顺利通过面试，也不论心情如何，只要进入公司面试，都应该把自己当作公司的一员，努力维护公司的环境卫生，这既是对招聘公司的一种尊重，也是对自己身份的一种确认。

试想一下，一个还没有进门就随处乱丢东西的人，公司又怎能期望他将来会有良好的表现呢？

4. 切忌随地吐痰

从小时候起，我们就被大人们告知"不要随地吐痰"，然后长大之后，许多人还是改不了随地吐痰的坏习惯。尤其是在面试这样的重要场合，随地吐痰不仅不卫生，而且也极不礼貌，极易引起面试官的反感，从而导致面试失利。

小柳在大学时学的是医药专业，毕业后想找一份医药销售代表的工作。前不久，他在网上看到一家著名的医药企业正在招医药销售代表，这对他来说是一份理想的工作。

凭借良好的专业基础，小柳顺利地通过了初试和复试。老板对他非常满意："小柳，真不错，请于星期二下午来公司签试用合同。"

星期二下午，小柳按时来到公司。不巧的是，老板正在和一位客户谈生意，他示意小柳先到旁边的休息间等一会儿。

站在休息间的窗边，因为闲来无事，小柳清了清嗓子，咳上来一口痰，当时也没多想就顺势朝窗外吐了出去。这一幕恰好被老板看在眼里。随即，秘书过来给小柳传话："请您改日再来。"

小柳自然没能来，因为当晚他接到了老板的电话！老板说公司不仅需要员工业务能力强，更需要员工各方面的素质好，还说如果员工在客户面前乱吐痰，对公司的形象无疑是一种巨大的损害，毕竟我们公司吃的就是健康饭。

为一口痰，小柳丢掉了已经到手的工作。这不能不说是一个沉痛的教训！

每个人都有行为的自由，但无论何时何地，我们都要为身边的每一个人着想，至少不能有损他人的健康和幸福。这不仅是一种起码的礼貌，更是一种做人的原则。

第五节　面试后的礼仪

许多大学生求职者只留意面试时的工作，而忽略了面试后的礼仪。实际上，面试结束并不意味着求职过程的完结，求职者不应该翘首以待聘用通知的到来，还有三件事情要做。

一、诚心诚意地感谢主考官

面试结束并不意味着求职过程的结束。为了加深招聘人员对你的印象，增大求职成功的可能性，对想抓住每个工作机会的人来说，面试后的两三天内，最好给主考官打个电话或写封信表示感谢。

1. 打电话

在面试后的一两天之内，不妨给主考官打个电话表示感谢。电话感谢要简短，最好不要超过 3 分钟，电话里不要询问面试结果。因为这个电话仅仅是为了表现你的礼貌和让对方加深对你的印象而已。打电话的时候，要考虑合适的时间。

2. 写面试感谢信

主考官对面试人的记忆是短暂的。感谢信是你最后的机会，它能使你显得与其他求职者有所不同。面试感谢信包括电子邮件和书面感谢信。

如果平时是通过电子邮件的途径和公司联系，那么在面试结束后，发一封电子感谢信，是既方便又得体的方式。

但大多数情况下还是写书面感谢信，特别是在面试的公司非常传统的情况下，更应如此。书面感谢信最好用白色的 A4 纸，字的颜色要求黑色。内容要简洁，最好不要超过一页纸，在书写方式上有手写和打字两种。打印出来的感谢信较为标准化，表示你熟悉商业环境和运作模式，但有时难免给人留下千篇一律的印象。如果想与众不同，或是想对某位给予你特别帮助的主考官表示感谢，手写则是最好的方式，前提是你的字写得要比较正规而且好辨认。

感谢信必须是写给某个具体负责人的，你应该知道他的姓名，不可以写什么"负责人""部门负责人"等之类的模糊语句。

感谢信的开头应提你的姓名及简单情况，以及面试的时间，并对主考官表示感谢。中间部分要重申你对该公司、该职位的兴趣，或增加一些对求职成功有用的新内容。结尾可以表示你对能得到这份工作的迫切心情，以及为公司的发展壮大做贡献的决心。

二、耐心细致地打电话询问

面试结束之后的两星期左右，如果还没有得到任何回音，就应给负责招聘的人打个电话，询问一下面试结果。打电话询问面试结果，有两个礼仪细节必须注意：什么时候问？怎么问？

1. 什么时间打电话

从礼仪角度来说，打电话最恰当的时间应该是对方方便的时间。以下时间都可以认为是不方便的时间：如工作繁忙时间、休息时间、用餐时间、生理疲倦时间。

因为询问面试结果是公事，所以当然必须在正常工作日的时间段打这个电话。

工作繁忙时间。一般是周一上午和周五下午，因为这两个时间段很多单位都有开例会的习惯。即使不开例会，因为周一早上是新的一周的开始，往往还处于适应期，而且还有工作上的事宜需要安排；周五下午又要面临着周末，所以从心理上自然会"排斥"给他添麻烦的生活。此外，就是每天刚上班的一个小时和下班前的一个小时。这个时间段不是忙着安排一天的工作就是没法再集中精力处理公事。

休息时间。一般是指工作日中午一小时左右的时间，其他私人时间，特别是节假日时间。

用餐时间。在用餐的时间，给人打电话是不礼貌的。而且往往在这个时间打电话会找不到人，当然影响打电话的效果了。

生理疲倦时间。这个时间段一般都是每天下班前的一个小时左右，中午下班前的半小时左右。

2. 怎么问

在电话里，同样的一句话，问候方式的不同，虽不至于有不同的结果，最起码会给人不同的印象：或有礼貌，或显唐突。所以在通话的过程中，自始至终都要尊重自己的通话对象，待人以礼，表现得有礼、有节。

接通电话后，首先说一声："您好！"接下来要自报家门，让对方知道自己是谁。自报家门的内容包括自己的全名、何时去面试何职位。这样，以便对方能及时知道你是谁。在电话中要表明自己对公司的向往和愿意为公司的发展做贡献。

如果碰上要找的人不在，需要接听电话的人代找，态度同样要文明而有礼貌，并且还要用上"请""麻烦""劳驾""谢谢"之类的词。留言或转告，都不是询问面试结果的首选方式，可以打听要找的人什么时间在，然后到时候再打。

打电话的时候，最好用手拿好话筒，尽量不要在通话时把话筒夹在脖子下，抱着电话机随意走动，或是趴着、仰着、坐在桌角上，或是高架双腿和人通话。如果边打边吃东西，对方会感觉到你和他通话不用心，就很难留下好的印象。

通话也要注意控制音量。不管打还是接电话，话筒和嘴都要保持 3cm 左右的距离，声音宁小勿大。用电话谈话，必须完全依靠声音，电话声音就是唯一的使者，你必须通过它给对方一个良好的印象。所以，传到电话那端的必须是一种清晰、生动、中肯、让人感兴趣的声音。首先音量要适中。第二要注意发音和咬字准确。

打电话询问的时间长度要有所控制，基本的要求是宁短勿长。其实，就询问本身来说，两三分钟的时间足够。所以，除直接询问结果之外，"表白"的内容长度也要有所控制，不要没完没了地说。

注意倾听的方式。打电话时要认真倾听对方讲话，重要内容要边听边记。同时，还要礼貌地呼应对方，适度附和、重复对方话中的要点，不能只是说"是"或"好"，要让对方感到你在认真听他讲话，但也不要轻易打断对方的谈话。

作为打电话的一方，通话终止时，本着尊重对方的原则，可以让对方先挂电话。当通话因故暂时中断后，你就要立刻主动给对方拨过去，不能不了了之，或干等对方打来。

如果知道自己没被录用，就应请教一下原因，此时你的情绪要非常平静。同时，冷静地、仍然热情地请教一下未被录用的原因，可以说"对不起，我想请教一下我没有被录用的原因，我好再努力"。谦虚有可能赢得对方的同情，同时给你下一次的面试机会。

需要说明的是，打电话询问面试结果，最多打三次电话询问也就可以了。因为即使再研究，经过前后三个电话询问的周期，再复杂的研究程序也早该最后确定了，而且三次的电话询问，也会对你有足够的印象了。如果想聘用你就会直接告诉你或及时和你联系。再多的电话，反而会适得其反，甚至会给人"骚扰""无聊"的感觉。感谢信也是如此。

三、心平气和地接收录取通知

作为一个求职者，在经过数日的奔波、N 次的面试之后，终于"修成了正果"，得到了被录用的消息。这时，你可能会庆幸自己数月的辛苦和努力没有白费，甚至还会欣喜若狂、大宴宾朋、一醉方休。先别急！虽然成功在望，但还有几个问题需要解决。

1. 聘你的公司是第几选择

确实，掌握机会是个极重要的原则，不能三心二意，顾虑太多。不过，这件事不妨再稍加思考：录用你的公司，是你的第几选择？

你在求职的过程中，或许投过很多份简历，面试过 N 次。在艰难的求职过程中，往往被你首选的公司屡次拒绝使你十分丧气。因此，在亲戚朋友的劝解下，或许使你的择业标准一降再降，甚至见到相关的招聘就投简历、面试。但是，这份职业真的适合你吗？符合你的职业规划吗？这是一个非常值得思考的问题。否则，或许你将走更多的弯路，甚至做一辈子你并不喜欢的工作，更不用说你能在工作上有所成就了。

2. 录取的条件和面试时相符吗

录取的条件中包括很多内容，比如职务、薪资、报到日期等。现在有一些机构在招聘的时候同时招聘很多岗位。在部分岗位已经满额的情况下，会善意地安排他们认为比较不错的求职者从事其他岗位的工作。问题是，或许对方安排的岗位与你的专业不符或你并不喜欢。而且，岗位的不同，薪资待遇等方面也会有所不同。

如果录取的条件和面试时的不一样，就要考虑你所追求的究竟是名分上的不同，还是实质上的差异？如果与你的追求或期望值有一定差距，就值得考虑了。面试的时候，大部分人会谈到薪酬，比如说不低于多少。通知被录用的时候，如果所提到的薪资和面试的时候谈得差不多，固然最好；但有了差异时，特别是差异较大的时候就要考虑了。

3. 接收之后全面了解用人单位

收到你所心仪的公司的录用通知是一件喜事，值得好好放松一下、庆祝一番。但同时还有一问题必须认真地面对：了解公司、了解工作。在正式报到之前，先对所要服务的公司有所了解，这样在开展工作的时候就会顺畅很多。了解公司的方法很多，包括在面试时带回的公司简介、刊物、或企业形象方面的资料、企业网站等，有条件或可能的话进行实地全面考察最好。这会使你对公司的整体情况和营运有所掌握，会对你的新工作、新环境带来很大帮助。

当然，除以上三点外，或许还有其他问题需要考虑，总的目的就是为了使你即将拥有的这份工作应该尽可能合适。另外，就是一定要确认好你去报到的具体时间、地点和联系人。在这些细节方面更要特别留意。

【阅读材料】几种常见的面试礼仪

1. 结构化面试礼仪

结构化面试，其实就是一种人才测评的方式。而在整个面试过程中，考官的第一印象的好坏，将直接决定考生最终分数的高低，即从一入场到答题再到离场，整个过程都是考官评判的环节。那么，我们就从进门开始谈起。

(1) 敲门。一般敲三下即可，当然要轻轻地敲，显示有礼貌，有修养，但是考生需要注意，有的考场，会有引领员带考生直接进入考场，并且门是开着的，那么，就不用非得生硬地去敲门，反而让考官觉得考生过于死板。

(2) 走路及问好。不要小看这几步走，即使只有几步之遥，有的考生做得也不是很好，切忌随意，显得不重视此次面试，一定要沉稳，大气，挺直腰板，自然走到离考生座位1米左右的位置站好，问好再鞠躬，一定是先问好再鞠躬，因为很有可能，考官一直在忙于给上一个考生打分，或者有其他事情，考生进考场后没有注意到，如果此时考生先鞠躬，再问好，直到问好结束，考官才注意到考生已经进来了，那么，此时考生却没有鞠躬，就会显得很没有礼貌，其实是考官没有看到，为了防止出现这种情形，建议考生一定要先问好再鞠躬。

(3) 入座。问好一定要声音洪亮，切忌唯唯诺诺不自信，显得过于拘束，一般问好后，考官会说请坐，此时，考生应说谢谢，然后再入座。这就是告诉考生们，在说完"谢谢"

二字之后再入座，切忌慌乱着急，一定要给考官一种沉稳大气干练的感觉，入座后，先不要着急看题目，此时一般考官会有一段导入语，即恭喜考生进入面试，介绍考试形式、时间、题目数量等内容，不同的考试，不同的考场，可能引导语有所不同，但大致是一个意思，这个引导语，大家上网一搜便是。而此时，考生应全神贯注注意考官说话内容，特别是考试形式，是看题还是听题，因为不同的考试，考试形式不一样，而且不同的年份，形式也在不断变化。

(4) 答题。当考官说完引导语，考生再翻看题本或者听考官念题，然后做好记录。当然有的考试没有草纸，这就需要考生独立思考，提前准备，最为重要的是提前阅读当地考试公告，了解近年当地面试考情。在答题过程中，声音依旧要洪亮，适当地有点抑扬顿挫的感觉，突出重点内容，切记不要一个声调下来。另外，整个答题过程中，不要手拿试题本、笔作答，双手自然放在桌子上即可，另外也要将腰板挺直，体现出良好的精气神。此外，双腿放平，女生可以斜放，不要抖动，也不要随意挪动身体，显得过于随意。在此过程中，要与考官有一个眼神交流，最好面带微笑，前提是，微笑要自然，当然男生可以适当保持严肃。

(5) 离场。答题结束后，不要着急离场，先要将桌面纸、笔整理好，摆放整齐，然后走到入场问好的位置，即离座位 1m 左右，也就是一步距离，站稳之后，再说"各位考官辛苦了"之类的问候语，切记啰唆，仅此这一句即可，也不要忘记鞠躬，之后再离场。

上述，即为结构化面试的礼仪部分，关键还在于考生在备考阶段，能够多次练习，不要把礼仪部分当成负担，最为重要的就是整场都要具备较好的气势，一定要自信，展现出自己最好的一面。

2. 无领导小组讨论面试礼仪

要想在无领导小组讨论面试中成为佼佼者，考生就要做好各方面的准备。我们知道，结构化面试是无领导小组讨论的基础，无领导小组讨论是结构化面试的升华。结构化面试可以提供给你无领导小组讨论最重要的基础部分：心态、措辞、思辨。考生只有在面对多个考官都举止如常时，才算拥有了强大的心态，在无领导小组讨论才不会畏惧组员的围追堵截而惊慌失措；考生只有在结构化面试时一边考虑一边措辞，才能磨炼出语言的精炼与表达的丰富；考生只有不断进行结构化面试的训练，才会熟能生巧，拥有较强的思辨性，从而在讨论中进退自如，游刃有余。

无领导小组讨论不是智慧的交锋，而是意见的交流；不是用气势压人，而是用气度服人；不是独占鳌头，而是群策群力。在这个基础上，进行准备，才能有的放矢。下面就从礼仪、口才、心理素质、语言风格、情绪、气势六大方面来为考生出谋划策，帮助考生充分备考无领导小组讨论，在面试中脱颖而出。

(1) 个人基本礼仪的准备。

从倾听新闻联播开始，用温柔的目光、坚毅的表情，欣赏新闻联播，可以略微频频点头以表示对说话人的鼓励，示意他继续说下去。在这一阶段的训练中，要学会对组员的尊重。接着还要练习打断别人。还是用新闻联播为例，当播音员说完上一句时，在她换气的一瞬间，按下暂停键，然后说："这位组员，我想你已经很清晰地表达了你的观点。你的想法可以概括为……"然后简要陈述刚才听到的内容。此必杀技用在有人啰唆得天怒人怨时使用。但由于易招致打击报复，所以要估计自己的战斗力，战斗力不足时慎用此法。

(2) 口才上的准备。

给自己准备若干主题，以时政方面的主题为主，比如三农、民生、廉政等。对每个主题进行两分钟的阐述。酝酿三分钟，再进行两分钟阐述，内容尽量不要雷同。内容雷同也要追求措辞上的变化。如此反复，直到精疲力竭为止。通过此法，可以锻炼连绵不绝的口才，旨在拖垮对手。如果有人对你表现出敌意，建议考生将话题向深度进展下去。让对方应接不暇。在语言方面的另一个重要准备是名言警句。一定要准备一些珍藏版的名言，例如谈论民生："吾常太息以掩涕兮，哀民生之多艰。"例如谈论廉政："良田千顷不过一日三餐，广厦万间只睡卧榻三尺。"在适当的时候甩出来，可收到振聋发聩、醍醐灌顶之功效。

(3) 心理素质上的准备。

想在无领导小组讨论中胜出，就要有强大的心理素质。试想，周围都是虎视眈眈，披着羊皮的狼，表面上温文尔雅地倾听你的发言，事实上一直在拼命找你发言中的漏洞试图反驳。这时候，超然物外的心态就非常重要了。建议考生首先要多搜集一些社会上的负面新闻，培养一种坦然处事的气质。这样，你将会从个人得失的小纠结中解脱出来，用包容而慈悲的心态看待这份工作，看待与你共同竞争的考生。从而让你全身心在一种赤诚、坚毅的氛围中，增强你的心理素质。如果你不具备这样的心态怎么办？如果你达不到这种精神境界，又何必苦苦追求这个岗位。岗位，只留给对的人。

(4) 语言风格上的准备。

这一点最重要的是考生要学会扬长避短。体会自己的语言风格，改变语速、口气等方面有所欠缺的地方。然后发掘自己的潜力。激情、逻辑、思辨、归纳、演绎，选择适合自己的语言风格进行专门训练，直至炉火纯青的程度。

(5) 情绪控制上的准备。

无领导小组中很容易犯的错误就是情绪激烈，激怒别人后引火上身，两人拿出一山不容二虎的劲头，余人摆出坐山观虎斗的架势，则万事休矣。面试时，如果遇到反驳，要知道，如果自己的内容有硬伤，则乖乖地承认，然后进入下一个话题比较好。否则死要面子就要活受罪，若仍然坚持错误不改，除了让别人认为你固执，再没有别的好处了。如果他是嫉妒你才华横溢，那就好办了，说明你已经站在优势地位上了，这时只要巩固自己的位置就可以。处于弱势的成员情绪会比较容易激动，也容易放出"胜负手"，也就是用一个话题的尖锐交锋，试图取得心理上的优势。当然，如果你把持不住，陷入缠斗，两败俱伤的可能性较大。杀敌一千，自伤八百，得不偿失。

(6) 气势上的准备。

无领导小组讨论，意为圆桌会议式的平等气氛的讨论。这时候，有匪气人的会流露出匪气，有霸气的人展示出霸气，有意气的人会焕发出意气。这个"气"，就是平时的性格气质。气势不能过于强势，说理要深入浅出，劝说要循循善诱，论证要言简意赅，表态要铿锵有力。

无领导小组讨论只有在实战中进一步去体会、深化，考生的应试能力才能真正有所提高。尤其在语言表达方面，需要广大考生特别注重加强学习。通过以上的分析，希望考生能对无领导小组有全面而详细的掌握，并能在接下来的备考中有的放矢，事半功倍。

(资料来源：https://www.gzhgz.com/show-1554-21725.html 改编)

实 践 演 练

实践项目一：面试中常见的问题

10 实践演练.mp4

(1) 描述一下你自己？

(2) 为什么你是这份工作的最佳人选？

(3) 你对我们公司都知道些什么？

(4) 如果你被问到一个判断题，例如：你有没有创造性，你能不能在压力下工作，你能不能加夜班？最好的答案应该是什么呢？

(5) 你的短期目标是什么？

(6) 你的长期目标是什么？

(7) 你对薪水的要求是什么？

(8) 你认为自己有哪些优缺点？

(9) 最能概括你自己的三个词是什么？

(10) 你的业余爱好是什么？

(11) 你参加过义务活动吗？

(12) 你暑期打工的工作是怎样找到的？

(13) 你如何规划自己未来的事业？

(14) 你如何使自己成为一位领导者？

(15) 你在学校最喜欢的科目是什么？

(16) 你小时候的愿望是什么？

(17) 到目前为止，你最大的成就有哪些？

(18) 你喜欢结交哪一类型的朋友？

(19) 你的脾气好吗？

(20) 你能为本公司做出什么贡献？

(21) 如果你有独善其身的机会，你会多管闲事吗？

(22) 在这儿工作，你觉得多久以后应该获得升迁？

(23) 你能不为财富而工作吗？

(24) 你对批评的敏感程度如何？

(25) 你是否愿意做例外工作？

(26) 你想找一份长期的还是临时性的工作？

(27) 你在接受别人指导时，会不会感到难受或受到伤害？

实践项目二：求职自我介绍礼仪

在你求职的第一个环节，考官都在给你的素质打分。不妨先给自己打打分，这样可以做到心中有数。以下自我介绍礼仪的评分标准，可供你自评时参考。

自我介绍礼仪评分标准(满分为 100 分)

第一，内容(50 分)

A. 详略得当，有针对性

B. 言之有物，评价客观

C. 层次清晰，合乎逻辑

D. 文理通顺，富有文采

E. 简单明了，清楚明白

第二，仪表(10 分)

A. 服饰整洁、得体，女子适度淡妆，男子适当修饰

B. 精神饱满，落落大方，面带微笑

第三，态势(10 分)

A. 站有站相，坐有坐相，走有走相，步履稳健，从容自如

B. 面部表情、手势与有声语言协调

第四，礼节(10 分)

A. 开头(见面)礼节

B. 告别(离去)礼节

第五，语言(15 分)

A. 脱离讲稿

B. 使用普通话或英语(其他外语)，口齿清楚，声音洪亮

C. 有一定节奏，语言流畅，发音准确

第六，时间(5 分)

本 章 小 结

酒香不怕巷子深。要想在人前证明你的实力，先要让人知道你有哪些优势。学会推销自己，并非一句空洞的说教。推销自己的过程，其实就是一次全面展示自己才学、品行、智慧的过程，在这里是无法临时抱佛脚式应付的。沉默是金不适合应聘者。面试前，充分准备，精力充沛，信心百倍；面试后，不泄气、不后悔，面试官前要主动行礼，积极应答，始终保持微笑、自信、干练的精神状态。面试后除了要及时向面试官表达感谢外，还要礼貌查询应聘结果。

练习与思考

一、单选题

1. 拜访他人应选择(　　)，并提前打招呼。

   A. 周一上午或周五下午　　　　B. 中午一个小时

   C. 晚餐时间　　　　　　　　　D. 节假日的下午或平日晚饭后

2. 电话铃响后，最多不超过( )声就应该接听。

    A. 一　　　　　B. 二　　　　　C. 三　　　　　D. 四

3. 在办公室打电话时不正确的做法是( )。

    A. 通话时要精力集中，嘴里不要咀嚼东西

    B. 不要一边打电话，一边兼做其他事情

    C. 可以选择一个舒服的姿势比如躺着打电话

    D. 语言文明，语气亲切，接通后应主动问候，并介绍自己的单位和姓名

4. 手机放置的常规位置是( )。

    A. 公文包　　　B. 上衣口袋　　C. 手掌中　　　D. 裤袋

二、多选题

1. 求职面试礼仪包括( )。

    A. 恰当的自我介绍　　　　　　B. 得体的称呼

    C. 真诚的交谈　　　　　　　　D. 准时赴约

2. 在求职交谈中需要引起注意的是( )。

    A. 以下都不对

    B. 注意交谈时的语速、语气及谈话主题

    C. 注意倾听主试官的谈话

    D. 注意口齿清晰，语言简练、易懂

三、判断题(正确的在括号内打"√"，错误的打"×")

1. 面试前应收集招聘公司的相关材料。 ( )

2. 面试交谈时可以使用方言。 ( )

3. 网上应聘，准备求职信时还要注意控制篇幅，要让人事经理无须使用屏幕的滚动条就能读完。 ( )

4. 求职信的核心部分要从专业知识、社会实践能力、专业技能、性格特长等方面使用人单位确信，他们所需要的正是你所能胜任的。 ( )

5. 面试交谈，一般情况下，语速掌握在每分钟120个字左右为宜。 ( )

四、简答题

1. 简述面试中的交谈礼仪。

2. 简述面试后需要注意的礼仪。

【案例分析一】

考场有形、考察无形

在毕业班的宿舍里，几位舍友谈起了近些天求职的酸甜苦辣。小陈向舍友们谈起了他和一位同学小杜在一家大公司求职的巧遇。

面试当天，小陈早早地来到该公司，可是在等待的过程中他还是控制不住紧张的情绪，

快轮到他时，为了缓解自己紧张的心情，他就跑到洗手间整理仪表来放松自己。这时，洗手间里也有一位看起来是公司的职员，于是二人就聊了起来。"今天是不是有什么重大的事情啊，这么多年轻人突然来到公司？"老职员问。"哦，今天贵公司招聘大学生，我是来应聘的。""是吗？一大早就跑过来够辛苦的。""没什么，我想获得这份工作，辛苦一些也值得。""好啊，你可要多努力啊，年轻人，祝你成功！""谢谢，我会努力的，也祝你工作愉快！"简单聊过几句后二人就走出了洗手间，到门口时小陈很自然地为老职工打开了门，请他先行。老职工微笑着表示了感谢。当小陈走进面试室的时候，发现刚才的那位老职工竟然是面试主考官——人力资源部部长。小陈在面试过程中沉着冷静，回答问题考虑全面，条理分明，顺利通过了面试。离开面试室前，人力资源部部长对小陈说："我们录用你一方面是你的业务素质好，还有很重要的一方面就是年轻人像你这么有礼貌，这很难得啊。"

同去面试的小杜可就没有那么幸运了。由于等待的时间比较长，各位应聘者就闲聊了起来，借此消磨时间，缓和一下紧张的气氛，大家相处得也比较愉快。小杜可能是由于紧张的原因吧，显得有些焦躁。"去他的，什么破单位，面试搞得这么慢！要不是同学叫我一起来，我才不稀罕呢！"小杜随口说了一句，不巧这句话却被出来倒茶的一位面试考官听到了。小杜走进面试室后那位面试考官就首先发难了："刚才听说你不稀罕我们这样的公司，为什么你还会等这么长时间参加我们的面试呢？"小杜本来就不够自信，在紧要关头又被提出了这样让人难堪的问题，一下子就懵了，仓促应付了几句后便败下阵来。就是因为这样一句冒失而幼稚的闲话，小杜失去了一次极好的就业机会。

(资料来源：https://www.docin.com/p-2148030814.html.)

【案例分析二】

被遗忘的手套

谢安娜：女，24岁，专业：电脑工程师，应聘岗位：程序设计员。

经过前两轮面试，一千多个竞争者现在只剩下十来名了。据小道消息，公司只录取前五名。虽然剩下的人中有好几个都是研究生，但我这个本科生依然满怀信心。我觉得不论是学业成绩还是工作经验，我都算得上"花中之花"。我胸有成竹地敲门，很有礼貌地跟老总打了个招呼，顺手把真丝手套放在门边的柜子上，微笑落座。

面试开始。所有提问我对答如流，老总连连点头。在如履平地的顺境中，我发挥得更加自如，谈话气氛更加融洽。一切进展比想象中完美。老总带着心照不宣的微笑说："小谢，希望你早些了解公司的情况，尽快投入工作。我们明天会通知你录用情况。"在老总赞赏的目光中，我优雅地走出办公室。

回家路上我心花怒放，知道这份工作逃不出我的纤纤魔掌。走着走着，感觉拿简历的手有点凉。手套放哪儿去了？糟糕，忘在老总房间里了。经过反复思想斗争，我还是舍不得那双精致的手套。我鼓足勇气再次敲响办公室的门。当我拿回手套准备告辞时，发现老总的脸色有些阴沉。

第二天，我没有接到录用电话。我不死心，一个电话打到老总那里。老总说："小谢，你的确很优秀，电子专业课程学得很好，而且还搞过实际设计。我本来已经选定了你，没想到你却是个丢三落四的人。我们招的人将从事电子电路的设计工作，出不得半点差错。以前就是因为一个设计师的粗心，差点断送了整个公司的前程……"

（资料来源：https://xueshu.baidu.com/usercenter/paper/show?paperid=e49e3576fa6a7

cd189f83662b494b2a2&site=xueshu_se.）

第十一章　国外习俗礼仪

【学习目的与要求】

- 了解一些主要国家的社交礼仪和餐饮礼仪。
- 了解与国际友人交往时的禁忌礼仪。

【关键概念】

涉外礼仪；社交礼仪；餐饮礼仪；禁忌礼仪

【案例导入】

刘涛年纪轻轻，正值而立之年，已是一家大型国有企业的总经理。有一次，他获悉一家著名的法国企业的董事长正在他所在的城市访问，又有寻求合作伙伴的意向。他因此想尽办法，请有关部门为双方牵线搭桥。

让刘总欣喜若狂的是对方也有兴趣同他的企业进行合作，而且希望尽快与他见面。到了双方会面的那一天，刘总对自己的形象刻意地进行了一番修饰。他考虑到对方是时尚的法国人，根据自己对时尚、流行的理解，上穿 T 恤，下穿虎纹牛仔裤，脚蹬时尚板鞋，因为他希望自己能够给对方留下精明强干、时尚新潮的印象。

然而事与愿违，刘总自我感觉良好的这一身时髦的"行头"，却偏偏坏了他的大事。

(资料来源：https://wenku.baidu.com/view/64f79a5ecf84b9d529ea7a01.html.)

思考：刘总经理的错误在哪里？

当今社会，交往越来越频繁，范围也越来越广泛。不但人际交往、区际交往不断，而且族际交往、国际交往也十分频繁。由于各地区、各民族以及各个国家的风俗习惯各不相同，因而我们在交往中除了要遵循诚实守信、宽以待人、热情友好等原则外，还要了解各地区、各民族、各国家的礼仪习惯及种种言语禁忌，知道应该做什么，不应该做什么；应该说什么话，不应该说什么话。否则，就会影响交往效果，甚至导致交往的失败。为此，本章将分别从社交礼仪、餐饮礼仪以及礼仪禁忌等方面，重点介绍日本、韩国、英国、法国、德国、美国、澳大利亚、俄罗斯等国家的习俗礼仪。

第一节　社　交　礼　仪

一、日本

日本人守信、守时、重礼节。日本人的见面礼节可归纳为"鞠躬成自然，见面递名片"。爱以鞠躬作为见面礼节，相互见面、问候、致谢(歉)、告别，多行鞠躬礼。在鞠躬的度数、时间、次数等方面有特别的讲究。一般礼节鞠躬 15°，普通礼节鞠躬 30°，尊重礼节鞠躬

45°，初次见面要行 90°鞠躬礼。行鞠躬礼时手中不得拿东西，头上不得戴帽子。在日本乡村民间，送别亲友往往还会向对方行跪礼或摇屐礼。女子所行的为跪礼，即屈膝下跪。男子所行的为摇屐礼，即手持木屐在空中摇动。在国际交往中，日本人也习惯握手礼，如果是与老朋友或者比较熟悉的人相见要主动握手。遇到女宾，女方伸手后才可以握手。

日本人在社交活动中很注意名片的使用。不送名片会被理解为不愿与对方交往，递送名片时依照地位高低、年龄长幼，在场的每位客人都要递送到。在交往中很重视自己的面子，也会处处注意维护对方的面子。

日常生活中，日本人很注重谦虚礼让。在交谈中，不能打听对方的年龄、婚姻状况、工资收入等私事。年事高的男子和妇女不要用"年迈""老人"等相称，年事越高的人越忌讳。公共场合忌讳高声谈笑，这会被认为是失态的、缺乏教养的行为。

日本人对坐姿非常讲究。坐榻榻米时，正式的坐法叫"正坐"，即上半身挺立，双膝并拢跪地，臀部坐在脚腕上，自我感觉身体的重心在下腹处。轻松的坐法有"盘腿坐"和"横坐"两种。"盘腿坐"是男子坐法，即把腿交叉双膝不分开，身体不压住双腿，使人觉得谦恭有礼。现在，不坐"榻榻米"的年青一代逐渐增多。

日本人一般在不在家里宴请客人。到日本人家中做客，要预约时间(一般应该避开清晨、用餐时间及深夜)，并按时赴约，按照惯例要带礼品，不要送有动物形象的礼品，礼品包装不要系蝴蝶结，可用红色的彩带包扎。礼品不能过于贵重，土特产和工艺品很受欢迎。送礼和受礼都要用双手，并且要微微地鞠躬。不要在送礼人面前打开礼品。在进日式房屋时，在门厅要脱帽子、手套和鞋子，并整齐地摆放好。

二、韩国

韩国以"君子之国""礼仪之邦"著称。韩国人十分注重礼节，重视地位、辈分、老幼、男女之别。尊重长者，长者进屋时大家都要起立，和长者交谈时要摘去墨镜。男士见面时传统礼节是鞠躬并握手，只限于点一次头。鞠躬礼节在生意人中一般不使用。晚辈、下级走路时，遇到长辈和上级，应该鞠躬、问候，站在一旁，让其先行，以示敬意。在现代社交场合，也采用握手作为见面的礼节。但女士很少与人握手，除非别人先伸出手来。晚辈和长辈握手时，常以左手置于对方右手腕处躬身相握，表示尊敬。和韩国官员打交道一般可以握手或是轻轻点一下头。对长辈、上级和初次相见的客人要用敬语问候。在社会交往中，人们乐于交换名片，并且最好以头衔相称。

在赠送韩国人礼品时应注意，不宜送外国香烟给韩国朋友，韩国男性多喜欢名牌纺织品、领带、打火机、电动剃须刀等。酒是送韩国男人最好的礼品，但不能送酒给女性。女性喜欢化妆品、提包、手套、围巾类物品。孩子则喜欢食品。如果送钱，应放在信封里。赠送礼品要双手奉上，接受礼品也要双手相接，但不要当着赠送者的面打开包装看礼品。

韩国女士对男士十分尊重，双方见面时，女士先向男士行鞠躬礼，致意问候。男女同座时，男士位于上座，女士则处于下座。在社会集体活动和宴会中，男女分开进行，甚至在家里或在餐馆里也是如此。

去韩国人家里做客，要先约定时间并准时赴约。进屋前要脱下鞋子放在门口。就座时宾主盘腿席地而坐，不可双腿伸直或交叉，否则就会被视为无教养。与长辈同座时要挺胸端坐，不能懒散。做客时，主人若没有邀请你参观房间，不要自己到处逛。若要吸烟，要征得在场长辈的同意。韩国人喜欢用咖啡、不含酒精的饮料或大麦茶招待客人。

三、英国

英国人十分注重礼貌礼节，十分注重个人修养和风貌，极其强调绅士和淑女风度。英国的礼俗丰富多彩，彼此第一次认识时，一般以握手为礼。而平常相见则很少握手，彼此寒暄几句，道个"早安"或"下午好"或略加评论天气，有时只是举一下帽子略示敬意而已。在英国，孩子们只对父母亲的兄弟姐妹称叔、舅、姑、姨。

英国人比较矜持保守，感情不轻易外露，他们很少发脾气，能忍耐，不愿意与别人作无谓的争论。待人彬彬有礼，讲话十分客气，"谢谢""请"字不离口。对英国人讲话也要客气，不论他们是服务员还是司机，都要以礼相待，请其帮忙时说话要委婉，不要使人感到用命令的口吻，否则，可能会使你遭到冷遇。

在英国，"女士优先"是一个人人皆知的行为准则。在街上行走或过马路时，男士要走在女士身旁靠车来方向的一侧。进房间或进餐馆大多是女子在前，除非男士提前去选餐桌或做其他效劳。赴宴会时，男士应为女士拉开椅子，帮女士入座。

在英国跷大拇指是拦路要求搭车之意。到英国旅行，需要注意当地的所有车辆沿着马路的左侧行驶。英国人遵守纪律，即便是几个人上车，他们也会自觉地排队。是否付小费视情况而定，一般服务行业以10%付小费，将小费列入服务费账单的饭店则不必另付小费。

在英国从事商务活动要避开7月和8月，这段时间工商界人士多休假，另外在圣诞节、复活节也不宜开展商务活动。在商务会晤时，要按照事先约好的时间光临，不得早到或迟到。见面时对尊长、上级和不熟悉的人要用尊称。交谈时避免对视。

英国人一般不喜欢邀请客人到家中饮宴，聚会多在饭店进行。若请客吃饭，要提前邀请。到英国人家中赴宴，不能早到或迟到，未经预约而拜访也是非常失礼的行为。做客时一般要带礼品，但价值不可过高，以巧克力、名酒、鲜花或民间工艺品为宜。主人接受礼品后常常当着客人的面打开礼品包装，并给予热情的赞扬及表示谢意。就餐时英国人不谈公事。

四、法国

法国是一个讲文明礼貌的国家。法国人也具有良好的社交风范。在公共场合和社交场合，男士都要严格遵循"女士优先"的礼貌规则。见面打招呼，最常见的方式莫过于握手。男女之间、女子之间见面时，还常以亲面颊来代替相互之间的握手。法国是第一个公认以吻表示感情的国家，也是使用亲吻礼频率最高的国家。法国人的吻有严格的界限：他们在见到久别重逢的亲友、同事时，是贴脸或面颊，长辈对小辈则是亲额头，只有在爱人和情侣之间，才能亲嘴或接吻。在法国，一定的社会阶层中，"吻手礼"也颇为流行，但主要限于男士在室内象征性地吻一下已婚女士的手背，不能吻少女的手。

法国人性格开朗，谈吐文雅，热情幽默，他们有耸肩表示高兴的习惯。他们在同人交谈时，喜欢相互站得近一些，认为这样显得亲切。谈话过程中经常用手势来表达某种意思，但有些手势和我们的习惯不同。如：我们用拇指和十指分开表示"八"，他们则表示"二"；

我们用手指指自己的鼻子，表示"是我"，但他们的手指指自己的胸膛才表示"是我"；他们还把拇指朝下表示"坏"和"差"的意思。

在法国，随地吐痰，当众打嗝、打哈欠不用手遮挡，打喷嚏或擤鼻涕发出很大的声音，都被当作不文雅的行为，也不可围观或高声喧哗。在公共场合，男士不能当众提裤子，女士不能隔着衣裙提袜子。法国是个盛产鲜花的国家，人人爱花成瘾。他们以玫瑰表示"爱情"，视秋海棠为"热忱的友谊"，以兰花表示"虔诚"，以丁香表示"纯洁"，等等。他们偏爱蓝色，并把蓝色看成是"宁静"和"忠诚"的象征；对粉红色也较为喜欢，认为粉红色是一种积极向上的色彩，给人以喜悦之感。

应邀到法国朋友家中做客，应带小礼品，如送给小孩的糖果、巧克力，送给女主人的一束鲜花、艺术品、书籍等，一些具有美感和文化价值的礼品特别受欢迎。收到礼物，得到帮助或者接受别人服务时要说"谢谢"。需要注意的是，除非是至交好友，否则最好不要在晚上 10 点后打电话。

五、德国

德国人在人际交往中对礼节非常重视。见面通常都行握手礼，握手时务必坦然地注视对方，握手的时间宜稍长一些，晃动的次数宜稍多一些，握手时所用的力量宜稍大一些。十分要好的朋友相见或长期分开后再见可以相互拥抱；与上了年纪的人相见，要脱帽致意。德国人重视称呼，"您"表示尊称，"你"则表示地位平等、关系密切。接电话时，要先将自己的姓名告诉对方。

德国人守纪律，法制观念强，原则性强，凡是有明文规定的，德国人都会自觉遵守；凡是有明令禁止的，德国人绝不会去碰它。他们有严格遵守交通规则的习惯，不随便停车，更不会闯红灯。在列车上，大多有禁烟或可抽烟的标志。德国人时间观念很强，迟到或过早抵达都被视为不礼貌。德国人非常尊重传统，待人热情，办事非常干脆。

在德国，女士在许多场合都会受到优先照顾，如进门、进电梯、上车等，都是女士优先。男士要帮助女士开轿车门、挂衣服、让座位等。宴会上，男士一般要坐在女士和职位高者左侧。女士离开和返回餐桌时，男士要起立以示礼貌。

应邀去别人家做客时，一般都要带礼物。大部分人带束鲜花，也有一些男性客人带瓶葡萄酒，个别人带一本有意义的书(或者是自己写的书)或者画册之类。与德国人交谈，最好谈原野风光以及个人业余爱好和体育足球之类的运动。德国人待人接物以诚恳为礼，当客人告别时，要让客人自己开门，否则易使别人误解你要下逐客令。

六、美国

美国人讲究文明礼貌，举止大方，以不拘小节著称。他们在交际中喜欢实事求是、坦率直言。美国人在正式场合通行握手礼。在日常交际中比较随意，普通朋友见面，哪怕是初次见面，也时常只是点头微笑致意，礼貌地打招呼。而且大多数美国人喜欢直呼姓名，以示亲切，而不用先生、夫人或小姐这类称呼。美国人很少用正式的头衔来称呼别人，不用行政职务如局长、经理、校长等头衔来称呼。正式的头衔一般只是用于法官、高级政府官员、军官、医生、教授和高级宗教人士等。

美国人热情、开朗、直率、不拘小节，喜欢主动跟人打招呼。他们嘴巴很甜，"请""谢谢""对不起"之类的语言随处可闻，哪怕是总统对于侍者、父母对于子女，因为他们的平等观念很强，尊重个人。

美国人能够自觉遵守公共秩序。坐车时，即便车子拥挤，上车后也不抢座位，而是自觉地让给老弱病残者。美国人在社交场合也遵循"女士优先"的原则。

美国人办事讲究效率，计划性强。因此，不速之客是不受欢迎的，拜访人需要事先预约，准时赴约，并且一般要准备小礼物送给主人。美国人偏爱山楂花与玫瑰花。如果礼物很贵重，对方就会很难为情，场面也会非常尴尬。送礼不要送带有自己公司标志的东西，这样会使人认为是在为自己的公司做广告。收到礼物后，应立即打开，当着送礼人的面欣赏或品尝礼物，并立即致谢。

七、澳大利亚

澳大利亚人很讲究礼貌。在第一次见面或谈话时，通常要互相称呼为"先生""夫人"或"小姐"，熟悉之后就直呼其名。见面常常使用握手礼，也有拥抱礼、亲吻礼。当地土著居民行勾指礼，即双方各伸出手来，将对方的中指紧紧勾住，然后再轻轻地往自己身边一拉，以示亲近。

澳大利亚人谦逊有礼，重视公共道德，组织纪律性强，时间观念强，赴约准时并且珍惜时间。他们喜欢上酒店进行商务交谈，边吃边谈，效率很高。他们说话总习惯轻声细语，很少大声喧哗。他们待人接物都很随和，乐于助人，讲究"女士优先"。

澳大利亚是一个讲求平等的国家，不喜欢以命令的口气指使别人，也把公私分得很清楚。他们乐于保护弱者，除了老弱妇幼，他们还讲究保护私生子的合法地位。澳大利亚不流行给小费，但服务人员如果为你提供了额外的服务，也可以适当地给小费。还有，在澳大利亚，坐车不系安全带是违法的。

八、俄罗斯

俄罗斯素来以热情、豪爽、勇敢、耿直、有修养而著称于世。在交际场合，见面时总是先问好，再握手。他们惯于行握手礼。但对于熟悉的人，尤其是在久别重逢之后，他们则大多要与对方热情拥抱。迎接贵宾时，俄罗斯人通常会向对方献上"面包和盐"，这是给予对方的一种极高的礼遇，来宾要欣然接受。

俄罗斯人非常注重社会地位。因此对有职务、学衔、军衔的人，多以其职务、学衔、军衔相称。按照俄罗斯民俗，在用姓名称呼俄罗斯人时，可按照彼此之间的不同关系，采用不同的方法。只有与初次见面的人打交道时，或是在极为正规的场合，才将姓名的三个部分连在一起称呼。

在社交生活中，俄罗斯人强调站有站相、坐有坐相。站立时保持身体正直。等候人不论时间长短，都能不蹲在地上，也不能席地而坐。他们在社交场合忌讳剔牙等不雅动作。俄罗斯人讲究"女士优先"的原则，对女士有特殊的优待。

每年4～6月是俄罗斯人的度假季节，较少开展商务谈判活动。俄罗斯人在初次见面时是不轻易交换名片的。对于小费，俄罗斯政府是不赞成收的，但在现实中，不论住宿、坐出租车，付账时一般都要加 10%～15% 的小费。

俄罗斯人比较好客，常在节假日和工作之余邀友小聚。应邀到俄罗斯人家中做客时，必须准时到达；进门之后要立即自觉地脱下外套、手套和帽子，并摘下墨镜；先向女主人鞠躬问好，送上一束鲜花或其他礼物，比如烈性酒、艺术品或图书等，再向男主人和其他人问好。在告别时，不要忘记赞扬主人的热情款待。

第二节　餐 饮 礼 仪

一、日本

日本是一个岛国，特殊的地理环境决定了日本民众独特的餐饮习惯。日本的饮食有本国固有的"日本料理"。

"便当"和"寿司"是在日本受欢迎的两种传统食品。"便当"就是盒饭，"寿司"就是人们在逢年过节才吃的"四喜饭"，如图 11.1 所示。"四喜饭"的品种和做法很多，最简便的是先用糖、醋、盐调成卤拌好米饭加进煮熟的蘑菇、胡萝卜、笋丁等配料，装在盒子里，上面放些紫菜末和盐水虾，携带方便，又很符合人们的传统口味，因此成了人们的方便食品。

日本青年人的饮食习惯已受西方影响，如早餐喜欢吃鸡蛋、面包，喝牛奶和咖啡。

图 11.1　日本寿司

日本人的饮食禁忌不是很多。他们非常爱喝酒，西洋酒、中国酒和日本清酒，统统都是他们的所爱。日本男子下班后，先去酒馆大喝一通，几乎成了"例行公事"。在日本，斟酒讲究满杯。多喝几杯，几乎喝得醉醺醺，人们也会见怪不怪，不以为耻。

日本人在用餐时，要摆上一张矮桌，然后男子盘腿坐于地下，女子则跪坐而食。日本人吃饭是用筷子的，但是他们所用的筷子不是平头，而是尖头。在用筷子时，日本人有"忌八筷"之说。所谓"忌八筷"，即其一，不准用舌头舔筷子；其二，忌迷筷，即不准拿着筷子在饭菜上晃来晃去，举棋不定；其三，忌移筷，即不准夹了一种菜又夹另一种菜，而不去吃饭；其四，忌扭筷，即不准将筷子反过去，吞在口里；其五，忌插筷，即不准将筷子插在饭菜里，或是把它当作叉子，叉起饭菜吃；其六，忌掏筷，即不准用筷子在饭菜里扒来扒去，挑东西吃；其七，忌跨筷，即不准把筷子跨放在碗、盘之上；其八，忌别筷，即不准用筷子当牙签用。除此之外，日本人还忌讳用一双筷子让大家依次夹食物。

日本人在宴客时，大都忌讳将饭盛得过满，并且不允许一勺盛一碗饭。作为客人，则不能仅吃一碗饭。哪怕是象征性的，也要再添一次饭。否则，就会被视为宾主无缘。

【阅读材料】日本的"交杯礼"

日本人接待至亲好友时，使用传统敬酒方式。主人在桌子中央摆放一只装满清水的碗，并在客人面前摆上一块白纱布。主人先将自己的杯子在清水中涮一涮，然后将杯口在纱布上按一按，使杯子里的水珠被纱布吸干，这时主人斟满酒，双手递给客人，看着客人一饮而尽。饮完酒后，客人也将杯子在清水中涮一下，在纱布上吸干水珠，同样斟一杯酒回敬给主人。如此交杯尽兴，以表示宾主亲密无间，称为"交杯礼"。

（资料来源：https://wenku.baidu.com/view/f0843e5482c4bb4cf7ec4afe04a1b0717fd5b3c3.html.)

二、韩国

韩国人的主食，主要是米饭、冷面。他们爱吃的佳肴，则主要有泡菜、烤牛肉、烧狗肉、人参鸡等。韩国菜的品种并不太多，而且其中绝大多数菜比较清淡。有的韩国人甚至爱吃冷菜、生菜。

韩国的男子通常酒量都很好，对烧酒、清酒、啤酒往往来者不拒。韩国妇女则多不饮酒。平日，韩国人喝得较多的则是茶和咖啡。有许多韩国人还喜欢喝冰开水。

韩国人一般都不吃过腻、过油、过甜的东西，并且不吃鸭子、羊肉和肥猪肉。韩国人到中国来喜欢吃中国的川菜。

在用餐的时候，韩国人是用筷子的。为了环保，韩国的餐馆里往往只向用餐者提供铁筷子。关于筷子，韩国人的讲究是与长辈同桌共餐时不许先动筷子，不许用筷子对别人指指点点，在用餐完毕后要将筷子整齐地放在餐桌的桌面上。

图 11.2　韩国用餐礼仪

韩国人在自己家中设宴招待来宾时，宾主一般都应围在一张矮腿方桌周围，盘腿席地而坐，如图 11.2 所示。这时，切勿用手摸脚，悄悄脱袜子；也不可双腿直伸开来，或是双腿叉开。

三、英国

英国商人一般不喜欢邀请客人到家中饮宴，聚会多在酒店、饭店进行。英国的饭菜比较简单，但是吃饭的规矩却很复杂。用餐时不能交谈，也最好别弄出声响。喝汤时注意用匙的一侧从里往外舀，不能端着汤盘把盆底剩的汤全喝完。每餐一般只上一道主菜和沙拉，最后一道上甜食。端上咖啡时要就着杯子喝，咖啡匙要放在托盘上。不能在别人面前打饱嗝，不能在餐桌上抽烟。

英国人的饮食具有"轻食重饮"的特点。"轻食"主要是在菜肴上没有特色，日常的饮食基本上没有变化。英国人不吃狗肉以及过咸、过辣或带有黏汁的菜肴。除了面包、火腿肠、牛肉之外，平时常吃的基本上就是土豆、炸鱼和煮茶。"重饮"是指特别讲究饮料，名气最大的当推红茶和威士忌。他们有饮下午茶的习惯，即在下午 4 点钟左右，放下手中的工作，喝一杯红茶，牛奶和糖放在单独的器皿中，个人按照口味自己取用。英国人不喝清茶，而是先在杯中放入牛奶，然后冲茶，最后放一点糖。如果先倒茶再冲牛奶，会被视为没有教养。饮茶有时也吃块点心，休息一刻钟，"以茶会友"，增进友谊，称为

"茶休"。

英国人爱饮酒，饮酒一般选择去酒吧，虽劝客人喝酒但不灌酒。餐桌上每一种食品都配有一种不同的酒，已经斟入杯中的酒最好在下一道食品及与之相配的酒上席前喝完。

四、法国

作为举世皆知的世界三大烹饪王国之一，法国人十分讲究饮食，在西餐中，法国菜可以说是最讲究的。法国人爱吃面食、面包、奶酪，法国的奶酪消费量居世界第一位。在肉食方面，他们爱吃牛肉、猪肉、鸡肉、鱼子酱、鹅肝，但不吃肥肉、宠物、肝脏之外的动物内脏、无鳞鱼和带刺骨的鱼。法国菜的特点是鲜嫩。牛排、烧羊腿只需要七成熟，水鸭只烧到三四成熟，牡蛎一般生吃。

在西餐中，法国菜可以说是最讲究的。法国人几乎不请朋友下馆子，请客总是在自己家里，认为只有用自己亲自烹调的食物才能表示对朋友的诚意。法国人用餐时，两手允许放在餐桌上，但却不许将两肘支在桌子上，在放下刀叉时，他们习惯将其一半放在碟子里，一半放在餐桌上。

法国人善饮，他们几乎餐餐必喝，而且讲究餐桌上以不同品种的酒水搭配不同的菜肴。他们爱喝葡萄酒、苹果酒、白兰地、威士忌等。法国葡萄酒质量上乘，香槟酒享誉世界。

五、德国

德国是一个具有悠久饮食文化的国家，对食品的制作及就餐程序十分讲究。德国人的口味较重，偏油，主食以肉类为主，是名副其实的"大块吃肉、大口喝酒"的民族。他们最爱吃猪肉，以猪肉制成的各种香肠特别受欢迎，其次是牛肉，但大多数人不爱吃鱼，只有北部沿海地区少数居民才吃鱼。他们还爱吃马铃薯、沙拉等，但忌吃核桃。

德国人在宴会上和用餐时，注重以右为上的传统。他们在举办大型宴会时，一般是在两周前发出请帖，并注明宴会的目的、时间和地点。一般宴会则是在八至十天前发出。用餐时，不能用吃鱼的刀叉来吃肉或奶酪。德国人比较忌讳浪费，食盘中不宜堆积过多食物。

世界上喝酒最多的是欧洲人，而在欧洲人中又首推德国人。德国人喝啤酒是世界闻名的。若同时饮用啤酒与葡萄酒，宜先饮用啤酒，后饮用葡萄酒，反之就会被视为有害健康。喝酒时一般不碰杯，一旦碰杯，则需要一口气将杯中的酒喝完。

六、美国

美国人在饮食上不注重形式，但却极为讲究饮食结构。就总体而言，喜食"生""冷"的食物，不喜欢清蒸和红烧菜肴、过烫过热的菜肴，味道忌咸。一般情况下，美国人以食用肉类为主，牛肉最受欢迎，鸡肉、鱼肉、火鸡其次，除宗教徒外，美国人一般不禁食猪肉，但不吃肥肉和动物的头、爪、内脏及生蒜、韭菜、皮蛋等。美国人的饮食力求简单与便捷，所以快餐业发展很快，三明治成为讲究效率的美国人的主食，热狗、炸鸡、比萨饼也都是餐桌主角。

近年来，美国人的饮酒习惯发生了变化，烈性酒的消费量在下降，人们越来越习惯于饮用啤酒、葡萄酒和果酒。他们也喜欢饮茶、喝咖啡，牛奶、果汁是每天必饮之物。

美国人在家里请客吃饭时，特别重视宴会的气氛，餐桌上的刀叉、盘子及餐巾都会摆放得非常漂亮。注意用餐时不要发出声响；不要向别人劝酒；不要替他人取菜；不允许吸烟；不允许当众宽衣解带；不允许议论令人作呕之事。

在宴会上，上头道菜时，每个男士都要照顾自己右边相邻的女士，细致而耐心地为其效劳。上第二道菜时，转向为左边的女士服务。这种做法可使每位女士都不会没人照顾或无人谈话。在餐桌上，美国人既不像法国人那样重视食品内容，也不像英国人那样讲究礼仪形式。他们对食物的要求只要简单、方便、营养。即，美国人不喜欢大摆宴席，倒是喜欢借早餐、中餐之机，边进餐边谈工作，因此，也被称为"工作早餐"或"工作午餐"。

七、澳大利亚

澳大利亚人在饮食上以吃英式西菜为主，喜欢吃奶油烤鱼、炸大虾、什锦拼盘、烤西红柿等。他们对动物蛋白质的需要量很大，喜欢吃牛肉、羊肉、鸡、鸭、蛋、野味等。口味清淡，不吃辣，注重菜品质量，爱吃各种煎蛋、炒蛋、冷盘、火腿、虾、鱼等。对中国茶颇感兴趣，喜欢吃中国风味的清汤饺子。

澳大利亚人以喝咖啡为主，也有人喜欢喝红茶，有饮下午茶的习惯。此外，他们喜欢喝酒，常喝啤酒和葡萄酒，尤其喜欢喝冰镇啤酒，但不劝酒，他们对咖啡同样也很感兴趣。

八、俄罗斯

俄罗斯人讲究烹饪并且讲究量大实惠、油多味重。他们喜欢酸、辣、咸味，偏爱炸、煎、烤、炒的食物，尤其爱吃冷菜。他们以面食为主，很爱吃用黑麦烤制的黑面包。此外，还有鱼子酱、酸黄瓜、酸牛奶等。他们也很喜欢喝汤，汤的名字非常有趣，把用大麦米做的汤叫作"厚菜汤"，用肉、蘑菇做的汤叫作"大臣汤"，用很多肉、牛肾脏做的汤叫"彼得皇帝汤"。但俄罗斯人不吃海参、海蜇、墨鱼和木耳等。

用餐时俄罗斯人多用刀叉，但忌讳用餐发出声响，而且不能让匙直立于杯中，或用匙直接饮茶。通常吃饭时只用盘子而不用碗。俄罗斯人如将手放在喉部，则表示已经吃饱了。

在饮料方面，俄罗斯人很能喝饮料，具有该国特色的烈酒伏特加，是他们最爱喝的酒。此外，他们还喜欢喝一种叫"格瓦斯"的饮料。吃水果时，他们多不削皮。

第三节 禁忌礼仪

一、日本

日本人有着敬重"7"这一数字的习俗。可是对于"4"与"9"却视为不吉之数。原来，"4"在日文里发音与"死"相似，而"9"的发音则与"苦"相近。如果有三个人谁都不愿意在中间站立，他们认定被人夹着是不祥的征兆。

日本人很爱给人送小礼物，但下列物品不包括在内：梳子、圆珠笔、T恤衫、火柴、广告帽。在包装礼品时，不扎蝴蝶节。

即便是吸烟者，日本人也不乐意让别人给自己敬烟。同时，他们也绝对不会给别人敬烟。

同他人相对时，日本人觉得注视对方的双眼是失礼的行为。因此，他们绝对不会直勾勾地盯视对方，而通常只会看着对方的双肩或脖子。

日本人用右手的拇指和食指合成一个圆圈时，绝对不是像英美人那样是在表示"OK"，而只不过是在表示"钱"。

二、韩国

在韩国，人们以木槿花为国花，以松树为国树，以喜鹊为国鸟，以老虎为国兽。对此，不要妄加非议，更不能当着韩国人的面对比不恭不敬。

韩国人对"4"这一数目十分厌恶。受习俗影响，也有不少韩国人不喜欢"13"这个数。

与韩国人交谈时，发音与"死"相似的"私""师""事"等几个词最好不要使用。需要称呼其国家或民族时，不要将其称为"南朝鲜""南韩"或"朝鲜人"，而宜分别称呼"韩国"或"韩国人"。在韩国，不宜谈论的话题有政治腐败、经济危机、意识形态、南北分裂、韩美关系、韩日关系等。

需要向韩国人馈赠礼品时，宜选择鲜花、酒类或工艺品。但是，最好不要送日本货，特别是不要特意指出这一点。在接受礼品时，韩国人大都不习惯于当场打开其外包装。

三、英国

英国人比较注重自己的隐私，非常讨厌谈论男人的工资和女人的年龄。忌谈个人私事、家事、婚丧、年龄、职业、收入、宗教问题，忌以英国皇室的隐私作为话题。由于宗教的原因，他们非常忌讳"3""13"等数字，如果13日又是星期五的话，则认为是双倍的不吉利。他们忌讳用打火机或一根火柴同时为三个人点烟，忌讳四人交叉式握手。

在英国，动手拍打别人、翘起"二郎腿"、右手拇指与食指构成"V"形时手背向外，都被视为失礼的动作。吃饭时忌用刀叉与水杯相碰，如果碰响后不及时终止，被认为将会带来不幸。忌讳在众人面前相互耳语、把食物碰撒、打碎玻璃、直接提"厕所"这个词和佩戴条纹领带。英国人最忌讳无所顾忌地打喷嚏，他们一向将流感视为一种大病。

玫瑰花是英国的国花，深受喜爱，而对于百合花和菊花，则比较忌讳，主要在葬礼上使用。给英国女士送鲜花时，宜送单数，不要送双数和13枝。忌用人像作为服饰图案和商品的装潢，忌用白象、猫头鹰、孔雀作商标图案。

【阅读材料】英语民族与基督教信徒禁忌的由来

英语民族和其他信仰基督教的民族一样，非常忌讳13和星期五。13被认为是不祥的数字，在日常生活中应该尽量避免。比如宴会上不要13个人同坐一桌；也不要上13道菜；球员不编13号；高楼不编13层；宾馆房间不设13号等。星期五被视为不吉利的日子，这天最好不要安排重要的活动，出门行事要处处留心。如果星期五恰好又是 13 号，那更要慎之又慎。13 和星期五如此可怕，主要源于基督教。据传耶稣受难之前最后一顿晚餐是师徒 13 人共进的，其中出卖耶稣的叛徒犹大就是第 13 个门徒，所以 13 主凶。而耶稣也是在星期五被罗马当局钉死在十字架上的。亚当和夏娃也是在星期五被逐出伊甸园的。

(资料来源: https://www.docin.com/p-1851493387.html.)

四、法国

法国人忌讳黄色和墨绿色。仙鹤、孔雀、大象、黑桃等图案的工艺品不宜送人；菊花、牡丹、玫瑰、杜鹃、水仙、金盏花和纸花也不可以随意送人。男士向女士赠送香水，会有过分亲热和"不轨企图"之嫌。朋友间也不能送刀、剑、叉、餐具之类的东西，若送了，就意味着双方会割断关系。初次见面就送礼，往往会令人产生疑虑。在接受礼品后，若不当着送礼者的面打开其包装，则会被认为是没有礼貌的。

法国人喜爱花，但忌送菊花，葬礼上才送菊花，康乃馨也被视为不祥的花朵。也不要送石竹花、纸花和桃花，忌摆杜鹃花、牡丹花及黄色的花。他们认为黄色意味着危险、恐怖、警告和专横。法国人将鸢尾花作为国花，他们也喜欢玫瑰。送花通常要送单数，但不能是 13 朵，也不能用线捆扎花束。

法国人忌讳"3"和"13"，尤其不喜欢 13 号和星期五，他们往往以"14(A)"或者"12(B)"代替"13"。忌讳谈论个人私事、年龄、职业、婚姻状况、宗教信仰、个人收入等问题。

五、德国

对于"13"与"星期五"，德国人极度厌恶。他们不喜欢听恭维的话，对于四个人交叉握手、在交际场合进行交叉谈话或窃窃私语，也比较反感。因为这几种做法，都被他们看作是不礼貌的行为。德国人对纳粹党党徽的图案十分忌讳，服装和其他商品包装上忌用纳粹标志。他们对黑色、灰色比较喜欢，而红色有些地方被视为色情的颜色，也忌用茶色。

访友时，切不可以搞"突然袭击式"登门拜访。向德国人赠送礼品时，不宜选择刀、剑、剪、刀叉。他们对礼品的包装纸很讲究，但忌用白色、黑色或咖啡色的包装纸包装礼品，更不能用丝带作外包装。送花时，不宜选择玫瑰，这表示求爱，也不能送蔷薇和菊花，蔷薇专用于悼亡。在所有的花卉之中，德国人最喜欢矢车菊，并且定其为国花。

在与德国人交谈时，年龄、职业、婚姻状况、宗教信仰、个人收入、物品价格等都是比较忌讳的，也不宜涉及宗教与党派之争。遇到别人生病，除伤风感冒或外伤等常见的疾病外，不要问及病因及病情，否则会有窥视别人秘密之嫌。德国人认为，在路上碰到了烟囱清扫工，便预示着一天要交好运。

六、美国

美国人喜欢运用手势或其他体态语言表达自己的情感，但注意不要盯视他人，冲着别人吐舌头，用食指指点交往对象或是用食指横在喉咙之前。他们认为，这些体态语都具有侮辱他人之意。做错事情也不要在别人面前伸舌头，会被理解为瞧不起人。

　　美国人十分讲究"个人空间"。和他们交谈时，不可站得太近，一般保持在50cm以外为宜。在美国，蹲着或敞开腿坐着都被视为不雅观，甚至会引起误会。在美国，只有在卧室里，或是热恋的男女之间，才能脱下鞋子。若是在别人面前脱鞋，会被视为不知礼节的野蛮人。出门或会客忌讳穿睡衣。在舞会上，同性不能双双起舞，会被人认为是同性恋者。

　　在美国，询问任何成年人的年龄、婚姻、收入、宗教信仰等隐私都是失礼的行为。也不宜使用"老人家""老太太"等称呼。他们也不愿被别人说自己"太胖了"，认为"胖人穷，瘦人富"。大多数人忌讳13和星期五，忌讳送白色百合花。在美国千万不要把黑人称作Negro，否则，黑人会感到你对他有轻蔑之意。说到黑人，最好用Black一词。

　　在美国，大多数人喜欢狗，驴代表坚强，象代表稳重，分别是共和党和民主党的标志。白头雕是美国人最珍爱的飞禽，还是美国国徽的主要图案，蝙蝠被视为吸血鬼与凶神，令美国人反感，忌用蝙蝠作商品和包装品的图案。送礼时，不宜送香烟、香水、内衣、药品等，也忌讳赠送带有公司标志的便宜礼物。

七、澳大利亚

　　澳大利亚人与西方国家有一些共同的忌讳，如忌"13""星期五"，初次见面不要直接询问个人问题，如年龄、婚姻、收入等。特别不要问国际的问题。他们对自己独特的民族风格有自豪感，因此谈话中忌拿他们与英美比较异同。他们忌谈工会、宗教、个人问题、袋鼠数量的控制等敏感话题。他们忌讳兔子，认为碰到兔子是厄运来临的预兆。

八、俄罗斯

　　在俄罗斯，被视为"光明象征"的向日葵最受人们喜爱，被称为"太阳花"，并被定为国花，拜访俄罗斯人时，送给女士的鲜花宜为单数。在数目方面，俄罗斯人最偏爱"7"，认为它是成功、美满的预兆。对于"13"与"星期五"，他们则十分忌讳。

　　俄罗斯人主张"左主凶，右主吉"，因此，他们也不允许以左手接触别人，或以之递送物品。俄罗斯人不隔着门槛握手，担心门槛会把友谊隔断；忌在家里和公共场所吹口哨，认为口哨声会招鬼魂；忌打碎镜子；忌送他人尖利的东西；忌送手绢；与俄罗斯人说话时，尽量不要随便使用手势。

　　进东正教教堂做礼拜或参观东正教教堂时，男士必须脱帽，女士一定要戴头巾或帽子。过马路一定要走人行横道，绿灯才能通过，因为在俄罗斯，如果行人违反交通规则，撞死是白撞的。

　　俄罗斯人很喜欢动物，尤其是狗，在俄罗斯千万不要伤害动物，这是被法律绝对禁止的行为。但俄罗斯人不喜欢黑猫和兔子，认为它们不会带来好运气。

第四节 实 践 演 练

实践项目：外宾接待礼仪

(1) 实训目的和要求。

通过对外宾接待流程的演练，使学生掌握接待外宾的一般礼仪程序和方法。

(2) 实训内容。

① 了解来访人员的信息要准确，必须确认对方的基本概况，了解接待对象所在国的文化习俗和礼仪禁忌。

② 确认接待的时间、地点，安排下榻的酒店。

③ 接待人员要安排好外宾的餐饮。

本 章 小 结

"十里不同风，百里不同俗。"同一个世界，却有着不同的宗教、语言、文化、风俗和习惯，这是不以人的主观意志为转移的，也是世间任何人都难以强求统一的。在涉外交往中要注意尊重外国友人所特有的习俗礼仪，这样容易增进中外双方之间的理解和沟通，有助于更好地、恰如其分地向外国友人表达我们的亲善友好之意，确保涉外商务活动能够取得成功。

练习与思考

一、单选题

1. 在澳大利亚过圣诞节，人们要吃(   )。
   A. 鸡蛋　　　　　B. 蛋糕　　　　　C. 甜饼　　　　　D. 冰激凌
2. 日本过节时必须吃(   )。
   A. 生鱼片　　　　B. 寿司　　　　　C. 米团　　　　　D. 年糕
3. 德国人忌讳的数字是(   )。
   A. 4　　　　　　　B. 9　　　　　　　C. 13　　　　　　D. 14
4. 法国人大多数信仰(   )。
   A. 天主教　　　　B. 犹太教　　　　C. 伊斯兰教　　　D. 基督教
5. 俄罗斯人的主要节日是(   )。
   A. 元旦　　　　　B. 圣诞节　　　　C. 开斋节　　　　D. 春节
6. 忌讳以百合花作为礼物送人的是(   )。
   A. 美国人　　　　B. 德国人　　　　C. 法国人　　　　D. 英国人

二、多选题

1. 美国人通常不吃(　　)。

　　A. 猪肉　　　　　B. 狗肉　　　　　C. 韭菜　　　　　D. 内脏

2. 日本人在商务或民间交往中，通常穿(　　)。

　　A. 西式服装　　　B. 和服　　　　　C. 单穿衬衫　　　D. 套装或套裙

三、判断题(正确的在括号内打"√"，错误的打"×")

1. 为了礼貌，进韩国人家中尽量不要穿拖鞋。　　　　　　　　　　　　　(　　)

2. 当面在送礼人面前拆开礼物包装是礼貌的。　　　　　　　　　　　　　(　　)

3. 绿色是日本人最忌讳的颜色。　　　　　　　　　　　　　　　　　　　(　　)

四、简答题

1. 日本人对坐姿有什么讲究和要求？

2. 澳大利亚人的生活习性主要表现在哪些方面？

3. 简述俄罗斯人的饮食习惯。

【案例分析一】

"老外"有时并不"外"

　　一天，有位斯里兰卡客人来到南京某饭店下榻。前厅部开房员为其办理了住店手续。由于确认客人身份，核对证件耽搁了一些时间，客人有些不耐烦。于是开房员便用中文想向客人的陪同解释。言语中他随口以"老外"称呼客人，可巧这位陪同正是客人的妻子，结果引起客人极大的不满。事后，开房员虽然向客人表示了歉意，但客人仍表示不予谅解，给酒店声誉带来了消极的影响。

　　讨论：与外国客人对话需要注意些什么？

(资料来源：https://www.docin.com/p-2555233806.html.)

【案例分析二】

尴尬的海外之旅

　　小王在假期做了一次环球旅行，因为对涉外礼仪了解不多，几次陷入尴尬境地。他的经历如下：

　　(1) 在美国，他与一位女士握手，见对方没有摘手套，自己也没摘手套。

　　(2) 在澳大利亚，他预约拜访一位当地知名作家，为表示尊敬，他提前半小时到达该作家住所。

　　(3) 在法国，他向一位不知是否结婚的妇女问路时，称其为"小姐"。

(资料来源：https://www.netkao.com/shiti/489222/296735721861.html.)

　　问题：请分析小王以上行为的不当之处。

参 考 文 献

[1] 金正昆. 商务礼仪教程[M]. .3 版. 北京：中国人民大学出版社，2009.

[2] 甘露，郭晓丽，杨国荣. 商务礼仪[M]. 北京：北京理工大学出版社，2010.

[3] 孙玲. 商务礼仪实务与操作[M]. 北京：对外经济贸易大学出版社，2010.

[4] 金丽娟. 商务礼仪[M]. 北京：中国农业大学出版社，2011.

[5] 匡玉梅. 商务礼仪[M]. 北京：厦门大学出版社，2012.

[6] 杨丽. 商务礼仪[M]. 3 版. 北京：清华大学出版社，2012.

[7] 田源. 商务礼仪[M]. 2 版. 北京：高等教育出版社，2012.

[8] 柳建营，赵国山. 商务礼仪[M]. 北京：中国传媒大学出版社，2013.

[9] 耿燕. 商务礼仪[M]. 北京：清华大学出版社，2013.

[10] 尹喜艳，熊畅. 商务礼仪[M]. 2 版. 北京：北京大学出版社，2014.

[11] 储节旺. 商务礼仪与谈判[M]. 北京：北京大学出版社，2015.

[12] 吕蕊，邹媛春. 商务礼仪实用教程[M]. 北京：经济科学出版社，2016.

[13] 多丽丝·普瑟，张玲. 商务礼仪：聆听国际大师最权威的礼仪课[M]. 北京：科学出版社，2017.

[14] 孙福财. 商务礼仪[M]. 北京：北京邮电大学出版社有限公司，2017.

[15] 王艳，谢攀科. 商务礼仪与沟通[M]. 2 版. 北京：中国财经经济出版社，2017.

[16] 汤秀莲，宋京津. 商务礼仪[M]. 2 版. 北京：清华大学出版社，2018.

[17] 王玉苓，商务礼仪：案例与实践[M]. 北京：人民邮电出版社，2018.

[18] 刘白玉，韩小宁，刘夏青，孙明玉. 国际商务礼仪(英文版)[M]. 北京：清华大学出版社，2018.

[19] 吕艳芝，徐克茹. 商务礼仪标准培训[M]. 4 版. 北京：中国纺织出版社，2019.

[20] 金正昆. 礼仪金说：商务礼仪[M]. 北京：北京联合出版公司，2019.

[21] 徐辉，郭金丰，李长华. 商务礼仪[M]. 2 版. 北京：清华大学出版社，2019.

[22] 杨雅蓉. 高端商务礼仪与沟通[M]. 北京：化学工业出版社，2019.

[23] 孙金明，王春凤. 商务礼仪实务[M]. 北京：人民邮电出版社，2019.

[24] 罗茜. 商务礼仪[M]. 湖北：华中科技大学出版社，2019.